U1009449

## 编写委员会

主　编　王学典

副主编　王　震　徐庆文

编著者　王　震　郭　萍　邹晓东

　　　　李　琳　蔡　杰　朱新林

国際儒學聯合會
International Confucian Association

国际儒学联合会重点支持项目

# 大变局下的世界儒学

主　编　王学典
副主编　王　震　徐庆文

# GLOBAL CONFUCIANISM in an Era of Great Transformation

北京语言大学出版社
BEIJING LANGUAGE AND CULTURE UNIVERSITY PRESS

© 2025 北京语言大学出版社，社图号 25067

图书在版编目（CIP）数据

大变局下的世界儒学 / 王学典主编 ； 王震， 徐庆文副主编 ； 王震等编著 . -- 北京 ： 北京语言大学出版社， 2025. 5. -- ISBN 978-7-5619-6783-6

Ⅰ . B222.05

中国国家版本馆 CIP 数据核字第 2025H1N555 号

大变局下的世界儒学

DA BIANJU XIA DE SHIJIE RUXUE

排版制作：北京创艺涵文化发展有限公司
责任印制：周 燚

出版发行：北京语言大学出版社
社 址：北京市海淀区学院路 15 号，100083
网 址：www.blcup.com
电子信箱：service@blcup.com
电 话：编 辑 部 8610-82300207
国内发行 8610-82303650/3591/3648
海外发行 8610-82303365/3080/3668
北语书店 8610-82303653
网购咨询 8610-82303908
印 刷：河北赛文印刷有限公司

版 次：2025 年 5 月第 1 版　印 次：2025 年 5 月第 1 次印刷
开 本：787 毫米 × 1092 毫米 1/16　印 张：16.5
字 数：269 千字
定 价：98.00 元

PRINTED IN CHINA
凡有印装质量问题，本社负责调换。QQ：1367565611，电话：010-82303590

# 目录

# 绪论

2012年，是世界发生深刻变化的关键一年，国际社会在政治、经济、科技等多个领域都发生了诸多重大事件，人类从此进入一个更加纷繁复杂的历史变局。

希格斯玻色子的发现，开启了人类对宇宙的全新认知。新一轮科技革命和产业变革成为不可逆转的时代洪流，世界进入大变革、大调整、大动荡的前夜。

数十个国家和地区进行了领导人的选举。普京三度入主克里姆林宫，奥巴马迎来了第二个总统任期，奥朗德当选法国总统并兼任安道尔大公，日本安倍晋三再度拜相，韩国则选出首任女总统朴槿惠。大国博弈模式和国际秩序的变革，促使世界再次处在走向乱与治的重要十字路口。在当年举行的第42届世界经济论坛上，人们对世界局势忧虑重重：中东、北非持续动荡，欧债危机反复延宕，发达经济体的增长充满变数，而一些新兴经济体又遭遇通胀问题……

在孔子的故乡——古老的东方国度，人们正怀揣着梦想，迎接新时代的到来。中国共产党第十八次全国代表大会隆重召开，中国政治、经济和社会的未来发展方向吸引着全世界的目光。

中国创造了经济快速发展和社会长期稳定的奇迹。这尽管有多方面原因，但孔子创立的儒家思想在现代化进程中，对推动社会发展进步、促进社会利益和社会关系平衡所发挥的重要作用，引起不少学者的热烈讨论。儒学这门古老学说和思想体系，再度跃入古典学术的视野，并日益成为不同文明交流互鉴中的焦点。在变乱交织的国际局势下，面对一些曾经引领世界的思想文化和价值观念日益暴露出的困顿和无力，不少有识之士把目光转向包括儒学在内的东方文化，从中探索解决当代人类面临难题的智慧和启示。有学者指出，儒学正在成长为堪与西方自由主义开展交流与互鉴的重要思想理论。

多年来，现代新儒家学派代表人物美国华人学者杜维明一直站在儒家人文精神角度，尝试同西方自由主义进行对话。在他看来，西方强调征服和利用的自然观导致人与自然之间失和，环境危机与能源危机由此而生；自由主义的“原子个体”意识，则消解了人与人之间的情感纽带与相互关怀，社会整合的基础变得空前薄弱。杜维明认为，儒家人文主义大可以在自然观和社会观两方面，对自由主义的盲点补偏救弊。

加拿大籍政治学者贝淡宁（Daniel A. Bell）适时推出了他的《贤能政治：为什么尚贤制比选举民主制更适合中国》一书，成功引起了世人的极大关注，甚至可以说造成了少有的轰动。美国学者安乐哲（Roger T. Ames）则试图深入文化与哲学层面，提供替代自由主义的中国思想选项，他认为当代西方必须进行“超越自由主义”的“第二次启蒙”。此外，中国学者杨国荣也谈到，王阳明的“心学”为共同富裕提供了依据。这些研究凸显了儒学在处理当今人类面临的共同问题时的活力和智慧。

大变局背景下，世界儒学研究的中心开始向中国转移。近十多年来，全世界顶尖儒学研究专家纷纷应聘来中国工作，这与二十世纪八九十年代人们蜂拥海外研究儒学的状况形成鲜明对比。2021 年，在全球儒学研究界和众多有识之士的支持与帮助下，由国际儒学联合会和清华大学联合主办的《国际儒学（中英文）》在中国北京正式创刊，为世界儒学及相关古典学术的研究与交流搭建了又一高端平台。正如王学典所分析：“只有中国大陆才能源源不断地为重新诠释儒家的经典命题提供动能。儒家的根在大陆，只有中国大陆才是儒家文化圈的核心区域，13 亿人面临的问题，比任何国家和地区都要复杂。正在转型的一个庞大的中国，不断给儒学提出新的命题，从而也就不断刺激着儒学的发展。"[①] 中国正成为新的世界儒学研究中心，同时，在其他国家和地区，儒学仍然十分活跃和繁荣，且与本土文化传统和学术研究紧密结合，形成了内容丰富、各具特色的国际性成果。

① 王学典：《十八大以来儒学变迁之大势——世界儒学研究中心已重返中国大陆》，《中华读书报》2017 年 12 月 13 日，第 5 版。

# 第一章

# 遍布全球的儒学传播与发展

2012年是中国进入新时代的开端。与此同时，儒学也加速了在全球范围内的传播与发展。事实上，这并不是一个全球化时代的新现象。儒学创建之初，孔子便通过周游列国而将儒学思想传播到中原地区；随着丝绸之路的开通、商贸活动的繁荣和历代使节的出访，传统儒学已经通过多种途径传播到异国他乡。但不可否认的是，全球化时代，各民族、国家的政治、经济、文化的频繁交流及其一体化程度超越了以往任何时期，媒体与通信技术的加速发展更促进了儒学在世界范围内的传播与发展。这不仅仅是中国儒学研究成果的输出，更是儒学在世界不同国家和地区与当地文化传统和学术研究相结合，形成的内容丰富、各具特色的国际儒学成果。

## 一、中国：在守正与创新之间光大儒学

在中国内地（大陆），以儒学为代表的中华优秀传统文化所蕴含的现代性因素得到重新认识。随着对儒学政治与制度思考的重启，人们开始探索如何在这个大变动的时代中，以儒家思想资源参与社会秩序的完善。人文社会科学的各门学科，都在不约而同地从各自的角度向儒学聚焦，贤能政治、道义经济、人伦司法、角色伦理等命题的提出引发热议，以仁学本体论、和合学、新仁学构想等为代表的儒学体系化建构取得了重大突破。

香港、澳门、台湾与内地（大陆）血脉相连，其儒学研究在整体上继承了传统儒家家国天下的情怀，体现出通过究天知性的思想使命、弘道成人的现实担当，来守护儒学传统，创新儒学理论，光大儒学价值。基于这一思想旨趣，当代的港澳台儒家学者们展开了积极的理论重构工作，从其创新发展的思想进路看大致可分为两类，即刘笑敢所概括的“拟构”与“创构”。分而言之：

“拟构”型的儒学研究，重在借鉴当代哲学的方法，以更好地还原和复现儒家经典中的传统观念。这些新的理论形态和言说视角可以使传统儒家思想获得与现代社会相适应的存在样态，或者提出一些传统思想以应对现代社会问题，但其并无意对传统的思想内容进行现代转化，更多体现为学问家追求客

观知识的风格。例如：在香港学界，聚焦先秦儒学研究的邓立光、谢向荣提出，孔子是从成德的角度来审视《易经》的，其《易》说总是紧扣修德与成德并言。孔子的研《易》态度，改易传统史、巫的占筮形式而阐发德义，体现了中国传统文化中的道德精神，开辟出后世义理《易》学的大道。[①] 周迪从“六艺”哲学“心”观与孔孟“道德革命”正义性的历史机理效应以及董仲舒“王道三纲”的涵摄范式及其缘饰为政治公权力治理社会的工具性视角出发，重新对“王道政伦”的概念做出一个相对适宜的诠释。[②] 白宗让认为，孟子的性善论具有开创性贡献，儒学性善论是在自然人性之上的哲学建构，预设了天道与人心之互通，指出了人超越自身局限之可能。性善哲学是儒学的主要特色，它给人类以尊严与价值，也伴随更大的责任伦理，于当今时代有重要价值。[③] 另外，黄勇从宋明儒的观点反观美德伦理学，认为宋明儒家能够解决西方哲学家没有解决甚至不能解决的这些美德伦理学的问题，特别是二程、朱熹和王阳明，在克服美德伦理学的缺陷、局限，以及解决问题方面有所作为。[④] 汤恩佳指出，儒家治国理政思想博大精深，有许多重要的思想在当代中国仍然具有重要的价值，例如以民为本、以道化政、推行仁政、忠恕之道、和而不同、礼乐教化等，因此必须复兴以孔子儒家思想为核心的中华优秀文化，才能重新形成中华文化的生命力与吸引力，才能真正形成中华民族的凝聚力。[⑤]

在台湾学界，郑吉雄、傅凯瑄聚焦历代学者对《易传》作者问题的争论，以时代为序，介绍各时代学人较具代表性的看法，并简要评述其主张及研究方法，以期厘清此问题的根源、历史发展及影响。[⑥] 杨儒宾的研究涉及多个方面。

① 邓立光、谢向荣:《孔子读〈易〉的态度与方法》,《国际儒学（中英文)》2023 年第 3 期。

② 周迪:《再论“王道政伦”概念之诠分与阐释——基于孔孟古典儒学与董仲舒新儒学的思域》,《海南大学学报（人文社会科学版)》2019 年第 5 期。

③ 白宗让:《孟子之前的儒学性善论研究》,《价值论与伦理学研究》2019 年第 1 期。

④ 黄勇:《美德伦理学：从宋明儒的观点看》,《四川大学学报（哲学社会科学版)》2020 年第 5 期。

⑤ 汤恩佳:《儒家治国理政思想》, Wang Guozhen 译,《孔学堂》2015 年第 1 期。

⑥ 郑吉雄、傅凯瑄:《〈易传〉作者问题检讨》(上)(下),《船山学刊》2015 年第 3、5 期。

其一，他结合史料对周公“制礼作乐”历史事件做了重新解读。[①]其二，他探讨了商周之际，周文王面对困局而产生的忧患意识。他认为，忧患意识具有久远的天人关系转变的意义，也就是天命原本高挂在彼岸，此后降在人身上，由人承担起来，这在现代新儒学大家徐复观那里有所论述，其背后带有康德“何谓启蒙”的声调。[②]此外，他还就良知学体现的主体问题做了阐释，指出良知主体有两个层面：一方面，从道德意识层面而言，良知是道德意识的唯一来源，为人自身提供道德法则；另一方面，良知也被视为具有宇宙意识的心，不仅为道德判断负责，还被视为存在的超越依据。[③]林月惠比较分析了王阳明与韩国阳明学者郑霞谷良知学说的异同，指出王阳明与郑霞谷皆紧扣良知言体用，都是针对朱子体用观的反思，但阳明是将体用关系直接收摄于良知本体，呈现本体与工夫、良知与见闻之知、良知与七情等方面“合而为一”的一元性思维，而郑霞谷则在同心的三个圈（性、情、万物）中展开其心学体用观。阳明的良知“即体即用”，而郑霞谷则在确立了性圈的统摄地位的前提下，又保持了性、情、万物的分界，对“任情纵欲”有所防范，提供了有别于中国阳明学的另一处方。[④]

如果说“拟构”是创新性地转化了传统儒学的形态，那么“创构”则更多的是创造性地发展了儒学的思想内容，其中主要是儒学的现代转型研究。这些研究是以现代社会发展中的政治、经济、伦理、文化等问题为出发点和归宿，通过对传统儒家观点的剖析反思和现代性阐释，为儒家经典中的概念范畴和思想命题赋予现代价值内涵，以期儒家思想内容与时俱进，且为现代社会发展提供一种儒学方案。此类研究同样注重借鉴新的理论方法，而且除了运用哲学方法之外，还借鉴了诸多社会科学的方法，这不仅使传统儒学获得新的理论形

① 杨儒宾：《对越精神的兴起——周公的“制礼作乐”》，见傅永军、陈治国主编《中国诠释学》(第16辑)，济南：山东大学出版社，2018年。

② 杨儒宾：《商周精神转变中的“经”之意识》，《开放时代》2024年第3期。

③ 杨儒宾：《良知学——物的证成或遗忘》，《广东社会科学》2024年第5期。

④ 林月惠：《殊途同归：王阳明与郑霞谷的良知体用观》，《王学研究》2017年第2期。

态，而且使传统儒学内容与现代价值观念获得了相互会通的思想途径，更多呈现出思想家的理论创新。例如：林远泽借镜西方“后习俗责任伦理学”这一理论视域来重构并阐释儒家伦理学，对儒学中的核心议题如心性论、天道论、工夫论，以及重要观念如人伦、仁义、礼治、正名等做出了新的阐释，就此论证儒家伦理是超越习俗的普遍主义伦理学，揭示了儒家所内蕴的启蒙理念及其在历史发展过程中的辨正回退，阐明了儒家礼治社会当代实践可能性的条件。① 杜保瑞反思了方东美对朱熹思想的诠释，指出从对哲学基本问题意识的厘清中可看出传统中国哲学的解读工作仍存在疏漏，其中当代学者之间缺乏共识，容易导致误解性的批评持续发生。② 陈永宝关注到面对时局的危难，朱熹与严复虽然探索不同的救世路径，但最终都回到儒门之中，既说明了朱熹与严复对儒学思想的肯定，也从侧面证明了儒家思想在中华大地上的强大影响力。③

除了这两种研究路径之外，还有侧重从普遍知识的维度展开的儒学研究，这多体现在对儒家思想的知识性和历史性考据，以及中西思想的比较研究中。例如：香港的陈祖为针对当前对儒家与人权关系的误解，进行了反驳性论证。一方面，人权的正当性基础并不在于个体自由、自主选择；另一方面，儒家对于人的理解亦非纯粹以角色关系为基础，而是具有依托普遍人性对伦理角色进行批判性思考的能力。儒家与人权的真实张力，在于儒家如何理解人权的价值与功用，以及将哪些人权视作基本人权。在儒家看来，人权并不能作为一种表达人之尊严的抽象理想，它具有工具性价值，是一种保护人之基本利益需求的重要的备用机制。因此，儒家会倾向于接受一种较短的人权列表，并且会将公民权利和政治权利放在首位。④ 范瑞平认为，现代西方政治已经陷入困境，中国若想避免走入这种困境，就不应该照抄照搬西方政治文化的基本原则及政治

① 林远泽：《儒家后习俗责任伦理学的理念》，台北：联经出版事业股份有限公司，2017 年。
② 杜保瑞：《对方东美朱熹诠释的反思》，《中国文化研究》2014 年第 1 期。
③ 陈永宝：《殊途同归：论朱熹与严复救世思想的儒学回归》，《吉林师范大学学报（人文社会科学版）》2019 年第 5 期。
④ 陈祖为：《儒家思想与人权》，匡钊译，《学术月刊》2013 年第 11 期。

制度，而是应当重新审视中国的儒教信念，设法建立我们自己的“贤能政治”，认真探索一条“中庸性推广”儒家价值的文明宪政之路。[①] 澳门的刘仲林探讨了儒家与科学会通的三种观点：儒学扩展型、科学变革型、儒学变革型。评析了三种观点的特点，展望了中西会通的道路和前景。[②] 陈荣灼、杨儒宾、何乏笔等儒家学者，通过“气论”来反省牟宗三对中国哲学诠释之限制，尤其聚焦于牟宗三因低看气论、贬低气学而造成他对宋明理学系谱分判之可争议性。其间，他们各自提出了创造性的观点，进而促动了相关诠释的转进。[③] 此外，港澳台的儒学实践也有丰富成果。最为典型的就是香港孔教学院持续开展的多种“弘孔宣道”活动，通过招募孔教会员，不断扩大孔子思想的影响。

## 二、东北亚地区：儒家文化圈的重要支撑力量

以日韩为儒学研究重镇的东北亚地区，呈现了多层面的儒学研究面貌，既有关于儒家思想在不同时期的研究，也有对现代社会的观照。就前者而言，日韩等国家的东北亚儒学研究者，主要从思想史维度上推进了传统儒家思想的研究；就后者而言，他们从不同的社会科学视角审视了儒学对于现代社会形成与发展的作用，并展开相应的本土化转型研究。

### （一）传统儒家思想史研究

在传统儒家思想的研究方面，成果最多的是对宋明儒学的研究。其中，在日本，阳明心学一直是儒学研究的重点。著名学者冈田武彦有两部著作值得关注：一部是以宋、元、明时期的思想文化为背景，特别是儒学发展史为背景，在简要概述宋明思想文化发展的脉络和特点的基础上，不仅系统论述了

① 范瑞平：《走向儒教贤能政治：在现代西方政治陷入困境之际》，见陈明、朱汉民主编《原道》(第 22 辑)，北京：东方出版社，2013 年。

② 刘仲林：《儒学与科学会通三家观》，《自然辩证法研究》2016 年第 8 期。

③ 陈荣灼、杨儒宾、何乏笔等：《气论、体用论与牟宗三对理学系谱的再反思》，《商丘师范学院学报》2023 年第 1 期。

阳明心学产生的历史原因及内容、特点、社会影响、历史作用，而且详细爬梳了阳明心学的分化、演变和明代中后期王门各派各家的离合同异、学术宗旨，并将阳明学、阳明后学与朱陆之学，特别是与明末其他儒学流派做了具体而微的对比。[①]另一部则是将宋明哲学融入具体的时代情境加以阐释，写出了一部“活”的宋明理学史。他通贯朱子学、阳明学以及整个宋明时代的文化精神，综合哲学史、思想史、社会史和文化史，深刻阐释了宋明理学的时代背景及精神本质、哲学要义、学派体系和发展脉络。在该书中可以看到，宋明之际社会经济发展过程中人们审美、情感的变化，以及这一时期哲学、陶瓷、诗歌、绘画、书法等呈现出的内观、格物、简素、古拙、藏五种特点。[②]大西晴隆探讨了王阳明与禅甚深的关系，其通过梳理阳明频游佛寺、参禅问道、寻仙访道、惑溺老庄后又脱离佛老回归儒学的心路历程，揭示了阳明“致良知”与禅的关系。[③]福田殖讨论了阳明后学王龙溪与聂双江关于“良知”之论争。其指出：王龙溪肯定“良知现成”，从变化生成之“动”的立场对“良知”加以理解；而聂双江则直言“良知归寂”，从“未发之中”之“静”的冥想中追求宇宙生命与实践伦理的统一。[④]三浦秀一讨论了荒木见悟《阳明学的位相》所阐发的良知心学构想。[⑤]通过解读此书，并与荒木先生旧著《佛教与儒教》做比较，可以发现荒木先生对心学独特的理解，特别是他所提出的“缺陷世界”这一概念，对我们思考良知说及其与晚明思潮的关联极有启发意义。佐藤炼太郎讨论了明末清初时期对阳明学的研究。他指出：根据周汝登《圣学宗传》可

① 冈田武彦：《王阳明与明末儒学：知行合一的心学智慧》，吴光、钱明、屠承先译，钱明校译，重庆：重庆出版社，2016年。

② 冈田武彦：《宋明哲学的本质》，连凡译，重庆：重庆出版社，2023年。

③ 大西晴隆：《王阳明与禅》，胡嘉明、毕文龙译，《西南民族大学学报（人文社科版）》2019年第1期。

④ 福田殖：《王龙溪与聂双江——〈致知议略〉中的良知论争》，胡嘉明、关春红译，《贵州文史丛刊》2018年第3期。

⑤ 三浦秀一：《良知心学与晚明思潮——荒木见悟〈阳明学的位相〉浅析》，祝钊、李洁译，《湖北大学学报（哲学社会科学版）》2018年第1期。

以看出，明末的状况是在阳明学派中，尊崇无善无恶说的左派是主流，修证派是与朱子学相似的保守派。《圣学宗传》代表明末万历末年的阳明学观，《明儒学案》代表清初康熙年间的阳明学观，二者都应该被尊重。[①] 荒木见悟从内与外的不同角度对阳明学的性质、实态展开立体的考察，力图回答“什么是阳明学”这一问题，明确阳明学在中国思想史上的地位。围绕王阳明及其后学、反对王学者、试图折中朱王者以及禅学等流派和人物的思想表述与论辩展开，从思想的内在理路层面把握阳明学的概念范畴，视野宏阔、史料丰富，体现了作者的深厚学养和理论创新力。[②] 楠本正继对“宋学”和“明学”进行了研究。“宋学”部分从新儒学的出现到宋学后期朱熹集宋学之大成，完整地论述了宋学发生发展的思想史过程，展现了完整的朱子学风貌。“明学”部分从宋代的陆象山心学开始，论述了阳明心学的渊源。而后论述了以前很少有人研究的元代儒学，认为元代儒学大致按照陆学的方向发展，衔接明学。然后根据前期、中期、后期的时代分划，完整地论述了阳明学的发展过程和思想全貌。该书堪称日本学者中不可多得的宋明断代思想史专著，系统明确，描述完整。[③]

相较之下，程朱理学是韩国儒学界的研究重点。其中，郑宗模讨论了二程的实学思想及意义，认为“实学”与“权道”结合是二程实学观念的重要特质，尤其是程伊川以“权道”概念来理解圣人“随时有作”和“因时立政”的能力。[④] 崔亨植指出，戴震特别重视“理”的社会实践意义，他的“遂民之欲”论正是试图解决当时社会的严峻问题，从哲学的理论角度重新彰显孔孟爱民重民的思想。[⑤] 金渡镒讨论了荀子对霸道的认识，并根据荀子对霸道的历史认识与分析，得出“荀子容忍霸道”的观点存在一定缺陷的结论。[⑥]

---

① 佐藤炼太郎：《明末清初相反对立的阳明学派史——周汝登〈圣学宗传〉与黄宗羲〈明儒学案〉的比较》，《湖南大学学报（社会科学版）》2017 年第 1 期。

② 荒木见悟：《阳明学的位相》，焦堃、陈晓杰、廖明飞等译，南京：江苏人民出版社，2022 年。

③ 楠本正继：《宋明时代儒学思想之研究》，连凡译，济南：山东人民出版社，2019 年。

④ 郑宗模：《从实学与权道概念看二程思想的当代意义》，《中国文化论衡》2018 年第 2 期。

⑤ 崔亨植：《戴震“理”论的实践意义》，《人文天下》2019 年第 21 期。

⑥ 金渡镒：《荀子是否容忍霸道?》，《社会科学》2021 年第 4 期。

### （二）儒学对现代社会的形成与发展的影响研究

从儒学对现代社会的形成与发展的影响方面看，东北亚的儒家学者运用了诸多现代社会科学的理论方法探讨儒家的法制、政治、经济等思想内容。小野进讨论了儒家经济学的构建。[①]渡边义浩对东汉时期“儒教国家”的形成进行了研究。他认为，“儒教国家”为适应时代变化而不断重新解释经典，为皇权正统性提供支持，帝王使用儒家的文人官僚和地方势力进行统治，形成传统中国的国家支配体制。[②]串田久治研究了东汉末期的儒家学者崔寔，指出崔寔极力强调国家应有的使命，针对三种“天下之患”提出了具体的解决办法；同时对于无视民众的当政者，建议采取“权变之道”，认为“上下相安，政如一家”才能重新构筑健全的国家。[③]李相益探讨了儒家政治秩序建构问题。其认为，儒家只是强调君主修己和臣下谏言，而未能展现“制约傲然自肆之君的方法”，也就是没有找到有效抵御暴君暴政的现实方案，存在明显局限性。[④]洪元植研究了儒家对“家”的关注，认为从孔孟原始儒学一直到作为新儒学的朱子学，儒家一以贯之地将血缘集团的“家”与非血缘集团的“国”积极地联结起来，从空间、时间上加以扩展延伸。[⑤]高在锡通过分析《论语》中的“直躬”故事，探讨了东亚的正义观念。他指出儒学中的“正义”以人的共感、关怀和疼爱之心为基础，重视符合每时每刻实际情况的“时中”价值，并警告人们没

---

① 小野进:《儒家经济学的构建与西方发展论的局限——基于儒家思想对阿西莫格鲁等著〈国家为什么会失败〉的批判》，张安群、李迪亚译，《日本研究》2019 年第 1 期。

② 渡边义浩:《论东汉“儒教国教化”的形成》，仙石知子、朱耀辉译，《文史哲》2015 年第 4 期。

③ 串田久治:《汉末儒学家崔寔的统治论》，见罗安宪主编《儒学评论》(第十二辑)，北京：社会科学文献出版社，2018 年。

④ 李相益:《儒家政治秩序的性质与意义》，金香花译，《辽宁大学学报（哲学社会科学版)》2022 年第 4 期。

⑤ 洪元植:《“家的发见”与儒学中“家”的特殊性》，林海顺译，《中国人民大学学报》2017 年第 3 期。

有爱的正义是不充实的，只强调普遍性的正义是十分危险的。[①]郑炳硕介绍了李泽厚的哲学体系，指出其以“历史本体论”，以及作为历史本体论轴线的“情本体”为出发点，重新理解了儒家哲学的历史。[②]尹天根指出，现代生活有必要接受儒家传统的调整，让人类在追求内在而不是外在价值的过程中获得属于人的愉悦和富足，并希望人类未来能让生活从利益博弈中抽出来，用儒家人性化的道德文化重构人们的生活方式。[③]

### （三）儒学本土化问题研究

在以上研究基础上，日韩儒家学者进一步探讨了儒学的本土化问题。日本学者土田健次郎指出，东亚各国的儒学研究倾向于围绕本国所受影响展开。可是，单单以各国儒学为基轴而扩展的研究是不充分的，还需要从一开始就跟进把握东亚儒学的整体状况。因此有必要存在两种儒学史：一种是以各国为基轴的儒学史，另一种则是一开始便着眼于东亚整体来书写的儒学史。各国的儒学深受中国的影响，即从中国单向地传往各国，而非相互交流影响。各国的儒学之所以独立性强，是受到了各国国家意识的较强影响。而儒学的“天下”本来是指世界整体，并非某一个国家。在日本有言论称日本为“天下”，把日本看作一个世界，即各个国家是一个个不同的世界，而这多个世界又包含在以中国为中轴的大世界当中。在这里，各个国家处于“生态隔离”状态。儒学使用的概念能够包含多样的内容，各国才能利用它的特性来构筑本国特有的思想。[④]此外，西山尚志研究了日俄战争结束后，日本国内出现的“汉学复兴”热潮，反思了轻视传统文化的弊端，批判了西方文化急剧流入等现象。此后，

① 高在锡：《探析〈论语〉“直躬”故事所体现的东亚正义观念》，《中国哲学史》2015年第3期。

② 郑炳硕：《李泽厚之“情本体论”与儒家哲学》，见孙聚友主编《国际儒学论丛》（总第6期），北京：社会科学文献出版社，2018年。

③ 尹天根：《未来学观点下的学习：以儒学为例》，田杨校译，《东岳论丛》2015年第12期。

④ 土田健次郎：《东亚儒学之基本问题》，《辽宁大学学报（哲学社会科学版）》2022年第4期。

特别是20世纪20年代，日本政府为对抗西方文明、集中国家权力、加强国民道德教育，开始承认汉学、儒学教育的重要性。[①] 葛诗嫣研究了“儒教”在日本作为伦理宗教的发展。加地伸行认为，儒教的宗教性与道德性，以及两者结合的孝，三者共同构成了儒教作为宗教的内在结构。在这样的内在逻辑下，儒教伦理体现出连续性、共生性和现实性的特点，并使作为“伦理宗教”的儒教在具体的道德要求、理性转向与教化功用上彰显出“人间性”。儒教对人的关心与肯定指引着人们不畏苦难、积极入世，发挥着人间关怀的作用。正因如此，儒教在现代社会中仍将成为人们的精神寄托。[②] 吾妻重二讨论了17—19世纪的日本儒者对以儒教为本的丧祭礼仪（葬仪、服丧和祖先祭祀）的关注，特别是基于朱熹的《家礼》提出了更为简便的丧礼构想，并进行了相应的实践。[③] 市来津由彦讨论了明治时期儒学地位的变化。其认为，当时社会语言环境的重大变动使“汉文训读”在社会生活中的重要性减弱。与此相关，儒学言说也不再是东亚社会共有的、维持思想文化互动的存在，而仅是日本国内用于宣讲“国民道德”的言说。[④]

在韩国学界，吴锡源撰写的《韩国儒学的义理思想》一书，先从儒学的一般历史意识出发，对义理思想的概念与本质、春秋的华夷意识与义理之道等做了学理分析；进而以韩国儒学的道学派为重点，分析各个时期的代表人物，如退溪、南冥、重峰、华西等人的义理思想；最后从现代意义出发，对义理思想的现代价值以及儒家的大同社会做了分析和展望。[⑤] 其系统的论述对国际思想界深入了解韩国儒学大有裨益。尹丝淳从韩国儒学的渊源开始，按照时代发展

① 西山尚志：《日俄战争后日本的“汉学复兴”热潮》，《文史哲》2023年第3期。

② 葛诗嫣：《作为伦理宗教的“儒教”——以加地伸行的生命伦理思想为中心》，《国际儒学（中英文）》2023年第4期。

③ 吾妻重二：《日本近世的儒教丧祭礼仪——〈家礼〉与日本》，古宏韬译，见《人文论丛》（总第31卷），武汉：武汉大学出版社，2019年。

④ 市来津由彦：《儒学言说在明治时期变化》，韦佳译，《世界哲学》2015年第3期。

⑤ 吴锡源：《韩国儒学的义理思想》，邢丽菊、赵甜甜译，上海：复旦大学出版社，2014年。

顺序对韩国儒学进行了分阶段、有重点的剖析，并对每一阶段思想发展的特征进行了有力度的把握。[①]与其他儒学史著作相比，该书的特点在于作者力图基于儒学的普遍性阐明韩国儒学的特殊性，从韩国文化整体发展的脉络，即“韩国文化史”的角度出发，以“特定时期的代表思想”或“时代理念”为基准，将韩国儒学发展史划分为九个阶段并逐一进行了论述。姜真硕研究了朱子学在韩国的传承，他指出薛文清在继承朱子学的过程中，特别强调“复性”，而李退溪所编的《朱子书节要》则坚持道德义理在日用之间自然流行的原则，从东亚儒学思想史看，这反映了韩国朱子学的发展和创新。[②]金容载讨论了韩国阳明学对以朱子学为中心的韩国性理学的发展和巩固发挥的积极作用，阳明学对诸如史学界、文学界以及思想界等其他学科领域的影响也尤为明显。[③]张闰洙考察了高丽末至朝鲜初期中国性理学的接受以及韩国性理学如何成长的问题。[④]权相佑讨论了儒学对当代韩国的意义。他指出，儒教具有前现代特征，而儒学则有当代社会特征。在多元化和差异化的现代社会，需要阐明儒学的“沟通理性”能促进差异性之间的互通，具有一定现实意义。[⑤]

### （四）传统儒家文献整理、传播与历史影响研究

除此之外，东北亚儒家学者继续推进传统儒家文献的整理考据及历史影响研究。例如：池田知久就有关出土文献资料研究中的方法论问题，诸如新出土文献资料的分类及其与通行文献资料的关系、“疑古”思潮与对通行文献的文本批判和高等批判等问题做了一些考察。[⑥]通过对通行本《周易》与马王堆

---

① 尹丝淳：《韩国儒学史：韩国儒学的特殊性》，邢丽菊译，北京：人民出版社，2017 年。

② 姜真硕：《薛文清与李退溪哲学思想的比较研究》，《南昌大学学报（人文社会科学版）》2012 年第 6 期。

③ 金容载：《韩国阳明学研究的本质问题》，《王学研究》2019 年第 1 期。

④ 张闰洙：《朱子学传入韩国的过程及其特征》，见孙聚友主编《国际儒学论丛》（总第 1 期），北京：社会科学文献出版社，2016 年。

⑤ 权相佑：《儒学对当代韩国的意义》，《延边大学学报（社会科学版）》2017 年第 1 期。

⑥ 池田知久：《马王堆〈易传·系辞〉篇的形成与抄写——基于同今本〈周易·系辞传〉的比较》，曹峰译，《文史哲》2021 年第 3 期。

帛书《周易》的对比分析，具体讨论《周易》与原始儒学的关系、儒学早期发展的历史和《周易》哲学的诞生等问题。末永高康所著《性善论的诞生：先秦儒家思想史的一个断面》一书借由深入分析郭店楚简诸文献中的思维方式，勾勒出从子思到孟子的思想发展过程，试图阐明孟子“性善论”独特思想的渊源在于郭店文献。这对自郭店楚简面世以来，日本学界主要研究成果停留在竹简编联、文字隶定及训诂等方面，而忽视了建构新的中国古代思想史过程的研究局限，具有“抛砖引玉”的积极作用。[①] 武内义雄结合清代考证学与现代思想史的研究方法，首先追溯《论语》一书在中、日两国的流传，找出最初版本，随后细致分析原始版本的用词、语言以及思想风格，论证现今《论语》由三部分组成，即齐鲁二篇本、河间七篇本、《齐论语》。不同部分有不同的侧重点，彼此又有重复、矛盾之处。[②] 这些论述对理解《论语》的原始大义来说，可谓拨云见日。浅野裕一立足于1972年的马王堆帛书《老子》、1973年的马王堆黄老思想文献《黄帝四经》、1993年的郭店楚简《老子》及《太一生水》、1994年的上博楚简《恒先》等大量的先秦出土文献，对中国古代宇宙论展开了打破窠臼式的研究。他重新思考中国古代宇宙论的特性，同时尝试从宇宙论的角度，寻找跨越了长达数千年时空的中国文明没能创造出近代科学文明的原因。[③]

井川义次等学者研究了儒学在欧洲的传播及影响。他指出，卫方济（François Noël）借助翻译把“孝”的观念导入欧洲，让欧洲人真正认识到中国思想的根本价值和宇宙论的核心内容，同时也为欧洲提供了一面反观自我的镜子。从《小学》的编辑过程来看，整本书都体现了朱熹的意图，卫方济本人也认为这是朱熹的著作。[④] 沃尔夫（Christian Wolff）通过卫方济的译文认识到宋

① 末永高康：《性善论的诞生：先秦儒家思想史的一个断面》，佐藤将之译，台北：台湾大学出版中心，2023年。

② 武内义雄：《论语之研究》，陈敏译，武汉：崇文书局，2023年。

③ 浅野裕一：《古代中国的宇宙论》，吴昊阳译，南京：江苏人民出版社，2020年。

④ 井川义次：《儒家君主观对法国大革命的影响：以儒经译文为中心》，《国际汉学》2022年第2期。

明理学主张不以“神”的存在为前提的理性自律。沃尔夫通过卫方济和柏应理（Philippe Couplet）的注解，从《易经》和《孝经》中学习宇宙论以及由此生成的秩序形成理论，亦从《论语》中学习到了自然的法则。他摈弃了柏应理的有神论观点，否定了“天”与“神”的联系，将“天的法则”定义为“自然法则”。不仅如此，他认为，以理性为核心的中国哲学有一股实现“人民之幸福”“实际之幸福”等实践性课题的力量。沃尔夫阅读《大学》关于幸福论和德性论的内容，在柏应理和卫方济对宋明理学的注释中，展望到人和世界的“完全性”。在保证人类理性的同时，沃尔夫不断追索启蒙主义“完全性”的课题，并在孔子从“志学”到“从心”的过程中，发掘出不断进步的人性要素，认识到追求与宇宙规律相协调的“完全性”的人类使命。[①]

## 三、东南亚地区：儒家文化融入大众生活

在东南亚地区，基于儒家学者的理论研究与儒家活动家实践活动的多维结合，儒家文化得到日益广泛的传播，并与大众生活融为一体。

从理论研究方面看，东南亚儒学延续了传统儒学思想的哲学阐释和社会历史性解读，同时聚焦儒学对东南亚现代社会的影响问题，因此主要形成了两大类研究内容。一类是传统儒学思想的哲学阐释或社会历史性解读。例如，新加坡的刘琳娜研究了宋明理学生死观的发展。她认为，宋代理学家对生死的论述可概括为“重生轻死”和“随气聚散”两种类型，陈白沙“以自然为本”的生死观接近于道家，而王阳明则以“良知”为宗，在龙场悟道的真实体验中建立了以心性超越为基础的儒家生死观，改变了过去罕言生死的传统。[②] 毛朝晖提出：荀子的学术批评体现了西周礼乐文化与新兴的战国功利文化之间的斗争与张力；荀子不单要针对新兴的战国功利文化做出回应，同时要对西周与战国

① 井川义次：《宋学西渐：欧洲迈向近代启蒙之路》，刘绍晨译，北京：北京大学出版社，2024 年。

② 刘琳娜：《王阳明与宋明理学生死观之转向》，《孔子研究》2016 年第 4 期。

的两型文化进行整合。[1] 阮氏翠幸讨论了宋明儒学对越南儒学发展的影响，指出越南所接受的基本是宋明儒学。[2] 阮俊强从诠释学的角度，研究从朱熹《四书章句集注》到越南的《四书约解》汉文批注的沿革，指出《四书约解》的批注内容主要沿袭了朱子理学，略参阳明心学，大部分按朱熹旧注进行诠释，其目的是让越南孩童更容易把握儒家经典的内容。[3]

另一类研究聚焦儒学对东南亚现代社会的影响。例如：新加坡的陈素芬通过对儒家和杜威实用主义哲学的相关概念和理论的详细研究，阐明了儒家民主的可能性，提供了与西方自由民主模式不同的其他选择；同时将个人与群体、平等与自由的民主理想和伦理秩序与政治秩序的本质等进行了对比研究，从而以儒家民主模式将儒家和杜威实用主义的优点结合起来，探讨了前现代的传统与当代政治和哲学理论展开对话的方式。[4] 陈荣照认为，现代社会种种冲突的根源是现代人类的道德危机，而儒家有宝贵的伦理资源可以贡献给人类社会，孔孟伦理思想蕴含着自觉、自主、自律的德性生活，可为现代社会文明的发展提供借鉴。[5] 同时他也提出，当今时代要推动儒学文化的现代转化，要寻找一条既保持、发扬儒学优秀文化传统，又适应现代化和世界多元文化交流融合的发展道路，把文化的时代性与独特性结合起来。[6] 李晨阳认为，21 世纪的新儒家都开始以比较研究的方法发展儒家哲学，比较研究的发展不仅利于儒学更好地解决新的问题，也利于其在世界哲学中发挥更大的作用。[7] 另外，越南学者

---

① 毛朝晖：《〈荀子〉中的两型文化——以荀子的学术批评为中心》，《临沂大学学报》2016 年第 2 期。

② 阮氏翠幸：《十三世纪至十九世纪宋儒哲学对越南儒士思想的影响》，《江南大学学报（人文社会科学版）》2017 年第 5 期。

③ 阮俊强：《朱熹的经学与解经语言在古代越南的沿革：从〈四书章句集注〉到〈四书约解〉的案例研究》，《国际汉学》2016 年第 2 期。

④ 陈素芬：《儒家民主：杜威式重建》，吴万伟译，北京：中国人民大学出版社，2014 年。

⑤ 陈荣照：《儒家普世伦理与现代社会》，《孔子研究》2012 年第 6 期。

⑥ 陈荣照：《儒学对当代文化建设的贡献》，Lai Li 译，《孔学堂》2015 年第 3 期。

⑦ 李晨阳：《比较的时代：论当代儒学研究的一个重要特点》，《周易研究》2015 年第 3 期。

也关注儒学对越南现代社会的形成与发展的影响。例如，阮国生基于儒学在越南发展的历史，指出儒学对越南社会的和谐治理、教育、伦理道德等方面具有积极影响，但在民主法治和改革创新方面有消极作用，因此需要与现代社会思想进一步融合。[①]阮玉诗探讨17世纪以后，越南南方脱离传统儒家文化的影响，但儒学依然对越南的政治、社会产生了巨大的影响，同时儒学也不断地被越南本土文化所影响，二者的差异引发过矛盾冲突，但后来互相补充并融合，最终形成了越南文化的现代面貌。[②]

除理论研究之外，不少学者也特别关注东南亚儒学的传播问题。马来西亚的魏月萍指出，就历史传播形态而言，孔教会、刊物、新兴宗教等在东南亚儒学发展中扮演了重要角色。早期东南亚儒学多在文人雅士之间传播，具有精英特质，但在本地化过程中，已逐渐向民间性与宗教性方向发展，形成了“在地儒学”。[③]新加坡亚洲研究学会的李元瑾从文化殖民的视角分析了新加坡海峡华人的失根、寻根与保根的文化现象，并对海峡华人知识分子掀起的以传统文化为基础的现代化改革运动进行了回顾和解读。据此，她指出海峡华人这一段从“西化”至“再华化”、从“文化殖民”至“去文化殖民”的经历，跟新加坡独立后的西化发展以及20世纪与21世纪之交的华族语言文化复兴运动有许多相似之处，这些华人知识分子为复兴中华传统所付出的努力自有其积极意义。[④]李焯然提出，儒学的发展有一股自下而生的力量，新加坡庙宇就是“民

---

① 阮国生:《儒学思想对越南现代社会的影响》，见贾磊磊、杨朝明主编《第七届世界儒学大会学术论文集》，北京：文化艺术出版社，2016年。

② 阮玉诗:《儒学与越南文化性格》，见刘德斌主编《中国与世界》(第三辑)，北京：中国社会科学出版社，2013年。

③ 魏月萍:《东南亚儒学的历史发展及其研究现况》，《杭州师范大学学报（社会科学版）》2018年第2期。

④ 李元瑾:《从文化殖民的视角重读新加坡海峡华人的失根与寻根》，《华侨华人历史研究》2014年第2期。

间儒教”或“大众儒教”的形式。[①] 陈启生几十年来致力于马来西亚儒家文化传承事业，面对复杂多样的现实困难，他号召儒家信徒重拾自信心，采取便于现代人接受的方式，重新“述”（儒教）教理，以经典为依据，以节日习俗礼仪为载体，进行系统的宣教；提倡宽松的政治环境，倡导民间成立儒学会、儒教会、孔教会、书院、精舍等，建立儒家自己的生存空间，同时平衡排外冲突，寻求广泛和平。[②]

## 四、中东地区：架起儒学与古老文明对话的桥梁

中东地区孕育了古老的犹太文明、基督教文明和伊斯兰文明等多元的宗教文明，在多元宗教文明向世界广泛传播的过程中，犹太文明、基督教文明和伊斯兰文明皆与儒学展开了多维度的思想碰撞与对话，在此过程中，不同文明之间也架起了交流互鉴的桥梁。这在全球化时代尤为重要，正如赵晓阳所说，从全球化的角度来讲，最早步入全球化进程的不是经济而是宗教，通过史实分析，可以发现宗教和儒家文明之间对话的重要性。[③]

### （一）儒学与犹太教比较研究

以色列特拉维夫大学的张平指出，最近几十年犹太教与儒学的比较研究和犹儒对话正发展成为一个新兴的学术领域。在学术史上，第一篇最为切题的犹太教与儒学比较研究的成果是 1995 年古德曼（René Goldman）发表的《社会中的道德领袖：儒家的“君子”与犹太教的“柴迪克”的比较》一文。他强调犹太教与儒家的道德领袖都不以自我完善为社会责任目的，而是要带领所有

① 李焯然：《儒家礼仪的道教化——新加坡庙宇的祭孔活动》，《国际汉学》2012 年第 2 期。李焯然、蒋雯燕：《新加坡学者李焯然教授访谈录》，《国际汉学》2016 年第 4 期。

② 陈启生：《南洋华人的文化自信》，《孔子研究》2013 年第 2 期。

③ 赵晓阳：《近七十年来基督宗教与中国宗教比较研究评析》，见朱庆葆主编《民国研究》（总第 32 辑），北京：社会科学文献出版社，2017 年。

人走向一个完美的世界。[①] 这篇文章成为真正的犹太教—儒学比较研究的经典之作，其中提出的比较点得到后来学者的借鉴和继续推进。

21 世纪以来，犹太教与儒学的比较研究引起了更多学者的关注和参与。著名的比较哲学期刊 *Dao: A Journal of Comparative Philosophy* 曾于 2005 年推出了一个名为“希伯来与儒家传统中的有神论”的专题，其中，克拉克（Kelly J. Clark）的论文是一种明显的比较宗教学进路。其文通过对《圣经》相关经文和早期儒学经典《尚书》中相关篇目的细致分析，论证了希伯来一神论的演变过程，以及儒学中的“天”作为独一神论人格神的特征，并一再强调两种传统的神一直都十分关心人类福祉，故而不赞同以人文主义为儒家的标签而将之与犹太教相区别。[②]

中国学者在这方面也取得了丰硕的成果。多年来，傅有德立足于宗教学概念，选取神论、教义和经书三种宗教元素对犹太教和儒学进行了多个维度的比较研究，指出二者在某些方面可以互补。近年，傅有德专注于古代犹太教和早期儒家中专题性的宗教或伦理观念的比较研究，集中比较了古代犹太教和早期儒家中“孝道”这一伦理观念。[③] 这两项研究反映出不同的比较方法论，前者立足于各自传统中的重要角色，侧重于“异中求同”，但是不回避先知和圣人的特殊性；而后者选取了两种传统中都存在的一项伦理观念，重在“同中求异”，同时也分析了其共同的发生机制。

张倩红、贾森以丝绸之路上的商贸往来为宏观视域，以开封犹太人的来历考察为微观个案，梳理了犹太人来华的可能性路线，以及不同文化元素在开

① René Goldman, “Moral Leadership in Society: Some Parallels between the Confucian ‘Noble Man’ and the Jewish ‘Zaddik’”, *Philosophy East and West*, 1995, 45(3).

② Kelly J. Clark, “The Gods of Abraham, Isaiah, and Confucius”, *Dao: A Journal of Comparative Philosophy*, 2005, 5(1).

③ 傅有德、王强伟：《比较视域中的古代犹太教与早期儒家之孝道》，《求是学刊》2016 年第 3 期。

封犹太社团的体现。[①] 赵广军通过对闽方言《圣经》译者与文本的研究，追溯了《圣经》翻译为闽方言的历史；通过对出版与传播情况的阐释，说明《圣经》在福建的出版史；通过对受众与阅读情况的分析，厘清了福建民众的《圣经》阅读史。据此说明，闽方言《圣经》的发行引起了当时福建基层社会在文字推广和扫盲、信仰结构、习俗改良等方面的变化，具有积极作用。[②]

此外，赵杰专门研究了保罗从犹太教信徒转变为基督使徒的独特信仰经历，而且比较分析了保罗人性论与孟子人性论的异同，指出二者分别代表以神为中心的宗教信仰传统（“先知—使徒”传统）和以人为本的儒家哲学传统（纯粹的思想史传统），如果能给予双方的话语以同等程度的重视，以比较研究而非判教的立场和态度对待孟子与保罗的人性论，透过分歧发现双方各自独特的洞见与智慧，则不仅有助于加深对人的存在本性的全面认识和理解，而且有利于促进儒学与犹太教、基督教等异质文明的交流和沟通。[③]

### （二）儒学与伊斯兰文明比较研究

米寿江认为，金陵学派成功实现了伊斯兰文明与中国传统儒家文明的对话与交融，不仅从深层次上加速了伊斯兰教中国化的进程，而且为当今世界开展不同文明之间的对话提供了有益的经验。[④] 马英杰认为，伊斯兰文明在黄河文明圈中生息发展的过程也是其“在地化”的过程，中国化的伊斯兰教是伊斯兰文明的重要组成部分，其在黄河流域“在地化”的内里是“礼之规”“仁之通”“孝之道”的价值契合。[⑤] 季芳桐对陕西学派与金陵学派进行了分析比较，指出两个学派虽有差异，但都是中国伊斯兰教学术生态不可或缺的一部分，彼

① 张倩红、贾森：《丝绸之路视域下的犹太商人——开封犹太社团来历问题研究述评》，《国际汉学》2015 年第 3 期。

② 赵广军：《闽方言圣经与近代福建社会》，《圣经文学研究》2020 年第 2 期。

③ 赵杰：《从比较研究的立场看孟子与保罗人性论的特质及意义》，《周易研究》2017 年第 3 期。

④ 米寿江：《金陵学派：儒学文明与伊斯兰文明的对话》，见《黄河文明与可持续发展》（第十三辑），郑州：河南大学出版社，2017 年。

⑤ 马英杰：《在地化：黄河流域伊斯兰文明论纲》，《回族研究》2017 年第 1 期。

此之间亦有许多的联系与互动，这才能促进中国伊斯兰教的兴旺发达。[①] 毕芳从伊斯兰教中国化的视角，通过明晰马注“明德”之概念透视伊斯兰教的核心概念“信仰”（伊玛尼）与儒学的核心理念“德”的对接，通过伊儒“明明德”之主体、目标、功夫和实现途径的比较，彰显伊斯兰教和儒学的会通。通过“明德”，穆斯林把对伊斯兰教信仰的遵循与中华传统价值观有机融合，使得两种异质文化成功实现融通。[②]

### （三）中东地区学者的儒学研究

20、21 世纪之交，黎巴嫩大学教授欧麦尔·阿卜杜勒·哈义（عمر عبد الحي）出版了《古代中国的哲学与政治思想》一书，阐述了道家哲学、儒家哲学、墨家和法家哲学，并探讨了儒道法家的政治思想。其认为，中国古代思想家都十分关注社会与政治现象，注重学说的实用性，同时中国文化具有很强的吸收、同化外来文化的能力。2011 年，埃及爱资哈尔大学中文系主任阿卜杜勒·阿齐兹·哈姆迪（عبد العزيز حمدي）教授翻译了由何兆武、步近智、唐宇元等撰写的《中国思想发展史》，由埃及文化部最高文化委员会出版。这是第一部由阿拉伯汉学家直接从中文翻译的中国思想史著作，也是第一部译成阿拉伯文的由中国人撰写的思想史著作，其学术意义值得肯定。2012 年，位于贝鲁特的阿拉伯世界著名智库“阿拉伯统一研究中心”出版了由穆罕默德·哈穆德（محمد حمود）从法文翻译的《中国思想史》，该书作者为法籍华人学者、法兰西公学院教授程艾兰女士，法文版于 1997 年出版，得到国际汉学界高度评价。[③]

## 五、美洲及大洋洲：多元文化价值共享下的儒学新形态

美洲和大洋洲本就是一片人类多元文化交融共生的辽阔地域，不同文化

① 季芳桐：《论陕西学派与金陵学派之特色及关系》，见《黄河文明与可持续发展》（第十三辑），郑州：河南大学出版社，2017 年。

② 毕芳：《从马注的“明德”概念看伊斯兰教与儒学的会通》，《中国穆斯林》2023 年第 4 期。

③ 参见薛庆国、丁淑红：《中国古代思想在阿拉伯的传播》，《国际汉学》2023 年第 1 期。

立场和社会生活背景的儒家学者基于所关切的现实社会问题和历史发展视角，提出了众多儒学议题，由此也孕育了多种儒学研究新形态。

### （一）儒家伦理思想研究

儒家富有特色的伦理思想一直是美国儒家学者研究的重要议题。最具代表性的理论之一就是安乐哲提出的“儒家角色伦理”。其主要观点为强调儒家从个人修身功夫的综合角度着眼，以家庭为人生经验的基地，追求个人角色与社会关系的最佳化，而家庭角色以及相关或者类似的社会关系合起来构成一个具体而又独特的活动网。[①] 正是由于儒家伦理具有突出的关系性、协作性特点，儒家思想中有大量的对社会生活中关系和角色进行阐释的内容，以指示现实生活中人们的行为方向，这种社会性使儒家思想与西方原教旨性的个人主义形成鲜明反差。[②] 近两年，安乐哲持续推进儒家角色伦理学的研究并取得了进一步的成果。他从宇宙论出发，揭示儒家角色伦理的思考起点——儒家过程性的人之理念：“人之成为”或“成人”。[③] 同时在其新著中，分析了儒家传统中“关系性构成的、叙事性的、焦点—场域的人之理念”，并以之贯通“仁”“孝”“礼”“和”等儒家经典观念，让儒家以自身语言讲述其自成一格的道德生活愿景。在此基础上，结合比较哲学洞见，针对“个人自主”“民主”等当代社会政治议题，提出了儒家方案来对抗在西方占统治地位，甚至在一定程度上支配了现代世界的基础个人主义理论及其衍生思想。面对当今世界的人类困局，安乐哲寄希望于在世界哲学中尚未获得足够重视的儒家思想资源，为人类带来突破性的改变与贡献。[④]

---

① 安乐哲：《儒家角色伦理》，孟巍隆译，《社会科学研究》2014 年第 5 期。

② 安乐哲：《儒家角色伦理学——一套特色伦理学词汇》，孟巍隆译，济南：山东人民出版社，2017 年。

③ 安乐哲：《儒学和杜威实用主义：关于“成人”的对话》，《学术月刊》2020 年第 1 期。

④ 安乐哲：《成人之道：儒家角色伦理学论“人”》，欧阳霄译，北京：北京大学出版社，2023 年。安乐哲：《儒家的角色伦理学与杜威的实用主义——对个人主义意识形态的挑战》，李慧子译，《东岳论丛》2013 年第 11 期。

此外，安乐哲从中西哲学比较的角度出发，收录了 94 个儒学关键术语，每一词条先给出英文对应词，再以《说文》等为依据训诂，最后结合儒学经典用英文进行阐释，旨在纠正西方对中国文化的误读。他认为，中西思想传统各有一套独特的哲学语汇，它们在各自文化语义环境中自圆其说而不可直接相互翻译。由于双方对彼此原本语义结构性差别的忽略，在以往中西哲学语汇直接相互翻译的过程中，存在着大量的文化不对称误读、误判。因此，仅靠词对词的翻译，难以达成有效的沟通。要使西方人恰当地理解中国儒学，就必须顾及中西思想传统各自文化语义环境的不同结构，采取比照彼此文化语义环境的阐释方法，“使翻译与阐释相结合，以阐释为主，翻译为辅”。用这一方法，将不同思想传统的重要哲学语汇、概念框架，放到各自文化语义环境中进行二者差别的比照阐释，用各自非哲学性的自然语言阐释彼此的一套特有哲学语汇，以此较为恰当地表达中国儒学和中国思想文化，进而完成从中国向西方传达思想的工作。[①] 罗思文（Henry Rosemont, Jr.）和安乐哲将儒家角色伦理建构为当代伦理话语中的艺术术语。他们提出的整体哲学基于关系的首要地位和对人的叙事理解，并且是对基础自由个人主义的挑战。基础自由个人主义将人定义为离散的、自主的、理性的、自由的，并且通常是自私的代理人。儒家的角色伦理从一个关系构成的人的概念开始，把家庭角色和关系作为发展道德能力的基础，引发道德想象及其作为人类道德实质所激发的关系的增长。[②]

杜维明多年前就从不同文明属性的维度上，指出了儒学关切政治、参与社会和重视文化的属性，在面对文明冲突的局面时，儒学比以抽象的普世主义为前提的伦理宣言更切合实际，更具有通过文明对话来增进生态环保、社群整合、文化多元及相互参照的可能，这也就是全球伦理的儒家诠释。近年来，杜维明又以一种分析、描述的方式来检讨儒学思想模式的某些显著特征，集中反映了其 20 世纪 60—70 年代对儒家思想和精神层面的探索。从古典儒学、宋

① 安乐哲：《经典儒学核心概念》，北京：商务印书馆，2021 年。

② 罗思文、安乐哲：《儒家角色伦理：21 世纪道德视野》，吕伟译，杭州：浙江大学出版社，2020 年。

明儒学和现代儒学三个维度来讨论儒家思想的核心关切：仁与修身。在古典儒学部分，其要论证的是，儒学象征着一个不断的精神自我转化的过程；在宋明儒学部分，通过对宋明儒学家生活方式"内在情境"的进一步探索，来说明个人成长的中心地位在宋明儒学的思考模式中具有无所不包的意义；同时，通过对以熊十力为代表的现代儒家思想转化的诠释，来论证一种悠久的思想传统是如何不断地发扬光大，从而形成它新的象征和实质。① 基于此，杜维明提出在"新轴心时代"，儒家如何充分发挥其批评精神，成为促进财富和权力转化为创造"公共善"的动力，力求为儒学第三期发展走出一条较为宽阔的道路，由此发展出具有丰富全球意义的儒家价值。②

美国著名伦理学家迈克尔·斯洛特（Michael Slote），结合他所提出的道德情感主义，对中国传统的阴阳概念进行了深入而富有启发性的讨论。在他看来，中国古老的阴、阳和阴阳概念具有深刻的思想内涵和哲学潜力。但是，要想把这种潜力充分发挥出来，使得阴阳更好地融入当代哲学话域，就必须对其进行重新阐释，也就是他所说的"更新"（updating）。为此，他创造性地将阴视为接应性（receptivity）、阳视为有指向的主动目的（directed active purpose），从而发现，移情式同情（empathic compassion）蕴含着感受他人的接应性，以及意图帮助他人的欲望，并将阴阳的实现归结于人类心智。他从伦理学视角指出，在人的心中，每一个状态或过程都有着阴的面向与阳的面向，作为阴的接应性与作为阳的指向目标性（directed purposiveness）是心灵状态与过程的理想特征，作为一种公认的道德美德（moral virtue），移情式同情是一种带有阴阳结构的心灵状态或过程。心中的阴阳构成了美德，而阴阳的缺失则意味着恶，或是美德的缺失。其有意尝试通过诠释中国传统阴阳概念，以弥补西方哲学情感论的不足，同时也强调中国哲学需要更新中国古代文本。③

① 杜维明：《仁与修身：儒家思想论集》，胡军、丁民雄译，北京：生活·读书·新知三联书店，2013年。

② 杜维明：《否极泰来：新轴心时代的儒家资源》，北京：北京大学出版社，2016年。

③ 迈克尔·斯洛特：《阴阳的哲学》，王江伟、牛纪凤译，北京：商务印书馆，2018年。

成中英讨论了欧洲、美国以及中国作为世界三大文化伦理中心发展全球伦理的理论基础和实践意义，其中孟子和荀子是古典儒家的两翼，二者交互并行就可能产生一个具有普遍意义的伦理学理论和实践，这不仅适用于现代中国社会，而且适用于21世纪的世界。① 他认为：当今世界，为了达成持续并正当地获取个人利益的目标，需致力于将源于内心利己主义的私利原则同公义原则相调和，并从儒家仁道原则的两大方面——克己与达人出发；另外，其总结提出了九项公义（均）原理。② 同时，他还通过对康德伦理学的超越信仰性与儒家伦理学的内在信仰性的比较分析，说明儒家伦理与道德所包含内在信仰性的重要性。③

倪培民提出“儒家功夫哲学”，认为儒家的功夫论是一个应该得到普遍关注的哲学论域和一个具有普遍意义的哲学视角，当代世界哲学发展正在发生宏大的“功夫论转向”，现实世界的存在状况也迫切需要这样一个转向。④ 他在世界哲学的视野下，用“功夫”诠释儒学，展示中国哲学的独特价值，与西方哲学进行深入对话，为世界范围内的哲学注入新的建构资源。通过对哲学与功夫论的关系的总体考察，以《大学》的八条目（即格物、致知、诚意、正心、修身、齐家、治国、平天下）为框架对儒家功夫哲学展开了具体阐发。⑤ 基于这一理论，倪培民对德性之蔽进行了深入研究，指出揭蔽是维护德性必不可少的前提。由于各人的德性不同，其蔽也各异，故揭蔽需要有针对性，各种德性应取长补短，但现实中往往无法兼顾而发生“诸善冲突”。对此，最理想的解决方法是掌握“权变”的中庸功夫，防止把某些价值或德性绝对化，以“好

① 成中英：《全球化伦理与儒家的核心典范》，《孔学堂》2014年第1期。
② 成中英：《经济正义与道德正义——论儒家道德政治经济学中的“均、和、安”》，董熠译，《江海学刊》2014年第2期。
③ 成中英：《信仰与伦理——从康德伦理学的超越信仰性到儒家伦理学的内在信仰性》，窦可阳译，见张福贵主编《华夏文化论坛》（第11辑），长春：吉林文史出版社，2014年。
④ 倪培民：《“功夫论”视角下的世界哲学》，见杨永明主编《当代儒学》（第23辑），成都：四川人民出版社，2023年。
⑤ 倪培民：《儒家功夫哲学论》，北京：商务印书馆，2022年。

学”的功夫促进文明之间的健康互动。①

此外，刘纪璐讨论了儒家对机器人伦理建构的作用，她认为尽管机器人并不具备人的道德情感，但我们可以将儒家的道德准则植入机器人，使之具有功能性的道德，从而成为人工的道德主体。②王冠华从新达尔文主义的视角，重新评判、发掘儒家人性伦理思想资源，认为现代科学虽不能替代古人长期的经验智慧积累，却可以检验之，从而发扬之。其中，儒家对人性各方面的把握（性善、性恶或兼善恶说）与新达尔文主义并无根本矛盾，而人性“无善恶说”或人性白板说，则为新达尔文主义所摈弃。二者的差别在于关注侧重点的不同，儒家强调人性的潜能——可调教和可塑性，而建立在生物学上的新达尔文主义的人性论则着重说明人类意识和行为的限度。③

**（二）儒学的现代化研究**

美国儒家学者安靖如（Stephen C. Angle）在吸收宋明儒家德性、礼制思想的基础上，提出了“进步儒学”（Progressive Confucianism）理论，其核心在于阐发儒家在德性基础上的进步特质和自由特质。④为了与其他致力于儒学现代化理论的学者相区别，他强调“进步儒学”是一种“有根的全球哲学”，而有别于墨子刻（Thomas A. Metzger）、安乐哲等“综合儒家”（Synthetic Confucians）的学说。近年来，他又具体探讨了20世纪新儒家对“自由”一词的使用，并分析了常被贴上“自由儒家”标签的当代学者的情况，指出“自由儒家”在内容与修辞两方面的不足，进而坚持主张以“进步儒家”取而代之，并进一步阐明进步儒家所使用的“进步”概念的含义。⑤据此强调“进步儒学”

① 倪培民:《德性之蔽——从〈论语〉中的“六言六蔽”说起》,《现代儒学》2021年第2期。

② 刘纪璐:《儒家机器人伦理》，谢晨云、闵超琴、谷龙译，《思想与文化》2018年第1期。

③ 王冠华:《新达尔文主义视角下的儒家人性伦理观》，见贾磊磊、杨朝明主编《第五届世界儒学大会学术论文集》，北京：文化艺术出版社，2013年。

④ 安靖如:《当代儒家政治哲学:进步儒学发凡》，韩华译，南昌:江西人民出版社,2015年。

⑤ 安靖如:《用进步儒学取代自由儒学》，胡晓艺译，见唐代兴主编《哲学探索》(总第2辑)，北京：中国社会科学出版社，2021年。

比“自由儒学”更为清晰而有效，适用于大部分当代儒家，既成功地吸收“自由”儒学的效用，同时又避免“自由儒学”的困难。

丁子江探究并阐析了当前西方儒学中新比较主义（New Comparativism）的趋向，揭示其如何构成西方儒学的一场重要思潮运动。[①]“新比较主义”不断从新对话、新语境、新历史、新文本的角度关注全球和地区的相似性与差异性，试图通过不同文化差异的“并置”（juxtapositions）和比较来理性客观地建构意义及其有效范式，并审思各种社会文化现象，其意义是开辟了当代西方儒学发展的新阶段，可以将孔子思想更广泛、更深入地延伸到西方知识界的其他人文领域，甚至普通民众之中。

澳大利亚学者何包钢归纳了国外儒家和民主之关系讨论的四种范型和儒家民主研究的三种模式，分析相关研究促进儒家思想全球化的积极价值，但也指出这些研究局限于狭窄的“英美学术界”，缺乏对儒家民主的制度分析，而且忽略了大量的中国文献，就此提出继续探讨的空间和变革研究方法的期待。[②]

另有不少学者从社会历史学维度研究了儒学的现代化问题。以彭慕兰（Kenneth Pomeranz）为代表的加州学派以社会科学的实质分析思路新颖地解释了中国作为一个在全球范围内一直保持领先的古老文明，到了近代为何突然衰落的问题。他著的《大分流：欧洲、中国及现代世界经济的发展》一书作为加州学派的力作，提出了“大分流”理论。该书自问世以来，便在国际学界引起了轰动，且至今仍引发新的争论和探讨。他以中国与欧洲双向交互比较的方法，试图阐明欧亚文明的发展始终处于同一步调，中国直到18世纪仍与西方一样具有产生工业资本主义的可能，而工业资本主义率先发生在英格兰具有非常大的偶然性。[③]

① 丁子江：《新比较主义与当代西方儒学的趋向》，《社会科学家》2023年第9期。

② 何包钢：《西方儒家民主研究评介》，朱亚辉译，见唐代兴主编《哲学探索》（总第2辑），北京：中国社会科学出版社，2021年。

③ 彭慕兰：《大分流：欧洲、中国及现代世界经济的发展》，史建云译，南京：江苏人民出版社，2003年。

对此，芝加哥大学的赵鼎新提出了不同看法，他指出，近代工业资本主义的兴起必须具备如下条件：国家掌握了一支主导世界的海军；资产阶级拥有自主的政治和思想形态，以及高度制度化的产权；理论/形式理性和个人利益导向的工具理性主义逐渐成为精英共识；科学与技术发明不断加速发展。而这些在晚期中华帝国都没有出现。晚期中华帝国的经济繁荣得益于帝国有力的统治、务实的商业政策、庞大的人口规模和土地，以及长期的王朝中期繁荣。这些优势使经济发挥出了极大的潜能，但却不能为中国带来工业资本主义。[①]这一观点与他对早期中国的研究密切相关，他以形塑中国历史模型的关键时期——东周至西汉前叶为研究对象，从社会历史学的视角，分析了中国西周王朝、春秋战国时代至秦、汉时期科层制度和强势国家传统的产生，解释了儒法国家形成的深层逻辑，提炼出此后两千年中国政治的基本模式，以此呈现了整个中国古代的历史性格和社会结构，并由此推断儒法国家产生的渊源、性质及对后世社会的影响。[②]

同样基于社会学维度，斯坦福大学的周雪光认为，中国的儒教和其他的古典思想传统在历史上留下了各种各样的解读和阐释，但要理解儒学对中国的影响，更为重要的是从实践的角度，看它在中国社会中实际上产生了什么影响。从这个意义上来讲，需要关注的是文本解读与儒教实际上表现出来的社会秩序间是什么关系。两者之间一定是有关系的，但不是一一对应的。例如，尊老爱幼的社会道德在不同文化中都有反映，但可能是建立在不同的社会意义基础上，有的建立在个体平等伦理秩序基础上，有的建立在身份等级制度基础上。儒学为中国传统社会提供了主流的大一统意识形态，而且法律儒家化，即法律的差异化，不同身份、不同阶层在法律面前有不同的待遇。但现代社会是一个多元社会，有着群体间、理念上、利益上的极大分化，在这个多元社会中建立社会秩序，需要一个与传统社会不同的意识形态基础，最终在实践上呈现

① 赵鼎新：《加州学派与工业资本主义的兴起》，《学术月刊》2014年第7期。
② 赵鼎新：《东周战争与儒法国家的诞生》，夏江旗译，上海：华东师范大学出版社，2006年。

为传统与现代、一统与多元之间的平衡。[①②]

此外，詹启华（Lionel M. Jensen）通过大量的材料和深刻的分析，检视了16—17世纪来华耶稣会士开启的对于“儒”“孔夫子”等概念和形象的建构过程，以及晚清中西文化激烈碰撞的背景下，章炳麟、胡适等学者对“儒”的再发明。他认为，“在历史长河中，精神价值是一股建设性的力量”，正是在耶稣会士搭建的中西方交流中，西方人现在所熟知的“孔夫子”形象被建构了出来。这种建构夹杂了对理想“他者”的想象和误读，并在启蒙时代对西方的思想家产生了深刻的影响。耶稣会士们借由“儒”这一概念进行的中文写作，又或多或少与胡适等近代知识分子对“儒”的再发明相暗合。所谓“儒”的传统正是历史上的思想家们进行发明创造（也就是该书强调的“制造”）的结果，而这些“制造”又赋予传统以新的活力。[③]

周启荣采用传统史学实证主义的研究方法，广泛利用了大量抄本、稿本、方志等文献资料和碑刻资料，系统阐述了清代儒家礼教思想的演进与嬗变机制。礼教之所以逐渐发展成为融合诸多思想潜流的载体，其根源在于明后期士绅阶层文化旨趣的转型。同时，这一时期士绅阶层对社会等级制度的破坏情况日益恐惧，也对女性灵活跨越不同社会阶层的流动性深感忧虑，于是复古的礼教主义以及净教主义思潮趁势兴起。礼教思想的奉行者企图通过强化宗族观念来提升民众的道德修养，并增强基层社会的凝聚力，进而重新确立士绅阶层在知识层面、道德层面及基层社会事务的管理层面都应占据的领导地位。[④]

① 翟学伟、张静、周雪光等:《关于“儒家伦理与社会秩序”的对谈》，见应星主编《清华社会科学》(第2卷第1辑)，北京：商务印书馆，2020年。

② 周雪光:《精神世界、社会世界与差序格局：重读韦伯〈中国的宗教〉》,《学术月刊》2024年第9期。

③ 詹启华:《制造儒家：中国传统与全球文明》，徐思源译，北京：北京大学出版社,2019年。

④ 周启荣:《清代儒家礼教主义的兴起：以伦理道德、儒学经典和宗教为切入点的考察》，毛立坤译，天津：天津人民出版社，2017年。

### （三）儒家文明的源流与演变研究

美国汉学家夏含夷（Edward L. Shaughnessy）通过古文字新证与历代注释细读等多元方式，探讨《周易》《尚书》《诗经》《逸周书》《竹书纪年》等典籍如何写成、为何要写、在原初语境有何意义，以及在往后的历史中如何因晚出的哲学观点而遭到改写或遮蔽。作者以崭新的研究视野和考古学证据，提出新的观点，重新审视古代典籍的创作缘由与流传过程。[①] 他在博士论文基础上，充分吸收中外学者研究成果，利用近数十年发表的出土材料，基于四十年积累撰写的《〈周易〉的起源及早期演变》一书，分析了《周易》的成书及早期演变，研究内容包括：《周易》传世和早期文本、古代中国的占卜哲学、龟卜、蓍草占卜、《周易》文本和蓍草占卜与诗性的想象（主要结合《诗经》）的问题，卦画、卦辞、爻辞、卦爻之间的结构与关系，以及卦序和《易》之卜筮与哲学的关系等问题。据此，他提出一些独到的观点，比如：占卜可以看成祷告，占人其实是将人的愿望表达出来的过程，蓍草占卜虽与龟卜的形式有所不同，但其所传达出来的内容没有实质的不同；研究《周易》应当探寻其中反映出的社会状况及思想背景；对卦爻的研究应注意其与数字卦的联系，不能局限于以前较为简单的阴阳爻；等等。[②]

戴梅可（Michael Nylan）和魏伟森（Thomas Wilson）从多个角度探讨了不同时代的孔子。不仅描述了他在《论语》《史记》中有时显得戏剧化的形象，还讨论了与孔子时代相近的评论家们对孔子的批评和讽刺。他们探究了孔子作为《春秋》的作者和先知的形象，比较了在郑玄和朱熹所作的两种不同《中庸》注中所描述的圣人。此外，还介绍了自唐代以来的王朝庙祀中，孔子逐渐上升成为崇祀对象的过程，以及在孔氏宗祠里，孔子如何作为先祖而受到后裔的祭祀。既纵向梳理了孔子形象衍化的历史脉络，也横向考察诠释了孔子思

---

① 夏含夷：《孔子之前：中国经典诞生的研究》，黄圣松、杨济襄、周博群等译，上海：中西书局，2019 年。

② 夏含夷：《〈周易〉的起源及早期演变》，蒋文译，上海：上海古籍出版社，2022 年。

想的多重维度。[①]

金鹏程（Paul R. Goldin）通过对战国时代的《诗》，郭店楚简视角下的荀子，《战国策》中的修辞与计谋，《淮南子》政治哲学的融合，韩非、李斯、班昭之学的剖析，以及中国哲学家的范围、理念及其受众的描画，从而从更广泛的意义上理解中国思想家兴起的时代背景，并通过最新出土文献及其学说来源、延伸的阐释和纵横向上的比较指出其间深意，讨论中国哲学何以体现“中国”二字。[②]

李惠仪通过对《左传》文本的解读，力图把握其中所蕴含的阐释往事的原则和模式。当古人开始有意识要探寻历史，他们会进而思考重现阐释过程的方法，会更加重视阐释历史的基础。回答了阐释的结构是怎样建立起来又如何瓦解的，对历史的理解有哪些可能、有哪些局限等问题。[③]

柯雄文（Antonio S. Cua）首先以雅斯培（Karl Jaspers）的“典范人物”来诠释儒家的“君子”概念，同时评析英语世界中对“君子”一词的各种翻译，并以陈大齐所提出的分类架构为基础，探究各种美德之间的关系，尤其论述了“礼”的意涵与各个面向，以及儒家“君子”概念在道德教育中的地位与意义。对于诸如“仁”“义”等儒家美德伦理学的核心概念，或是君子于内在修养与外在应对进退中对“乐”的涵养与运用等，也都有精辟且扼要的讨论。在这个各方强调和平共存、和谐相处的时代，柯雄文从他所诠释并试图发展的儒家伦理学角度出发，直接面对冲突议题提出缓解之道，或也可让我们在处理人际冲突时，拥有不同的思考方式。[④]

美国著名汉学家、历史学家，列文森著作奖和全美历史学会终身成就奖

---

① 戴梅可、魏伟森：《幻化之龙：两千年中国历史变迁中的孔子》，何剑叶译，西安：陕西人民出版社，2020 年。

② 金鹏程：《孔子之后：中国古代哲学研究》，陈家宁译，郑州：大象出版社，2019 年。

③ 李惠仪：《〈左传〉的书写与解读》，文韬、许明德译，南京：江苏人民出版社，2016 年。

④ 柯雄文：《君子与礼：儒家美德伦理学与处理冲突的艺术》，李彦仪译，台北：台湾大学出版中心，2017 年。

得主伊沛霞（Patricia B. Ebrey）的研究广泛涉及唐宋制度史、社会史、家族史、性别史等几个领域。21 世纪以来，其出版的著作有《早期中华帝国的贵族家庭：博陵崔氏个案研究》《内闱：宋代妇女的婚姻和生活》《宋徽宗》等，主编《当代西方汉学研究集萃》《追怀生命：中国历史上的墓志铭》《书写自我：中国历史上的个人记述》等。其中，她对宋代妇女和宋徽宗的研究颇具特色。她认为，宋代妇女面临两难的抉择，遭遇限制和苛责，同时也收获情感与物质的慰藉，而女性在狭窄的生活空间中也能做出改变，由此提出中国妇女"能动性"的观点，同时指出最好的妇女史不仅告诉我们历史上的女人，而且使我们重新审视自身对历史和历史进程的理解。在关于宋徽宗的研究中，她指出宋代政治的一大特点就是党争，宋徽宗想要组建一个既有保守派又有改革派的内阁，并借此来进行统治，但是他并没有办法让保守与革新的两派和平共处，由于朋党持久敌对，最后宋徽宗只能被迫站队；另外，在面对辽金冲突时，宋徽宗踌躇不决是战略上的失误。

罗莎莉（Li-Hsiang L. RosenLee）提出，通常被认为厌恶女性的、父权式的儒家哲学并非自其创立以来便如此。尽管在历史上儒学与压迫现象相伴随，但它包含着许多能够推动两性平等的理念。罗莎莉依据儒家伦理并结合中国历史，对守节、缠足、纳妾等现象进行了深刻探讨。罗莎莉的这些研究为未来儒家女权主义的研究奠定了基础，并使儒学成为妇女解放过程中一个可供选择的道德范畴。[①]

加拿大学者贝淡宁提出"贤能政治"[②]，认为中国选贤任能的政治尚贤制有着深远的历史渊源，影响了过去几十年的社会变革，也比较适合面临复杂政治、社会和经济问题的大国，而且政治尚贤制获得了充分的民众支持。因此主张政治尚贤制在中国是选举民主制的一种替代选择，进而指出只有真正做到"上层尚贤、中层实验、基层民主"，中国模式的贤能政治才能成为 21 世纪备

① 罗莎莉：《儒学与女性》，丁佳伟、曹秀娟译，南京：江苏人民出版社，2015 年。

② 贝淡宁：《贤能政治：为什么尚贤制比选举民主制更适合中国》，吴万伟译，北京：中信出版社，2016 年。

受全球瞩目的政治发展模式。此一理论引发了激烈讨论，特别是有学者指出，其论说中将西方现代民主制度下的“精英主义”强加于古代儒家与当代中国，谓之“贤能政治”，充满逻辑矛盾：它时而是民主制的对立物，时而又是民主制的补充物；时而坚决拒斥民主，时而又需要民主机制来保证其合法性。其强调贝淡宁的“贤能政治”工具理性的思维方式、否定人民主权等问题。

加拿大著名史学家卜正民（Timothy Brook）主编《哈佛中国史》(全六卷)，并撰写其中第五卷《挣扎的帝国：元与明》，首次从气候这一环境史的新视角解读元明两大帝国的兴衰，呈现出首个连贯的生态历史。同时，他对中国明代社会的变迁进行了独到而深入的研究，指出明代中晚期的经济变革改变了明朝人日常劳作、旅行和消费的方式。明太祖朱元璋为实现“小国寡民”的理想而一手打造的社会组织结构和通信交通系统，成了商业世界赖以成长的奠基石。人们追逐时尚，富商巨贾把金银换作跻身上流阶级的通行证，女性不再只是家庭的附庸，可以通过写诗作文、远途旅行、做小生意彰显自身的存在。旧有的阶层结构和道德界限变得模糊，金钱似乎成了唯一的筹码，这也造成了上层士大夫的困惑与焦虑，由此再现了一个王朝风雅、狂欢的最后身影。

**（四）儒学与其他社会学科的交叉研究**

中国思想史研究巨擘狄培理（William T. de Bary）力主正确理解并有效推广儒家教育对发展民主具有重大意义；推广经典阅读对当今由电子文化主导的教育具有重要作用，也是构建多元文化、开展文明对话的重要途径；翻译是与经典的对话，也是传承经典的方式，有助于实现经典的全球化，并推动“全球本土化”。[1] 该书也收录了张灿辉和关子尹的两篇文章。张灿辉文介绍了唐君毅的大学理念、人文教育思想和通识教育哲学；关子尹文提出在全球教育中应以母语为本，采取既扎根本土文化又具有国际视野的语言政策。此外，狄培理长期关注中西文明的比较和互补。他跨越中国、日本、印度等数个文明和数

① 狄培理、张灿辉、关子尹等：《儒家传统与全球教育》，张丽娟译，北京：社会科学文献出版社，2022 年。

个历史时期，梳理、诠释亚洲经典文本及历史语境，探讨了领导能力的本质及美德和教育的关系、公共知识分子的社会角色、掌权者在公民社会中的责任等重要问题。他认为，亚洲的一些传统思想资源，特别是德（nobility）与礼（civility）这两个不断演变的概念，可以帮助解决21世纪人类文明的困难，让全球化过程变得人性化。狄培理坚持文化多元主义，提示我们不同文化传统之间需要沟通、对话，如此才能有助于化解当今世界上的各种冲突。儒家“克己复礼”“理一分殊”的思想在今天依然有用。①

加拿大学者爱德华·斯林格兰（Edward Slingerland）探讨了认知科学与早期儒家哲学的关系，他以孟子为例，指出在早期儒家的道德推理和道德教育模式中，预期并延伸了对人类心理—生理的观察，从而可能作为一种资源，制定一个现代的、实践的责任伦理体系。② 柯仁泉（Ryan Nichols）从进化心理学的角度提出，儒家的孝道让人很费解。孝道要求个人将资源优先分给父母，而非子女。他试图为儒家文化中孝道思想体系的兴起和成功提供一种自然主义的解释，并且通过调查分析得出与世界其他地区相比，受儒家文明影响的东亚，子女在婚姻问题上更顺从于父母。③ 罗伯·希尔兹（Rob Shields）从文学与传播学角度指出，有的观念在某一语境中被发现，也可以在另一语境中受到积极接受，这种观念的旅行既跨越了空间，从莫利的英国到金惠敏的中国，也跨越了时间，从孔子的公元前5世纪到我们的今天。④

巴西学者西蒙娜·德拉图尔（Simone de La Tour）、凯文·德拉图尔（Kevin de La Tour）探讨了儒学与意识学的关系，他们参考了由巴西医师瓦尔多·维

① 狄培理：《德与礼：亚洲人对领导能力与公众利益的理想》，闵锐武、闵月译，南京：江苏人民出版社，2021年。

② 爱德华·斯林格兰：《“诵〈诗〉三百，亦奚以为？”——身体性的思维和早期儒家的修身》，见王中江、李存山主编《中国儒学》（第十辑），北京：中国社会科学出版社，2015年。

③ 柯仁泉：《孝道——一种自然主义的解释》，《科学技术哲学研究》2014年第5期。

④ 罗伯·希尔兹：《儒家思想与英国文化研究的跨时空表接——评金惠敏〈积极受众：一个新唯物主义的阐释〉》，高丽萍译，见金惠敏主编《差异》（第12辑），成都：四川大学出版社，2022年。

埃拉（Osvaldo Vieira）所创立的意识学的一些概念，指出儒家思想基于一种多维度范式可以给人类及周围世界提供更全面的认识，这可以在全球化的背景下更普遍地发挥作用。① 此外，他们还认为意识学与《易经》相通，指出《易经》不仅影响并塑造了早期儒家形上学，而且也影响并塑造了意识研究，尤其是意识学之类的当代研究领域，现代的意识学在中国古代思想中早已有之。因此他们提出，有必要在意识学的起始处进行研究，并通过《易经》来探索意识的进化。②

另有学者对儒家思想在当前国际格局下可发挥的作用提出了自己的看法。例如，阿根廷学者爱德华多·丹尼尔·奥维多（Eduardo D. Oviedo）从国际关系学视角出发分析个体性与儒家思想的关系，指出儒家思想对研究个体性做出了重要贡献，有助于理解个体性在国际关系中的表现方式，而且有助于中国学者建构中国国际关系学说。③ 此外，关于中国哲学的研究成果也广泛涉及儒学内容，其中尤其值得关注的是美国瓦萨尔学院詹姆斯·门罗·泰勒哲学讲座教授万百安（Bryan W. Van Norden）撰写、编辑及翻译了多本关于中国哲学和比较哲学的著作，包括《中国古典哲学导论》、《收回哲学：多元文化宣言》、《中国哲学后期读物：汉到 20 世纪》[ 与贾斯汀·蒂瓦尔德（Justin Tiwald）合著 ]、《中国古典哲学读物》[ 与艾文贺（Philip J. Ivanhoe）合著 ]，以及最近的《人人皆宜的古典汉语》等，对儒学在全球范围内的普及起到了积极作用。

① 西蒙娜·德拉图尔、凯文·德拉图尔：《意识生态：当代新儒学之真精神——儒家思想与当代世界的相关性》，张文智译，《清华大学学报（哲学社会科学版）》2014 年第 3 期。

② 凯文·德拉图尔、西蒙娜·德拉图尔：《〈易经〉：早期儒家的形上学与意识进化学》，张文智译，《周易研究》2006 年第 1 期。

③ 爱德华多·丹尼尔·奥维多：《儒家思想、个体性与国际关系》，见《第八届世界儒学大会论文集》，2017 年。

## 六、欧洲：儒学成为汉学或中国学的名片

“汉学”(Sinology）主要是从中国的哲学、历史、文学、文献、语言等人文学科视角展开，而“中国学”(China Studies）不完全关注中国的传统文化本身，更多地通过中国传统文化思考中国的政治、经济、军事、教育、社会心理等现实问题，这种脱胎于、植根于“汉学”并且扩及现代社会政治经济的研究，实际上是跨学科和多层面的立体研究。然而，不论是汉学，还是中国学，都不可能绕过儒学，也就是说，儒学乃是欧洲汉学家或中国学研究者的一项重要的研究内容。

### （一）儒家典籍的新译本

德国汉学家德博（Günther Debon）认为，《诗经》是“中国思想最早的见证者之一”。2003 年，他的《诗经》选译本《鹤鸣——中国古代歌谣》由柏林埃尔芬贝因出版社出版。德博对《诗经》的韵律研究透彻，诗句翻译既参考了欧美国家的众多优秀译本，又加入了自己独到的见解。该译本共收录 121 首“没有长篇注释和历史地理背景知识也能理解的作品”，大大降低了阅读门槛，扩大了受众面。德博打破了《诗经》原本的顺序，将所选诗歌按照主题重新编排，分为“爱情”“婚姻”“徭役”“控诉”“祝福”等十章，同时舍弃了大量注释，促进了《诗经》的传播与接受。

2015 年，西蒙（Rainald Simon）的《诗经——中国古代诗集》由斯图加特雷克莱姆出版社出版。这是继 1880 年施特劳斯（Victor von Strauß）译本后，又一部由中文直译的全译本。该译本将《诗经》中的汉字按照单字拼音和笔画进行整理，收录了《诗经》的相关术语、原文及用韵，是《诗经》德译史上从未有过的中文参考文本。西蒙跳出了欧洲传统的《诗经》译介与研究思路，向德语国家引介了中国当代的《诗经》研究成果，促进了《诗经》在德语国家译介和研究内容的更新。总体说来，西蒙译本立足《诗经》原文，兼取欧洲《诗经》译介研究之长，补德语国家译介之不足，同时吸收了中国古代和现当代《诗经》的研究成果，为德语读者更好地理解《诗经》的内涵和中华文化提供

了资料，堪称 21 世纪集大成的《诗经》优秀译本。[①]

### （二）原始儒家思想研究

法国汉学家葛兰言（Marcel Granet）从历史学和社会学的双重视角，分析周代社会婚姻中礼物流动的意义，厘清周代社会以“礼”为中心的等级交换，并最终呈现出基于“总体性社会事实”的周代礼制文明。他在解读《诗经》中的婚嫁歌谣时，强调两性对抗的竞赛和共同的约婚礼，将各个地方集团整合进一个传统共同体的联盟中，尤其是君主贵族们，以婚姻联盟为手段建立外交关系，以此来增强斗争的实力，婚姻甚至完全服从于政治的权谋。这种基于社会和政治的物与人的交换，具有超越礼物本身的社会学和道德意涵，是社会关系本质的象征。[②]在另一篇文章中，葛兰言指出周代贵族社会通过媵妾的交换，缔结婚姻生成家庭；不同家庭进而构成基于地缘的家族或宗族，最后形成邦或国。“礼”与“情”穿插其中，使“个体—家—族—邦 / 国”四者之间形成有机的动态关联。媵妾婚姻符合周代的人伦与礼制，即“亲亲”和“尊尊”。[③]葛兰言运用从沙畹（Édouard Chavannes）那里学来的语文学方法爬梳经学文献，并采用涂尔干学派的社会学视角，来分析周代婚姻制度，这为当前结合社会学和历史学的方法来研究儒学提供了重要的参考和启发。

德国海德堡汉学学派的梅嘉乐（Barbara Mittler）从音乐的角度指出，《诗大序》从诗、乐、舞三位一体的传统出发解释诗的本质，总结为“诗言志”三个字，其中“志”的政治性色彩影响深远。后来汉赋在很大程度上引鉴、继承并发扬了《国风》，也是基于此。中国有一种政治性的文化解读和艺术接受传统，这种传统在《诗大序》中有很好的体现。[④]

---

① 庞娜娜、朱昕凯：《〈诗经〉在德语国家的译介研究》，《中国翻译》2024 年第 2 期。

② 许卢峰：《周代婚礼中礼物的流动——法国汉学家葛兰言对中国婚俗的研究》，《国际汉学》2019 年第 3 期。

③ 许卢峰：《在“封建”与“家国”之间——葛兰言的周代媵妾制研究》，《民族学刊》2018 年第 4 期。

④ 陆颖：《海德堡汉学学派：德国汉学家梅嘉乐教授访谈录》，见邹华主编《中国美学》(第 9 辑)，北京：社会科学文献出版社，2021 年。

德国著名汉学家顾彬（Wolfgang Kubin）对孔子的哲学思想做了专门研究。他提到孔子和练习（德：übung。英：exercise）的问题，与海德格尔（Martin Heidegger）的哲学有相通之处，因此可以从海德格尔关于“重复”的思想来重新认识孔子。《论语》第一句话“学而时习之”，“习”可以翻译成德文的übung（练习）和wiederholung（重复），这里就有海德格尔强调的“重复”的思想。如从海德格尔的角度来读《论语》，或者从海德格尔的“重复”的思想来认识孔子的话，那么孔子的《论语》就有很深刻的哲学意味。[①] 顾彬的这一观点恰与当代中国儒者张祥龙教授相契合。张祥龙教授的《境域中的“无限”——〈论语〉“学而时习之”章析读》正是借助海德格尔现象学对《论语》做的全新阐释。施寒微（Helwig Schmidt-Glintzer）则对德国汉学源流与未来全球化的中国进行了广泛研究，他指出，早期德国汉学家依靠中国古籍研究中国文化，因而无法真正地了解中国，直到19世纪末叶，一些德国学术精英预见到未来中国的崛起及其将参与“国际民族大家庭”，从而开始致力于促进德国建立“汉学”，使中国研究成为一门独立的、自成体系的研究。作为一个典型案例，他特别总结了20世纪上半叶德国汉学家卫礼贤（Richard Wilhelm）的生平经历，及其中国文化研究的成果与影响。[②]

从事中国古代思想史研究的德国学者罗哲海（Heiner Roetz）曾著《孔子》一书，其通过对孔子一生的经历及其思想的分析，呈现了春秋时期社会的矛盾与动荡，为学界所关注。近些年，罗哲海对中国轴心时代规范话语进行了解读。他认为，卡尔·雅斯贝斯（Karl T. Jaspers）提出的轴心时代理论既是一个经验假说，又是一个涵括双重规范义的方案。然而，人们或多或少只看重前者，而忽略后者。在关于轴心时代原理的讨论中，中国已经成为检讨轴心时代理论是否具有经验上的正确性的重要实例。他指出，沃格林学派认为，中国只有“不完全”的突破。对此，罗哲海试图证明，中国轴心时代思想的“形式—

① 顾彬：《与中国一起进行哲学思考》，《孔学堂》2014年第1期。

② 施寒微：《德国汉学源流与未来全球化的中国研究》，《中外文化交流》2014年第3期。

运算”特征体现在诸多方面，如专题论文的出现、区分获得知识的途径、认识论的转变、论证方式、传统批判的理论。进而言之，无论是在内容上，还是在结构上，严格说来轴心时代的“突破”并未“完成”。轴心时代理论必须转变为一种现代性理论，如此它将对“多元现代性”产生影响，这也是对轴心时代理论最具现实意义的阐发。①

此外，罗哲海将“天人合一”思想落实到当今中国生态问题的解答之中。他指出，在生态问题上并不存在中西文化的二分，也不存在儒道思想的差别。中国已经拥有从道家哲学生出的天人感应思想。然而，儒家经典却又时常提及人为自然之主宰乃是一方文化必要的先决条件。这种高扬人类主体地位的观念，使得中国的自然环境在古代便已遭到严重破坏。据此而言，现代社会的环境危机并非由某一特定文化传统所导致，而是整个人类文明的产物，是“独断的”人类长期以来偏常定位的结果。②

德国华裔学者辜学武曾对孔子的政治家、教育家、哲学家的三重身份进行具体分析。他认为作为政治家的孔子是失败的，但他确实是一位非常伟大的教育家，而且由于孔子思想的核心是如何最有效地组织社会和政治集体，因此孔子是一个关注政治伦理问题的实践哲学家，而不是一个形而上学的哲学家。此外，孔子致力于恢复周礼，是一个保守主义者。③对此，德国韩裔学者李恩贞认为，孔子转向古代文化并不代表其是保守主义者，古代文化对孔子而言并非神圣不可侵犯，而是一种矛盾的、需要阐释的形象。哲学与文化史学家左茨（Volker Zotz）认为，“拯救孔子的唯一可能性就在于把他解读为形而上学者”，卫礼贤在《论语》德文译本中就用 der Gott（德语“上帝”“神”之意）翻译

① 罗哲海：《轴心时代理论——对历史主义的挑战，抑或是文明分析的解释工具？中国轴心时代规范话语解读》，刘建芳、胡若飞译，见杨国荣主编《思想与文化》（第十六辑），上海：华东师范大学出版社，2015 年。

② 罗哲海：《“天人合一”：现实抑或神话？》，陈聚译，见杨国荣主编《思想与文化》（第二十三辑），上海：华东师范大学出版社，2019 年。

③ Gu Xuewu, *Konfuzius zur Einführung*, Hamburg: Junius, 2008.

“天”，把物理意义上的“天”与西方思想中的绝对本质等同起来，是一个成功的做法。[①] 这些研究虽然是多年前的成果，但至今仍是欧洲儒学研究的一个重要维度。

## （三）传统儒家思想研究

法国汉学家谢和耐（Jacques Gernet）认为，中国的传统和文化自成体系，“由于它的幅员、地区和语言的不同，中国在全亚洲所起到的及受到的影响，和我们欧洲没有什么可比之处”。而东西方文化间的差异，更利于人们去做比较研究。通过比较具有普遍性和双方都有的领域，他论证出“文化间的差异是不同的历史路线的结果”[②]，他所著的《事理：王夫之哲学思想》是儒家思想史上一部个案研究的卓越著作。法兰西公学院教授程艾兰曾撰写《中国思想史》《当代中国思想》，系统介绍当代法国学界有关中国思想的各种研究，其中包括谢和耐、汪德迈（Léon Vandermeersch）、杜瑞乐（Joël Thoraval）等人的成果，儒学研究无疑在其中占据主要地位。近年来，程艾兰还在法兰西公学院组织了一个关于《大学》的国际学术研讨会，并将会议论文结集出版。[③]

法国华人学者王论跃曾梳理当代法国儒学的研究现状，其中介绍汉学家于连（François Jullien）将“过程”视为“中国世界观的基本表征”，并将之与“在其他地方，尤其在西方所熟知的人类学、哲学模式”创造性地对立起来，并且指出于连参照了王夫之的《张子正蒙注》以及《周易外传》《周易内传》等著作的思想，以王夫之哲学为例来说明中国哲学的过程性。[④] 这为国际儒学界的交流提供了必要的思想线索。2017 年，王论跃参加第八届世界儒学大会时，从比较伦理学的角度阐发了中西对于友谊的不同观点，着重对儒家友伦进行了尝试性探讨。他认为，从时间的层面讲，中西友谊观的发展有一定的共

① Volker Zotz, *Konfuzius*, Hamburg: Rowohlt Taschenbuch Verlag, 2000.

② 谢和耐：《中国人的智慧》，何高济译，上海：上海古籍出版社，2004 年。

③ Anne Cheng (dir.), *Lectures et usages de la Grande Étude*, ed. Damien Morier-Genoud, Paris: Collège de France, Institut des Hautes Études Chinoises, 2016.

④ 王论跃：《当前法国儒学研究现状》，《湖南大学学报（社会科学版）》2008 年第 4 期。

性。16 世纪，中西哲人各自对友谊做了比较详尽的探索，或者开始强调友伦的重要性，此类研究直到近现代才日臻完善。中西关于友谊的理解，也经历了不断更新的过程，其中儒家的友伦从第五伦到“其他四伦之赖”再到欲废四伦，体现了儒家对于友谊重视程度的时代性变化，由此也反映出中国现代社会的发展。[①]

法国汉学家梅谦立（Thierry Meynard）指出，柏应理等人通过翻译四书五经等儒家典籍，重新阐述基督教中的神的概念，并试图在“上帝”“天”等概念中论证神性的存在，甚至将其视为人类理性的根源，“按照利玛窦‘适应政策’，古代儒家保持了原来的一神教信仰，后来因为佛教的传入以及宋明理学的发展，原先的信仰几乎消失了”[②]。

### （四）现代儒家思想研究

法国汉学家杜瑞乐着力研究了儒学的“现代性”，他与毕游塞（Sébastien Billioud）就儒学在中国的复兴发展撰写了题为《圣人与民众——论当代中国的民间儒家复兴》[③]的重要著作，此外他还发表了许多文章，阐明作为思想基础，儒家思想仍然活跃于当代中国文明之中。[④]毕游塞深入考察了牟宗三“道德形而上学”哲学系统，及其与康德批判哲学、海德格尔存在论的深层对话，并细致分析了牟宗三的“哲学事业”，即通过将诸多西方哲学概念加以转化和生成以揭示中国古典哲学洞见。毕游塞还通过“一个准现象学的方法”，对牟宗三哲学中的“觉情”“感通”与西方特别是康德等的道德情感说加以比较和说明，将“工夫”“逆觉体征”“顿悟”等与西方传统的“精神修炼”和当代的“实践”“交互主体性”做比较性说明并展开过程性描述，揭示了牟宗三新儒学

① 王论跃：《比较伦理学视野下的儒家友伦》，见《第八届世界儒学大会论文集》，2017 年。

② 梅谦立：《耶稣会士与儒家经典：翻译者，抑或叛逆者？》，《现代哲学》2014 年第 6 期。

③ Sébastien Billioud, Joël Thoraval, *Le Sage et le peuple. Le renouveau confucéen en Chine*, Paris: CNRS Éditions, collection de la “Bibliothèque de l’Anthropologie”, 2014.

④ 雷米・马修：《法国当代儒学研究》，卢梦雅译，见颜炳罡、李琳主编《国际儒学发展报告（2016—2017）》，济南：山东友谊出版社，2019 年。

所蕴含的超越“现代性”的因素。毕游塞面对西方学界“牟宗三真的重要吗”的疑问，给出了肯定性回答并做出了批判性说明。[①]

### （五）当代儒家哲学研究

在20、21世纪之交，中国学者如张祥龙等就借鉴兴起于德国而后遍布欧洲大陆的现象学方法对儒学进行了新的诠释，之后黄玉顺、陈立胜等也运用现象学方法构建了各自的儒学理论。与之相应，欧洲学者也注意到了儒学与现象学的会通之处，例如瑞士学者耿宁（Iso Kern）所著的《人生第一等事——王阳明及其后学论“致良知”》是当代西方学者以现象学会通儒学的一部代表性著作。全书首先围绕王阳明“致良知”的主张论述了王阳明的思想历程，进而论述欧阳德、王艮、邹守益、钱德洪、王畿、聂豹、罗洪先对“致良知”在本体论、工夫论方面的各种相同的和不同的理解，以及由此产生的各种论辩，据此呈现阳明心学在各个方向上的实质性充实，及其同时经历着的可能的自身分化与离异。[②]耿宁将现象学的意识分析与概念梳理的方法鲜活地运用于儒家传统心学的分析与诠释中，开创了一种特殊的比较研究方式。他以王阳明的“良知”为例，区分出三个不同的“良知”概念：（1）“心理—秉性的概念”，可称作道德本性；（2）“道德—批判（判别）的概念”，可称作道德习性；（3）“宗教—神性的概念”，指阳明后期的“良知本体”。在阳明后期，这三个概念可能同时出现在同一句话中。由于“良知”概念所指不同，“致良知”的工夫也就各不相同，这也揭示出阳明后学对“致良知”的不同理解以及由此引发的争论。通过对意识要素与基本结构的描述，以及对相关概念的梳理把握，儒家的核心主张“诚意”之“意”在儒家心学各代表人物那里具有不同含义，如“意志”“意愿”“意向”“意念”“意能”等，由此导致不同的心学体系的建立。类似情况也表现在其书中对“心”“物”“知”“体”“用”“已发”“未发”的讨论中。这

① 毕游塞：《通过儒家现代性而思：牟宗三道德形上学研究》，白欲晓译，南京：江苏人民出版社，2022年。

② 耿宁：《人生第一等事——王阳明及其后学论“致良知”》，倪梁康译，北京：商务印书馆，2014年。

不仅促使更多的儒家学者关注并研究“心性现象学”，而且随着现象学在儒家哲学界的广泛流行，儒学与现象学的会通已经成为当代儒学理论创新的一个重要生长点，儒家现象学理论已成为当代儒学的理论前沿之一。

跨文化会通的尝试能重新激活传统。当不同的哲学传统发生会通时，其自身的谱系也将得到拓展。法国学者保罗·利科（Paul Ricoeur）提出，在伦理学的层面上，将对待他者与自身的双向思维放置到跨文化的思考层面中，意味着既要关照、尊重双方的差异，又要考察自身内在的相异性。在当代语境中，重提中国哲学的特殊性，也不能忽略中西方哲学在中西交往史中已有过的碰撞。比利时汉学家钟鸣旦（Nicolas Standaert）曾以 17 世纪中欧思想“相遇”的研究状况为例，指出分析路径的范式转换，从以欧洲为中心的传播类框架，到以中国为中心的接受类框架，是从静态、固定到动态、互动的文化相遇的创新类框架。

此外，非洲地区的学者对儒学的关注也日渐增多，例如：2013 年 5 月 10—12 日，南非罗德斯大学的马里乌斯·维尔马克（Marius Vermaak）、南非约翰内斯堡大学的撒迪尔斯·梅茨（Thaddeus Metz）和上海交通大学的贝淡宁组织了一次座谈会，得到南非罗德斯大学孔子学院的支持，会议由上海交通大学人文学院主办。会上集中探讨了祖先、和谐、分配正义、民主和人权等主题，多位知名学者参与了此次会议，包括瑞士学者约翰·姆比蒂（John Mbiti）、贝内泽·布若（Bénézet Bujo），加纳学者马丁·阿杰（Martin Ajei），南非学者拉莫斯（Mogobe B. Ramose），中国学者白彤东、陈祖为等。当然，相较于其他国家和地区，非洲的儒学研究与实践尚处于起步阶段，这也意味着非洲有着广阔的理论空间和实践空间等待国际儒学研究者去探索，儒学可以成为构筑非洲与各国文化相互交流的一条坚实纽带。

以上的大部分篇幅虽然聚焦的是海外的儒家学者和实践者的成就，但这并不意味着中国学者没有参与海外儒学传播。恰恰相反，21 世纪以来中国学界对儒学的海外传播与发展做出了重大贡献。其中不仅有中国学者儒学实践的丰富和学术交流机会的拓展，而且还有 2010 年以来确立的“中华学术外译项目”十多年来持续将中国学者的儒学研究代表性成果译介到世界各国的助力。与此相映成趣的是，由刘东主编的“海外中国研究丛书”自1988年至今，已经翻译出版了近200种海外学者的儒学研究成果，而且数量还在逐年增加。此外，由张西平主编的《国际汉学》(辑刊)、刘玉才主编的《国际汉学研究通讯》、仲伟民主编的《国际儒学（中英文)》及时地反映世界各国各地的儒学研究动态、前沿热点以及理论趋势。据此而言，海外儒学的传播与发展离不开包括中国学者在内的世界各国儒学研究者的努力与合作。后续各章我们将从儒学研究的学术版图中，分门别类地对这些成果做具体报告。

# 第二章

# 儒学文献整理与翻译进入新境界

进入新时代，如何让源远流长的中华文脉绵延赓续，如何激活儒学经典为当代文化建设服务，如何在中外文明交流互鉴中发挥儒学的时代价值，是我们在文化体制改革进程中的“必答题”。2017 年，山东大学儒学高等研究院王学典教授就已敏锐地指出，“十八大以来，整个中国的精神气候、文化气候、学术气候正在发生深刻变迁，整个舆论环境开始朝着‘中国化’的轨道被重新定向”[①]。党的十八届三中全会以来，以习近平同志为核心的党中央高度重视文化改革发展。早在 2018 年全国宣传思想工作会议上，习近平总书记就提出“展形象”的重要历史课题，他指出，“推进国际传播能力建设，讲好中国故事、传播好中国声音，向世界展现真实、立体、全面的中国”。学界也尤其关注这一点，复旦大学葛兆光教授认为，我们“关注的重心在中国，也试图以‘中国’文化和历史作为研究的主要领域，但并不是说，我们想画地为牢，把视线集中在传统中国的自我认识上”[②]。我们不能用“一把尺子量天下”[③]。“没有镜子，人看不见自己的脸。他人的眼睛，可以看见你的脸。”[④]新时代的儒学文献整理与翻译，以习近平文化思想为指导，在构建人类命运共同体、巩固文化主体性、实现精神上的独立自主、推动“两个结合”等方面卓有成效地开展工作，充分发挥海内外馆藏单位、出版方和研究者三方的优势，通力配合，成效显著。

党的十八大以来，以习近平同志为核心的党中央高度重视弘扬中华优秀传统文化，其中包含了传承弘扬发展中华优秀传统文化的新思想、新观点、新论断，明确了指导思想、方针原则、目标任务。2017 年 1 月，中共中央办公厅、国务院办公厅印发《关于实施中华优秀传统文化传承发展工程的意见》。2022 年 4 月，中共中央办公厅、国务院办公厅印发《关于推进新时代古籍工

① 王学典：《十八大以来儒学变迁之大势——世界儒学研究中心已重返中国大陆》，《中华读书报》2017 年 12 月 13 日，第 5 版。

② 葛兆光：《宅兹中国——重建有关“中国”的历史论述》，北京：中华书局，2011 年。

③ 2019 年 10 月 26 日，李零《波斯笔记》新书发布会。

④ 李零：《波斯笔记》，北京：生活·读书·新知三联书店，2019 年。

作的意见》，聚焦提升古籍工作质量、加快古籍资源利用转化两个方面，提出加强传世文献系统性整理出版，推进基础古籍深度整理出版，加快出土文献整理研究成果出版利用，推进古籍文献通代断代集成性整理出版。2022 年 10 月，全国古籍整理出版规划领导小组印发《2021—2035 年国家古籍工作规划》，立足新时代古籍事业全局，对全国古籍工作重点方向、重点任务和重点工程项目做出规划部署。2023 年 6 月 2 日，习近平总书记在文化传承发展座谈会上指出，中华文明具有突出的连续性、创新性、统一性、包容性、和平性，我们要坚定文化自信、担当使命、奋发有为，共同努力创造属于我们这个时代的新文化，建设中华民族现代文明。2024 年 5 月 27 日，中国社会科学院发布“中华民族现代文明研究阐释工程”的阶段性重大成果，包括《(新编) 中国通史纲要》(全二册)、《“两个结合”基本问题研究》、《文明中国——中华文明突出特性的考古学阐释》等 22 项著作和论文，为实现新时代中国式现代化、建设中华民族现代文明等中国实践提供了系统学理支撑。

面对这一系列的时代要求和文化使命，儒学文献再次焕发生机的历史条件已经完全成熟。新时代海内外儒学文献的整理与翻译，紧密呼应时代需求和交流诉求，儒学文献整理与翻译进入新境界。其新境界主要体现在传世文献整理日益系统化、国际化，儒学经典多语种译本陆续迭代，出土文献翻译与利用方兴未艾，论著与论文互译刷新国际学界互动四个方面。

## 一、传世文献整理日益系统化、国际化

“宅兹中国”是个永恒的话题，这一话题的中心便是儒学文献。建设中华民族现代文明，更离不开儒学这一根脉，海内外馆藏单位、出版方和研究者形成合力，儒学文献整理呈现新局面。2012 年，问世于半个多世纪以前的瑞典汉学家高本汉（Klas B. J. Karlgren）的代表作《高本汉诗经注释》在中国大陆出版发行，作为海外学界对儒家经典进行“我注六经”式研究的现当代典范之作，该书以其在“识字”上比清儒精密而后出转精，引发了学界的新一轮关注

热潮。2018年，顾颉刚、刘起釪《尚书校释译论》简体横排本的推出同样在这一领域引发新讨论，并受到饶宗颐、林小安等学者的高度赞誉。

特别值得一提的是，2003年启动的北京大学《儒藏》工程是习近平总书记关心的重大文化工程之一，这一特大型丛书的编纂历经多年，其中“精华编”中国部分于2022年5月全部出齐，共计近2亿字，收录中国历史上最具影响力和代表性的510种儒学文献，包括传世文献458种、出土文献52种，编为282册。儒家思想以开放的姿态和包容的胸怀，深刻影响了东亚、东南亚地区的文化发展，形成了独具特色的儒家典籍诠释方法和传统。为全面反映这一文化交流互鉴的历史图景，《儒藏》又收入韩、日、越三国历史上用汉文著述的儒学文献160种，其中韩国之部89种37册、日本之部51种18册、越南之部20种2册，目前正在全力推进中。这些海外儒学文献是域外相关国家历史上最重要的儒学者汉文著述，是儒学文献在域外落地生根、开枝散叶的文献见证，大多是首次在中国整理出版。“精华编”中国部分的完成为全本《儒藏》打下了坚实的基础，全本《儒藏》的编纂也随即启动。全本《儒藏》规模预计为3000种，去除“精华编”中国部分的510种，差不多要增加2500种，总计约10亿字。这一特大型工程的整理出版，不仅有力推动了儒学经典的系统化整理，而且在长期的工作过程中，中国学者和韩国、日本、越南三国学者摸索出了一条行之有效的海内外学者合作研究新机制，这一机制得以常态化运行，具有很强的可持续性。

国内儒学文献整理的系统化主要体现在儒学综合文献和专科文献的影印、整理与研究方面，在这一方面，山东省和山东大学一直走在全国前列。《山东文献集成》《孟子文献集成》《孔子文化大全》《齐鲁文库》《儒典》等大型系列丛书的编纂和影印，显示了山东省厚重的儒学土壤和深厚的文化积淀。进入新时代，海内外馆藏儒学文献的目录编纂成效显著，深度整理和系统研究蔚然成风。《域外汉籍珍本文库》是国家出版重大工程和文化重大工程，已经出版的有正编第一辑至第五辑共429册，丛编10个品种共306册，单行本19个品种共91册。所收海外文献内容丰富，包括宋元珍本、明清佳刻、名稿旧抄等，共计2000多种文献，绝大多数为国内首度出版。山东大学“全球汉籍合璧工程”编纂的海外馆藏汉籍目录系列、张西平主编的《欧洲藏汉籍目录丛编》、陈正宏等主编的《法国亚洲学会图书馆沙畹文库藏汉籍善本图目》、《美国芝加哥大学图书馆藏中文善本书志》等，则为摸清海外藏儒学典籍提供了全面扎实的目录和文献依据。截至目前，山东大学“全球汉籍合璧工程”的域外古籍编目和整理工作已取得了一系列成果。根据山东大学国际汉学研究中心研究团队的初步调查，去除重复数据，全球现存汉籍约30万种，其中日韩约藏2万种，北美地区约藏3万种，欧洲地区约藏5万种。2021年9月，中华书局出版《法国国家图书馆中文古籍目录（古恒部分）》；2021年12月，中华书局出版《欧洲地区所藏中国珍稀文献丛刊》；研究著作《法国国家图书馆汉籍研究》等也即将在中华书局出版。这些成果中有不少儒学典籍，为海外儒学典籍目录编纂和文本整理奠定了坚实的基础。随之而来的，便是域外汉籍催生出的新的学术增长点。学界陆续提出“书籍之路”“境外汉籍再生性回归”“汉籍之路”等重要研究视角和方法，以书籍为载体的文化传播之路成为学界研究中外文化交流史的热点，这将有利于我们借鉴中国历史上的文化传播经验和途径，重构今天中国文化传播的版图，进而实现中国文化的全球传播和中国出版“走出去”的目标。

儒学的主干是十三经，海内外学界对十三经的影印、整理与研究已形成合力。如由全国高等院校古籍整理研究工作委员会组织编纂的《日本宫内厅书陵部藏宋元版汉籍选刊》《日本国立公文书馆藏宋元本汉籍选刊》《日本国会图书馆藏宋元本汉籍选刊》等系列丛书，再如《影印南宋刊单疏本毛诗正义》《日本五山版汉籍善本集刊》《影印南宋越刊八行本礼记正义》等，其中有不少是藏于域外的儒学孤本典籍。刘波主编《哈佛燕京图书馆藏古籍珍本丛刊》(经部全十二册）精选哈佛燕京图书馆珍藏的十二种经部文献影印出版，是对哈佛燕京图书馆馆藏经部珍本文献的系统展示。上述均是海外儒学珍本古籍回归的重要成果。另外，北京大学、山东大学、南京师范大学陆续开展十三经的校勘工作。由山东大学杜泽逊教授领衔的《十三经注疏汇校》正在积极推进，更加系统，更加全面，目前已经完成《尚书》《周易》等书的汇校，其中《尚书注疏汇校》吸纳了日本学者山井鼎《七经孟子考文》、物观《七经孟子考文补遗》、仓石武四郎等《尚书正义校勘记》的校勘成果，这有利于进一步考证儒学核心文本的是非，有助于考察历史上《十三经注疏》各个版本之间复杂的流变关系等。扬州大学钱宗武主编《〈尚书〉学文献集成·朝鲜卷》，收入朝鲜时代学者用汉文撰写的《尚书》学文献160种，包括著作33部、单篇文章104篇、诗歌23首。这套大型丛书的整理工作属于系统性的深度整理，每种书的整理包括录文、标点和校勘，并撰写提要，提要内容主要包括作者简介、版本年代、文献内容、主要特点和简要评论等，这是第一次对朝鲜时期《尚书》学文献进行全面调查、大规模集成和完整整理，该大型丛书的整理和研究对《尚书》学史、经学史、域外汉籍研究等领域均具有重要的推动作用。浙江大学张涌泉主编的《敦煌经部文献合集》(全十一册)，进一步凸显“敦煌在中国，敦煌学在世界”的开放性和包容性，强有力地彰显了敦煌学的中国底色。可以说，这些都是新时代儒学典籍日益系统化的标志性成果。

礼学文献是儒学文献的核心，是中华礼乐文明的载体，这类文献对我们认识中华优秀传统文化的传承发展、中华文明的历史进程、中华民族现代文明的当代建设等至关重要。海内外礼学文献的汇校和汇编系统化，已形成规模效应。浙江大学编纂的《中华礼藏》分礼经卷、礼仪卷、礼物卷、礼制卷、礼俗卷、礼乐卷、礼术卷、家礼卷、方外卷（包括道教仪轨、佛教仪轨）9卷，是我国迄今为止第一次对中华古代传统礼学文献进行全面整理出版的大型工程，开拓了传统礼学研究的新局面。南京师范大学王锷教授主编的《礼记注疏长编》，规模预计超过千万字，目前已出版《曲礼注疏长编》《檀弓注疏长编》《王制注疏长编》《月令注疏长编》。再如吴震、吾妻重二、张东宇联合主编的《东亚〈家礼〉文献汇编》辑录《家礼》相关文献51种，依国别分为中国篇、日本篇、朝鲜篇、越南篇四个部分，涵盖了东亚地区学者以汉文写就的《家礼》相关文献之精要，是首次对东亚地区《家礼》相关文献进行全面调查、大规模集成和完整整理，具有重要的学术意义。此外，小部头、单品种、学界研究需要的普通儒学古籍影印图书的策划与出版也成为出版方关注的对象[①]，如《武英殿仿相台岳氏本五经》等单品种儒学典籍的出版，是对大型儒学典籍丛书的有益补充。

“燕行录”是指公元十二世纪初至十九世纪末近八百年间，朝鲜半岛高丽、朝鲜王朝遣往中国的使臣或相关人员撰写的纪行录，全部使用中文写作，有很多未见于同时代中国史籍的内容，是域外儒学文献的重要组成部分。《韩国汉文燕行文献选编》、《燕行录全编》、《越南汉文燕行文献集成》（越南所藏编）等丛书的出版是海内外学者儒学合作日益系统化和国际化的重要体现，对研究东亚文化圈具有重要作用。石刻文献是儒学文献的重要组成部分，2020年上海交通大学虞万里教授完成《石经文献研究集成》。在七朝石经中，蜀石经是唯一的经注本，其余六朝皆为单经本。因此，蜀石经的字数最多、规模最大。其镌刻时代由后蜀延续至宋，也是刊时最长的一部石经。2023年12月，《蜀石经集存》出版，该书是在虞万里教授、王天然副研究员二位先生的主持指导下，经上海图书馆、国家图书馆、重庆博物馆授权，对现存蜀石经残拓进行的首次全面系统的汇编影印出版。2023年，又有《乾隆石经》影印本问世。

依托海内外儒学文献整理的系统化，中华优秀传统文化“两创”（创造性转化、创新性发展）的开展有了切实的抓手。《典籍里的中国》《国家宝藏》《书房里的中国》《穿越时空的古籍》《古韵新声》等一批新时代高水平“两创”转化成果飞入寻常百姓家，既有学术水准，又让人喜闻乐见，代表了当下文化“两创”的最高水平。数字化赋能儒学文献整理，儒学数据库建设也呈现新时代气息。如“儒家文化海外传播数据库”发布，不仅展示了儒家思想在国际社会中的接受度和影响力，还揭示了不同文化背景对儒家思想的理解和解读方式。

党的十八届三中全会以前，高水平的儒学文献普及工作一直是各方公认的发展瓶颈，如何“以古人之规矩，开自己之生面”，是新时代研究者需要直

① 马艳超：《海外中文古籍的回归》，《出版人》2019年第11期。

面和解决的问题。从2016年6月开始，由中宣部委托、文化和旅游部指导、国家图书馆组织实施的“中华传统文化百部经典”编纂工作启动实施，其宗旨是“激活经典，熔古铸今，立足学术，面向大众”。截至2024年3月，已出版图书8批70种，其儒学典籍普及效应显著。同时，国家图书馆又发挥平台优势，上线“百部经典公开课”，最大限度地发挥以文化人的作用，使儒家典籍的新时代激活别开生面。

## 二、儒学经典多语种译本陆续迭代

“想象异域”是对“宅兹中国”的学术回应，有助于从更广阔的国际视野来研究中国传统儒家思想发展的多元可能性，这对发展当代中国儒学、弘扬优秀传统文化、推动中华文化“走出去”等方面，均具有重要意义。因为在新时代的中国，我们“既有必要坚持文化多元论的立场，也有必要树立具体普遍性的观念，以此作为尊重‘他者’、展开文明对话的基础，同时又能与‘文化自信’的确立产生良性互动”[①]。域外汉学界最关注的儒学经典是《周易》《尚书》《诗经》《论语》《孟子》等书。其中，《周易》是域外汉学家审视中国古人思维方式的核心典籍，被称为“东方的《圣经》”，业已成为全球经典。《尚书》和上古的叙事传统密切相关，伴随清华简《尚书》类文献的出土，域外汉学形成《尚书》研究热。在域外汉学界看来，《诗经》代表了中国的文学传统和歌谣形式，域外汉学家特别关注其诗学特点和阐释功能，认为《诗经》不仅证明了中国早期存在发达的诗性文化，也表明这种诗性与政治、宗教仪式活动具有很强的共生关系。《论语》和《孟子》因和中国的孔孟道统形成有关，一直是域外汉学家持续关注的重点和热点。罗志野教授主编的“中华经典英译丛书”包含《易经》《尚书》《诗经》《礼记》《左传》《论语》《孟子》等7种英译本，这一系列译本注重中西语境的不同，注释简明扼要，译文明白畅达，产生了良好的社会影响。

① 吴震：《关于东亚儒学问题的一些思考》，《日本问题研究》2014年第5期。

近年来，在西方人文主义者试图理解中国传统哲学文献的过程中，不少西方现当代学者在延续传教士的偏见和误读方面都负有责任。西方式的假设不经意间渗透进对中国经典文本，特别是对儒学经典的理解中，影响了词汇表达。基于这种情况，有域外学者提出了新的哲学翻译策略，即包括一个提供解释性背景的引言、一个不断发展的关键哲学术语词汇表、一个自觉性的解释翻译方法以及权威的中文关键文本，他们将这种策略称为“自觉性的解释”（self-consciously interpretative）。[①] 提出这种翻译策略的就是世界儒学文化研究联合会会长、国际儒学联合会副会长安乐哲和美国汉学家郝大维（David L. Hall）、罗思文等人，近年来他们致力于翻译中国哲学的经典作品。在他们看来，中国哲学经典被引入西方学术界的方式存在严重不足，因为西方学界没有深刻意识到，中国的文献体系是由《易经》《论语》《中庸》等众多深刻的哲学文本组成的。遗憾的是，这些文献并没有被西方学界当作哲学文献来对待。因此，他们对中国古典儒学进行了建构性诠释。其中郝大维是现当代新儒学的代表性人物，在“儒学三期说”的形成发展中发挥了至关重要的作用。“儒学三期说”认为，中国儒学以海量包容的学术气质，在与其他文明交流互鉴、观点碰撞的过程中，使自身的学术内涵得到了拓展与完善。[②] 正是基于上述原因，儒学经典的多语种译本在新时代的中外对话交流中不断迭代更新。

20 世纪初，荣格（Carl G. Jung）认为《易经》和西方的占星术都具有“相反相成”（Coincidentia Oppositorum）的特征，《易经》和西方古代学问是相通的。此后，《易经》逐渐在欧美世界流行，成为西方了解东方文化的一把钥匙。20 世纪初，德国传教士卫礼贤完成《易经》德译本，该译本注重对《易经》的哲学理解和对中国古代思想的诠释。贝内斯（Cary Baynes）又在卫礼贤之子卫德明（Hellmut Wilhelm）的协助下，把德文译本转译为英文，自 1967 年在

① 万建：《让中国哲学说自己的话：做负责任的比较研究——访安乐哲教授》，《哲学动态》2024 年第 4 期。

② 王艳峰：《美国汉学家郝大维：致力于全球当代儒学“第三期发展”》，《学习时报》2023 年 6 月 16 日，第 7 版。

普林斯顿大学出版社出版以来，这个版本已经成为当今西方英语国家的标准译本。21 世纪以来，有不少学者忧心西方易学的发展前景，担心随着知名易学家不再活跃于欧美学术领域，《易经》研究可能会进入“衰落期”。尤其是面对当代“非本质主义”“解构主义”“女性主义”等西方哲学的挑战，如何研究《易经》成为域外汉学关注的新问题。[①] 在贝内斯、卫德明译本的基础上，为了解决这种新问题，出现了两种代表性的《易经》译本，即英国学者约翰·布洛菲尔德（John Blofeld）的译本和美国芝加哥大学教授夏含夷的译本。值得一提的是，黄濬思（Alfred Huang）英译《易经全集》，不仅包括经文，还包含“十翼”（Ten Wings）的英文翻译，采用了“经传合译”的形式，强调孔子“十翼”对于理解《易经》义理的重要性，突破了以往只注重“经”的翻译状况。此后，《易经》译本不断出现，美国莱斯大学历史学教授司马富（Richard J. Smith）的《〈易经〉：一部传记》追溯了《易经》在中国和世界各地的演变，解释了《易经》的复杂结构，系统梳理了《易经》传入日本、韩国、越南等地的情况。2014 年 12 月，纽约企鹅出版集团旗下的维京出版社出版了英国著名汉学家闵福德（John Minford）翻译的《易经》，整个翻译过程历时 12 年，被认为是中华文化外译实践的成功范例。基于这种成功范例，李凯旋、毛延生总结其经验和路径，认为中华经典学术外译要从三个方面着手：一是要深入研究所谓“西方权威译本”，弄清楚其“文化偏见”所在；二是要在根植于中华优秀传统文化的基础上，把握译入语的文化心理需求，以独到的译笔和精练的体例翻译我国文化经典，推动儒学经典文本在海外的传播与接受；三是要针对中华经典“国人自译”的成功案例开展深入翻译研究，为后续中华文化外译实践提供参考，推动中华文化走出国门，走向世界。[②]

《尚书》在西方译本较多，迄今影响最大、最具权威性的仍然是理雅各

① 张丽丽：《西方易学研究发展的四个阶段——以〈易经〉的性质为中心》，《文史哲》2024 年第 3 期。

② 李凯旋、毛延生：《经传合译：英语世界〈易经〉传播的路径典范》，《中国社会科学报》2023 年 1 月 16 日，第 7 版。

（James Legge）译本。理雅各前后两种译本的翻译出版过程及在西方世界产生的反响值得我们深思，其经验就是：域外传播中国典籍应坚守文化自信，保持自身的独立性；中国典籍是文化传播的重要组成部分，但因其专业性较强、受众面较窄，往往难以获得可观利润，需要官方与民间合力推动其在域外的出版传播；要重视汉学研究与当代社会的紧密结合。[①] 回顾来看，西方《尚书》学发轫于 1770 年传教士宋君荣（Antoinc Gaubil）翻译的法文版《尚书》；1846 年，《尚书》的首个英文译本由来华传教士麦都思（Walter H. Medhurst）完成，此书是后来理雅各译本及 1904 年欧尔德（Walter G. Old）译本的先导；1897 年，法国传教士顾赛芬（Séraphin Couvreur）完成法文译本。这些译本代表了西方《尚书》翻译的早期情况。20 世纪中期，瑞典汉学家高本汉的《尚书》研究成果在相当长的时间里代表了西方《尚书》学研究的最高水平。此后，戴梅可、夏含夷、艾兰（Sarah Allan）等学者均撰写过《尚书》研究的有关文章。从上述研究史来看，西方汉学界传统的《尚书》学研究，基本上延续了清代朴学或古史辨派的研究传统。2014 年，西方又刊行了两种重要的《尚书》译本，分别是俄罗斯科学院远东研究所推出的《尚书》俄译本和英国汉学家彭马田（Martin Palmer）的英译本。在彭马田看来，不理解《尚书》，就无法理解今天的中国。就翻译策略而言，他认为这种经典是无法翻译的，只能加以解读。2017 年 5 月，《中国政治哲学之源：〈尚书〉编纂及其思想研究》的出版，打破了之前的翻译和研究传统，该论文集由柯马丁（Martin Kern）和麦笛（Dirk Meyer）编选，是西方汉学界首部系统研究《尚书》的著作。这部著作内容涉及《尚书》的早期形成及文本结构、语言特点和思想特征，研究方法强调文本生成背景的特殊性，注重通过语言特征、文体结构模型，尤其是文本的哲学意涵分析，来讨论《尚书》及其篇章编纂的时代性与目的性，是西方汉学界《尚

① 乔辉、刘雨欣：《理雅各〈尚书〉翻译出版对中国典籍域外传播的启示》，《出版科学》2024 年第 2 期。

书》研究的最新成果。[①]

《诗经》因其特有的文学性、受众的广泛性，在域外广泛传播。域外中国文学的学术研究实际上是发端于《诗经》的欧洲译本。理雅各对《诗经》的研究、翻译和文献学注释，亚瑟·威利（Alfred E. Housman）的《诗经》译本，高本汉的《高本汉诗经注释》是西方《诗经》的三个代表性译注成果。直到今天，这三个版本仍然是最重要的英文译本，后来出版的埃兹拉·庞德（Ezra Pound）的《诗经》，尽管有十分自由的诗歌演绎，但依然没有超越上述三个译本。法国学者葛兰言《中国古代的节庆与歌谣》以文化人类学为研究角度，为域外《诗经》学研究开创了新的研究范式，影响了日本等诸多国家的学者。德国汉学家顾彬也赞许葛兰言的著作"是西方写《诗经》最好的书"。到 20 世纪，俄罗斯已有 15 种《诗经》译本，包括选译本和全译本；新加坡、马来西亚及南亚地区都正在传播《诗经》；越南社会科学院把《诗经》越文全译列为国家项目；《诗经》蒙古文全译也即将完成；北马其顿翻译家冯海城（Igor Radev）则首次将《诗经》全集翻译为塞尔维亚语，他的译作还有《孔子：论语大学中庸》《尚书》《孟子》等。西方的《诗经》研究中心在北美，美国、加拿大汉学家的研究侧重于语言研究、艺术研究，近年来又开始重视历史文化研究。

日本学者早在 1970 年代就已经成立了《诗经》学会，出版会刊《诗经研究》。至少有四位日本《诗经》学者受到法国学者葛兰言民俗学观念的深刻影响，他们分别是松本雅明、白川静、赤塚忠、家井真[②]。20 世纪以来的日本现代《诗经》学的主要特征是传统研究的深化和西方新方法论的借鉴。21 世纪以来，冈村繁《毛诗正义》第一册、田中和夫《毛诗注疏译注·小雅》(一) 至 (四) 等相继问世。[③] 二松学舍大学牧角悦子教授（本名竹下悦子）的《诗经》

① 赵培：《关于西方〈尚书〉学研究新动向的思考——由〈中国政治哲学之源：《尚书》编纂及其思想研究〉谈起》，《铜仁学院学报》2020 年第 1 期。

② 洪涛：《〈诗经〉学的国际化：法国方法的传播与日本学者的论证难题》，见王晓平主编《国际中国文学研究丛刊》(第八集)，上海：上海古籍出版社，2020 年。

③ 王晓平：《日本诗经要籍辑考》，北京：学苑出版社，2019 年。

研究，主要从文化人类学与文学为主转向重视经学，其为目前日本《诗经》研究的代表人物之一。[①]

《论语》是孔子学说及中国儒学的核心典籍，因其语录体形式，在域外被看作了解孔子思想的最直接材料。据不完全统计，截至目前，《论语》已被翻译成 30 多种文字[②]，已有 50 多个英译本。其中英译本的代表是理雅各、辜鸿铭、利斯（Simon Leys）、刘殿爵等人的译本，目前在欧美学界仍然比较流行。从英译本的阅读对象来看，主要分为两类：一类是以国内英语学习者为主要读者的双语、多语种对照译本，另一类是以国外读者尤其是以孔子学院汉语学习者、英语研究者为主要读者的译本。2017 年，美国格兰谷州立大学倪培民教授《孔子论语理解——论语的新英文译注》在纽约大学出版社发行，该译本注重在理解原文的基础上，揭示《论语》中蕴藏的中国哲学与现实意义。同年，美国特拉华大学陈建国教授和涂仲敏教授翻译出版杨朝明《论语诠解》。《论语》的日文主要流行版本是武内义雄、吉川幸次郎、金谷治、下村虎六郎、宫崎市定等人的译注本。这些译本的译者无一例外都是钟情于中国文化的日本著名汉学家。这些日文译本因为影响大、传播广，至今尚无新的替代译本。

其他语种的《论语》翻译也陆续迭代。由中国学界翻译成外文的《论语》情况，大致如下：越南译本始于 2010 年代，截至 2019 年只有 1 部，即黎巧萍《论语选译（汉越对照）》；韩译本始于 2000 年代，截至 2019 年共有 4 部，分别是金春英《论语图解（中日韩英对照）》、孔祥林编译《论语（中韩文对照）》、金应俊《论语（汉韩对照）》、孔健主编《中英日韩四国语论语》；此外，我国还将《论语》翻译为泰文、印尼文、马来文、老挝文、缅甸文、柬埔寨文、阿拉伯文等，其中泰文、印尼文、马来文、老挝文、缅甸文、柬埔寨文译本收录在“东方智慧丛书”[③]中；俄译本始于 2000 年代，截至 2019 年共有 3 部，分

① 李梅：《日本〈诗经〉学研究的文化人类学视角及反思》，《汉籍与汉学》2023 年第 1 期。

② 杨育芬：《儒家经典的海外传播：〈论语〉外译简史》（上），《中华读书报》2022 年 9 月 28 日，第 6 版。

③ 郑梦娟：《〈论语〉的欧美早期传播史》，《光明日报》2024 年 4 月 6 日，第 7 版。

别是乔平《论语（中俄文对照版）》、袁正明编译《论语印疏（中俄文解读）》、关月月主编《〈论语〉思想术语俄译选读》；德译本始于2000年代，截至2019年共有2部，分别是李旻德《〈四书集注〉之论语选译廿则（图文版）中英德文对照本》、张丽华和张捷鸿《论语（中德文对照版）》。《孟子》的英文译本往往在四书系列中，不再赘述。

## 三、出土文献翻译与利用方兴未艾

“古典学的重建是离不开出土文献的。”[①]20世纪以来，伴随大量出土文献的发现，海内外学界对重新认识中华文明自身、中华文明与东方文明、中华文明与西方文明等重大议题充满热情，形成三大研究领域：一是中华文明的源头性，二是中华文明如何看待世界文明，三是世界文明如何看待中华文明。随之而来的重要议题，便是中国学术在观念和文献上均面临中国古典学的重建问题。裘锡圭等人专门就中国古典学重建过程中需要注意的问题，提出了建设性意见。[②] 甘阳、吴飞将中国古典学的重建划分为四个时期[③]：秦汉至隋唐是中国古典学的奠基时期，这个时期以今古文经文以及贾逵、马融、卢植、郑玄、服虔、何休、王肃等人的注释为主，并涵盖司马迁、刘向父子对史学和子学的贡献；晚唐至两宋是“中国的第二个古典学时代”，这个时期一方面确立了十三经体系，另一方面确立了四书的经典地位；明末至清代，是“中国的第三个古典学时代”，这一时期清儒确立了中国古典学研究的基本规范，以考据为手

① 裘锡圭：《出土文献与古典学重建》，见李学勤主编《出土文献》（第四辑），上海：中西书局，2013年。

② 裘锡圭：《中国古典学重建中应该注意的问题》，见北京大学中国古文献研究中心编《北京大学中国古文献研究中心集刊》，北京：燕山出版社，2001年。裘锡圭：《出土文献与古典学重建》，见李学勤主编《出土文献》（第四辑），上海：中西书局，2013年。裘锡圭、戴燕：《古典学的重建》，《书城》2015年第9期。

③ 甘阳、吴飞：《“古典与文明”丛书总序》，见乔秀岩著《义疏学衰亡史论》，北京：生活·读书·新知三联书店，2017年。

段，重建中国人心目中的古典学；当代中国即走向重建古典学的第四个历史新阶段。

把出土文献与传世文献结合起来比勘稽考，从文字、文本、文化等维度入手开展综合性整体研究，也就成为当代中国古典学构建的一种路径选择。①20 世纪 70 年代以来，战国简帛文献多批次问世，多种传世的《诗》《书》《礼》《易》等先秦元典文献的战国楚地抄本重见天日。21 世纪以来，又有郭店楚简、上博简、清华简、北大汉简、王家嘴楚简等陆续出土，这些出土文献绝大部分是儒学出土文献，为我们重新认识中国早期经典的形成与演变提供了多元思考的可能性。这一阶段伴随中华民族伟大复兴，客观上要求中国学者对中国自身的古典文明以及世界的古典文明做出新时代的诠释。依托出土文献发掘，中外儒学对话成为新时代最强音。对话的形式多元化，大规模、小众化学术会议和论坛的召开，学术文章和学术著作的互译等，大大拓展了儒学国际对话的广度和研究深度。特别是郭店楚简出土后，美国达慕思大学教授、著名汉学家艾兰就已经指出，新出土的简帛，特别是秦朝以前的楚国文字竹书，应从音韵学、文本的历史到思想史等很多方面突破海内外学者对古代中国的认识。美国普林斯顿大学教授柯马丁认为，早期中国出土文献研究已自成一个完整的学术领域，发展极为活跃，在清华大学、复旦大学、武汉大学等院校都有重要的研究中心。与此同时，西方学术界也出现了新的重要领域：书籍史（history of the book）、文本社会学（sociology of text）、文本物质性（materiality of text）等等。人文学科逐渐“物质转向”（material turn），以出土文献为抓手，域外学者不仅仅关注文本作为思想的载体，而且关注文本自身的物质、社会存在及意义，这是域外汉学领域比较突出的特色。需要特别指出的是，在中外国际儒学对话交流中，美国的艾兰、柯马丁，加拿大的安乐哲，英国的鲁惟一（Michael Loewe），法国的顾乃安，日本的池田知久、横手裕，以及中国的李学勤、裘锡圭、林沄、葛

① 黄德宽：《楚简〈诗·召南·驺虞〉与上古虞衡制度——兼论当代中国古典学的构建》，《中国社会科学》2023 年第 12 期。

兆光、王学典、张伯伟、张西平、邢文、曹峰等人做出了突出贡献。这些学者不仅合作出版了很多高水平研究著作，而且建立了不少合作研究中心，对进一步推动建立中外文化交流和传播机制有重要贡献。特别是李学勤先生，他不仅不遗余力地鼓励西方汉学中的中国史研究，还推动在中国开展“国际汉学”（International Sinology）研究，如在清华大学建立国际汉学研究中心。[①]

海内外学者对上述出土文献做了全面系统的研究，既有有分量的单行本研究成果，也有成系列的研究丛书。其中，郭沂依托早期儒学出土文本，认为儒学是中国人文主义长期发展的结果，提出“五经七典说”，尝试以“道哲学”重新讨论中国哲学的理论构成，形成具有“世界哲学”视野的儒学理论形态。夏含夷《〈周易〉的起源及早期演变》利用出土材料，系统考察了卦爻辞的产生以及《周易》经典的形成，对周代占卜的原理与实践也做了深入探讨。柯马丁《秦始皇石刻：早期中国的文本与仪式》以秦始皇七件石刻为儒学研究小切口，进而引述到“周秦汉时期的文化传承”这一宏大研究视野。柯马丁《表演与阐释：早期中国诗学研究》从作为表演文本的诗、《诗经》的早期历史、《诗经》及其早期阐释学、中古时期《诗经》接受研究、《孔子诗论》、清华简《蟋蟀》等方面做了多学科交叉研究。“哈佛燕京学术丛书”等丛书的编纂和出版，和上述域外学者的研究成果相映成趣。《孝经》整理与研究则受惠于敦煌文献。陈壁生利用敦煌新出今文《孝经》若干古写本考订还原郑玄《孝经》本原貌，于2022年出版《孝经正义》。池田知久《马王堆〈易传·系辞〉篇的形成与抄写——基于同今本〈周易·系辞传〉的比较》，认为马王堆《系辞》篇是一种为了适应《易》而调整出来的哲学思想。梁涛《出土文献与早期儒学》将出土文献与传世文献相结合，对先秦儒学做了新的探讨和研究，既利用新出土文献考察了《论语》《大学》《中庸》等儒学经典的成书问题，也对慎独、“亲亲相隐”等热点问题做了新的解读，对马王堆帛书、郭店简、上博简、清华简中的一些重要儒学文献做了分析、考察。域外学者的代表性成果，如美国学者夏

① 艾兰：《李学勤先生和国际汉学》，许可译，《出土文献》2020年第1期。

含夷《重写中国古代文献》《〈周易〉的起源及早期演变》，顾史考（Scott Cook）《郭店楚简先秦儒书宏微观》《上博竹书孔子语录文献研究》《郭店楚简综合研究与英译》及《上博等楚简战国逸书纵横览》，英国学者汪涛《颜色与祭祀——中国古代文化中颜色涵义探微》等。走在域外学术前沿的系列丛书，如“早期中国研究丛书”，包括柯马丁《秦始皇石刻：早期中国的文本与仪式》、工藤元男《睡虎地秦简所见秦代国家与社会》、王爱和《中国古代宇宙观与政治文化》等。

进入新时代，系统总结梳理域外汉学史成为学界的一种自觉，“国际汉学研究书系”“汉学研究大系”就是这一自觉意识的体现。“国际汉学研究书系”中的《西方汉学史：汉学先驱与中国古典文献学的发展》从传统文献学的视角系统梳理了西方“汉学谱系”，强调了汉学大师级人物对整个西方汉学研究发展方向和研究路径所起的巨大作用。“汉学研究大系”则分国别、分专题对儒学等典籍在域外的传播做了系统研究和梳理。

基于海内外出土文献翻译与利用方兴未艾的形势，新观念、新思路和新观点应运而生。南京大学张伯伟教授指出，域外汉籍的大量存在，昭示了一个既往事实，即汉文化圈的作用和影响。文化可以超越人种、语言、民族的界限，可以超越政治、经济、信仰的差异。以文化圈为单元，就是我们今天所需要的“新视野”。[①] 山东大学国际汉学研究中心王培源教授适时提出“汉籍文献学”研究的设想。他认为，汉籍的外延不但包括庋藏于海外藏书机构、数百年来处于沉睡状的古籍版本与品种，亦应包括在海外广为流传，即被翻译、整理、研究、阅读的古籍版本和品种。另外，对汉籍价值的评判，不能仅仅依据汉籍对中国学术史的意义，还应依据它们为外人所知、在海外被阅读以及对海外汉学家及普通民众影响的程度而定。[②] 这一观点的提出，不仅是王培源教授对近几十年来域外汉学的系统总结，也是他对新时代域外汉学的深入思考。

① 张伯伟：《域外汉籍研究入门》（增订版），南京：凤凰出版社，2024 年。
② 王培源、任增强：《汉籍文献学论集》，北京：燕山出版社，2023 年。

## 四、论著与论文互译刷新国际学界互动

文明因交流而多彩，文明因互鉴而丰富。“尊重世界文明多样性”是不同文明包容共存、交流互鉴的前提条件。世界上一些有识之士认为，包括儒家思想在内的中华优秀传统文化中蕴藏着解决当代人类面临难题的重要启示。2014年9月，习近平总书记在纪念孔子诞辰2565周年国际学术研讨会暨国际儒学联合会第五届会员大会开幕会上发出呼吁，希望中国和各国学者相互交流、相互切磋，把这个课题研究好，让中华优秀传统文化同世界各国优秀文化一道造福人类。2018年6月10日，习近平总书记在上海合作组织成员国元首理事会第十八次会议上的讲话中指出：“我们要树立平等、互鉴、对话、包容的文明观，以文明交流超越文明隔阂，以文明互鉴超越文明冲突，以文明共存超越文明优越。”新时代中国共产党人从中华优秀传统文化中汲取智慧和力量，以海纳百川的胸怀打破文化交往的壁垒，以兼收并蓄的态度汲取各国文明的养分，以自信开放的姿态更好推动中华文化“走出去”，推动各国文明在交流互鉴中共同前进。基于上述重大论断，推动各国文明交流互鉴的历史语境的重要性就是不言而喻的了。美国文化人类学家爱德华·霍尔（Edward Hall）把文化区分为高语境文化和低语境文化，他认为高语境文化交流很大程度上依赖于谈论主题的基本背景、来龙去脉及非语言内容，交流中大部分信息的大部分意思需要接受方通过详细的前因后果阐述进行理解或意会。[①] 国际儒学联合会副会长、山东大学王学典教授一直致力于这种语境的分析和研究，他认为“古今中外”四重语境下的“锻铸人文新知”，必须拿出“融入全球文明”的巨大勇气和恒久劳作，全力促成中华传统文化的“创造性转化、创新性发展”。《文史哲》中文版专门开辟“海外中国学研究”栏目，致力于“昌明传统学术，锻铸人文新知”这一充满张力的时代目标。《文史哲》国际版（JOCH）的创办，除

① 王彦、郭春华、孙发军：《走向世界——跨国营销与国际市场》，北京：中国工人出版社，1991年。

了具有助力中国文化“走出去”、平衡中西相互了解严重“不对称”格局的功能之外，也有着“放马过去”近距离察看国际学界的学术反应，以便谋求更行之有效的“昌明传统学术，锻铸人文新知，植根汉语世界，融入全球文明”之道的深层考虑。[①] 截至2024年底，《文史哲》国际版已经走过了10个春秋，在这10年中，《文史哲》国际版每期围绕一个中国人文学术的重要问题，选译近年国内学界的代表性作品，追踪国内人文学界重要动向，向国际学界发出中国人文学术的主流声音，已出版24期22个专题，和儒学有关的分别是“中国社会形态”（Forms and Formation of Chinese Society）、“世界文明对话”（Dialogue between Civilizations）、“早期儒家思想”（Early Confucian Thought）、“贤能政治在中国及其可能性”（The Possibility of Political Meritocracy China）、“古代东亚秩序”（International Security in Ancient East Asia）、“重估孟荀二分的传统儒学格局”（Reevaluating the Traditional Confucian Division between Mencius and Xunzi）、“中国古代礼制”（China's Ancient Rites and Rituals）等。

法国著名汉学家马伯乐（Maspero）曾说：“中国是欧洲以外仅有的这样一个国家，自远古起，其古老的文化传统一直流传至今。”[②] 共识是转化为行动的先决条件，正是基于上述共识，中外文明交流互鉴进入新阶段，“列国汉学史丛书”“法国汉学经典译丛”“古典与文明”“20世纪日本思想”“开放的艺术史”等译作有力地推动了中外文明交流互鉴。特别是刘东主编的“海外中国研究丛书”，至2024年，已经走过了36年，引进了一批域外儒学代表性研究著作，成为中国学者看世界和域外学术联系中国的重要窗口，如美国孟德卫（David E. Mungello）《莱布尼兹和儒学》、美国本杰明·史华兹（Benjamin I. Schwartz）《古代中国的思想世界》、美国倪德卫（David S. Nivison）《儒家之道：中国哲学之探讨》、日本沟口雄三和小岛毅《中国的思维世界》、日本浅野裕一《古代中国的宇宙论》、美国李惠仪《〈左传〉的书写与解读》、美国赫伯特·芬格莱特

① 邹晓东：《“古今中外”四重语境下的〈文史哲〉办刊宗旨——学习〈习近平总书记给《文史哲》编辑部全体编辑人员的回信〉》，《中华读书报》2021年5月19日，第5版。

② 熊文华：《英国汉学史》，北京：学苑出版社，2007年。

(Herbert Fingarette)《孔子：即凡而圣》、美国田浩(Hoyt C. Tillman)《朱熹的思维世界》、日本家井真《〈诗经〉原意研究》、日本荒木见悟《阳明学的位相》等等。美国汉学家安乐哲的《儒家角色伦理学——一套特色伦理学词汇》是近年来域外儒学的代表性研究成果，该书是山东大学“子海”项目成果之一，系统论述了关于“儒家角色伦理”的学说。他认为，在儒家看来，人因为自身的关系性必须承担相应的责任，儒家伦理具有较强的关系性、协作性，使得儒家思想与西方原教旨性的个人主义形成鲜明反差。儒家的价值观是一种文化资源，它可以帮助人类经受住全球性困境的考验，并从困境中脱离出来，走向光明。相对个人主义而言，儒家文化对世界的价值贡献是重大的、不可抗拒的另一种选择。再如俄罗斯翻译家布罗夫(Burov Vladilen)一直致力于研究中国哲学，承担中国社会科学重要著作的翻译工作，并将中国哲学通过自己的力量传播到俄罗斯，为推动中国哲学走向世界做出了重要贡献。此外，与西方思想相比，中国早期思想家如何理解相同与差异、自我与他人、内部与外部、相对与绝对？由浙江大学出版社策划并出版的“海外中国思想史研究前沿译丛”便致力于解答此类问题。

文明交流互鉴不仅要有“引进来”的能力，还要有“走出去”的本领。目前，我国图书对外传播主要有图书商品输出、图书版权输出、海外直接投资和国际合作出版四种形式。其中，图书版权输出因制度和操作等相对成熟，成交量大。“一带一路”为儒学文化的发展繁荣和图书版权输出提供了新的路径，“走出去”和“引进来”交相呼应，“中华学术外译项目”“丝路书香出版工程”已形成规模效应。“丝路书香出版工程”是中国新闻出版业唯一进入国家“一带一路”倡议的重大项目，于2014年12月5日正式获得中宣部批准立项，重点项目涵盖翻译资助、丝路国家图书互译、汉语教材推广等。在这一运行机制下，学者、出版机构、版权机构等团结协作，深入挖掘“明星”产品，带动学术与文化图书“走出去”，有步骤地推广多语种项目。在学术出版“走出去”的过程中，国内出版机构重点考虑了与中国传统文化解读相结合的普及类学术作品，通过与欧美发达国家、“一带一路”国家和地区的出版机构交流合作，尝试建立中国学术话语在世界范围内的影响力。其中的代表性儒学著作就是清华大学国学研究院院长、当代著名哲学家陈来教授的《中华文明的核心价值》，该书是国内首部系统讨论中华文明核心价值的专著。截至目前，《中华文明的核心价值》版权输出语种达到 20 个，已出版 11 个语种的译本。该书以全球化背景为研究视野，兼顾海内外读者，摒弃“引经据典”等中国学术作品习惯的表述方式，出版的多语种版本受到了广泛关注，形成了良好的国际影响，示范效应显著。由于读者群体广，《中华文明的核心价值》多语种输出在“走出去”工作中也就更具有现实空间和影响力，成为拓展海外市场的主力军。由此带来的积极影响是，出版方三联书店的一大批同类学术图书，涵盖历史、哲学、人文思想、传统文化等诸多领域，依托“文史悦读”“三联讲坛”“中国文化论坛”等系列，和海外出版机构的进一步深入合作成为可能。三联书店出版的中国人文社科领域的研究性代表著作，也逐渐吸引了剑桥大学出版社、麦克米伦出版公司、劳特里奇出版社等国际知名出版商的注意并与之洽谈版权，成为“丝路书香出版工程”多语种输出的典范。《中华文明的核心价值》的成功“走出去”，不仅实现了国内出版机构与欧美重要学术出版机构的深入合作，而且带动了版权输出整体数量和质量的提升。[①] 因此，深入挖掘“明星产品”是儒学“走出去”的重要抓手。该项目产生的强大推动力和影响力，是今后持续推动儒学“走出去”工作中值得借鉴、推广的工作模式和推广机制。

陈来教授的《有无之境：王阳明哲学的精神》《从思想世界到历史世界》《现代儒家哲学研究》于 2022—2023 年由越南社会科学出版社出版。继《中华文明的核心价值》越南语出版后，这三本书的出版在越南儒学研究领域引起了广泛的关注，越南社会科学院与越南国家哲学协会针对三书的出版召开儒家哲学研讨会，邀请越南相关领域的专家出席，该研讨会成为越南儒学界近两年规模最大的儒学盛会。此外，武汉大学郭齐勇教授《中国文化精神的特质》一书也

① 孙玮、孙琳洁：《〈中华文明的核心价值〉：中国传统文化思想的学术表达》，《出版参考》2019 年第 12 期。

在越南社会科学出版社出版。

再比如，由北京大学中文系教授、著名学者袁行霈先生主持编写的《中华文明史》，是一部多学科交叉融合、注重原创性的高水平学术著作。目前已经翻译出版了英文、日文、俄文、韩文、塞尔维亚文、匈牙利文和印地文等7种译本，且均由所在国知名学者主持翻译、由主流学术出版机构出版发行，在中国学术对外交流史上具有重要意义。综合性儒学研究成果在散发中国书香的同时，中国学者有深度的儒学经典专题研究成果的外译也同样表现亮眼。2015年，浙江大学束景南教授《朱子大传》韩文版出版，在韩国引起了轰动。韩国学者纷纷撰文，认为“先生的《朱子大传》《朱熹佚文辑考》《朱熹年谱长编》等都是朱子学方面的里程碑式的著作”。2016年，束景南教授又出版了增订本的《朱子大传——“性”的救赎之路》，内容又有进一步的开拓创新，《新华文摘》发表了对新版《朱子大传》的评论文章《理学文化研究的自我超越——新版〈朱子大传〉的思想升华》，对新版《朱子大传》出版的世界意义做了高度肯定。

儒学文献整理与翻译进入新境界，为新时代文化传承发展带来了新契机和增长点。马克思在《黑格尔法哲学批判》中说：“理论在一个国家的实现程度，决定于理论满足这个国家的需要的程度。”[①] 习近平总书记进一步指出：“理论思维的起点决定着理论创新的结果。理论创新只能从问题开始。从某种意义上说，理论创新的过程就是发现问题、筛选问题、研究问题、解决问题的过程。马克思曾深刻指出：‘主要的困难不是答案，而是问题。’‘问题就是时代的口号，是它表现自己精神状态的最实际的呼声。’”[②] 建设中华民族现代文明命题正是百年未有之大变局下的中国当代问题，这是我们实现文化自信和民族复兴必须着力解决的问题。建设中华民族现代文明则有赖于海内外儒学文献研

① 中共中央马克思恩格斯列宁斯大林著作编译局:《马克思恩格斯选集》(第一卷)(第3版)，北京：人民出版社，2012年。

② 习近平:《在哲学社会科学工作座谈会上的讲话（2016年5月17日）》,《人民日报》2016年5月19日，第2版。

究的团结协作，以进一步激活中国儒学经典，并对世界古典文明做出新的认识和诠释。其原因就在于，孔子创立的儒家学说以及在此基础上发展起来的儒家思想，对中华文明产生了深刻影响，是中国传统文化的重要组成部分。研究孔子、研究儒学，是认识中国人的民族特性、认识当今中国人精神世界历史来由的一个重要途径。①

① 习近平:《在纪念孔子诞辰2565周年国际学术研讨会暨国际儒学联合会第五届会员大会开幕会上的讲话（2014年9月24日）》,《人民日报》2014年9月25日，第2版。

# 第三章

# 经典诠释与经学研究的多元化展开

经典是历史长期检验的产物，具有历久不衰的不可替代性。[①]跨越古今隔阂通达经典文本的意义，是一切古典学术研究的永恒课题。面对世界文明交流互鉴、传统儒学现代转型的时代课题，中外儒学研究者致力于以诠释学观念与方法整理包括儒学在内的中国古典人文学术传统，同时日益加大了思想理论创新研究的力度。

## 一、儒学研究的诠释学自觉与儒家诠释学建构

当今儒学研究的突出特征之一就是诠释学自觉，这也是古今中西交汇及儒学研究世界化的一个重要表征。诠释学对儒学研究的影响，至少可追溯到20世纪80年代。早在1986年，中国学界就已经注意到：诠释学广泛流行于西方哲学（如语言哲学、宗教哲学、科学哲学等等）及历史学、美学、文艺理论诸领域。[②]在诠释学于世界人文学术界发挥广泛影响的背景下，国际汉学界与中国学界的学者们萌生了以诠释学的观念与方法整理包括儒学在内的中国古典人文学术传统，进而进行现代性转化与发展的设想。学者黄俊杰2000—2003年组织开展的“东亚近世儒学中的经典诠释传统”大型整合性研究课题即属于此范畴，具体包括“德川时代日本儒者对《论语》的诠释”（黄俊杰）、“德川时代日本古学派儒者的经典诠释”（杨儒宾）、“德川时代日本关于中国礼学的诠释”（甘怀真）、“近世东亚儒者关于孟子心性论的辩论与诠释：比较哲学的探讨”（李明辉、杨祖汉）、“东亚近世经典诠释的渊源：汉唐时代儒者对经典的诠释”（张宝三）、“中国近世儒者对《易经》的诠释”（郑吉雄）、“理学的世界观与认知方式之基本特质：以朱子的经典诠释为中心”（吴展良）、“儒家的春秋史学与连横的《台湾通史》”（陈昭瑛）。该课题除探讨属于“第一序”之经典解释之内容外，更重视属于“第二序”之经典解释方法论或解释策略等问题，

① 张岂之：《何谓“经典”？》，《华夏文化》2014年第1期。
②《〈德国哲学解释学专辑〉编辑说明》，《哲学译丛》1986年第3期。

甚至提出了建构具有东亚特色之经典诠释学这一意向。[①]

诠释学之所以被包括儒学研究在内的中国古典人文学界寄予厚望，是因为它作为理念和方法最适宜将“继承”与“创新”联系在一起。著名诠释学家洪汉鼎先生在《诠释学与中国经典诠释问题及未来》一文中表示：“诠释学告诉我们，任何经典都应当是当代的经典，任何真理都应当是当代的真理，经典只有不断地与现代视域融合，才能开出新的意义和真理。如果我们记住这一诠释学真理，我想我们中国经典诠释就有了新生。西方诠释学有一个重要的启示，即经典的普遍性并不在于它的永恒不变，而在于它不断翻新，永远是活生生的新的东西。文本作为一种经典，不论是历史的，还是现代的，不论是文学的，还是历史的，它都必须不断与现代的语境相联系，必须不断地被诠释和理解。”[②] 诠释学之所以具有这种功能，是因为它天然地与儒学发展之两翼——“继承传统”和“创新发展”息息相关。而如何看待、如何处理“继承传统”与“创新发展”之间的关系，正是关乎儒学现代命运的基本学术理念与学术方法的问题。传统中国思想学术史的一大基本特征，是以经典诠释的形式进行思想义理创新，这一特征有待在当今时代条件下善继善承。“我国以经典诠释形式来发展哲学思想的经典诠释传统”非常突出，“西方近代，不管英国经验论还是大陆理性论，都没有继续希腊晚期和中世纪的注释道路，而是走自己写哲学之路”。在传统中国，“由圣人所裁定的‘经’，既已被确立为‘天下之公理’，那么其他人所要做的事无非只是‘诂经之说’。从此，我国以经典诠释形式来发展哲学思想，形成一种固有的经典诠释传统。我们早先确定了五经六经十三经，然后的发展都是通过注释来发挥的”。[③]

“以经典诠释形式来发展哲学思想的经典诠释传统”本身有待与时俱进的

① 《〈东亚近世儒学中的经典诠释传统〉研究计划简介》，《中国哲学史》2002 年第 1 期。

② 洪汉鼎：《诠释学与中国经典诠释问题及未来》，《武汉大学学报（人文科学版）》2012 年第 4 期。

③ 洪汉鼎：《诠释学与中国经典诠释问题及未来》，《武汉大学学报（人文科学版）》2012 年第 4 期。

继承、转化、创新。回到儒学原点来看，孔子《诗》论、以仁释《礼》、以德义释《易》，均属寓“作”于“述”的创造性诠释。孔子之后，《中庸》通过精心选编孔子论“中庸”的语录，润物细无声地佐证“天命之谓性，率性之谓道”命题，将思孟学派的标志性主张——性善论，与学派宗师孔子的思想遗产密切融为一体。后来的宋明儒学，在遥契《中庸》《孟子》而将性善论树立为儒家道统真理的过程中，不断反刍《大学》《论语》等文本，通过将《大学》开篇的“明德”说成是“天命之性”(朱熹、王阳明等)，强调《论语》中的“为仁由己”之“由己”即“率性”（陆九渊、王阳明)，将《论语》中不带宾语的“学”字说成是“实字”之“学”，将其与带宾语也即旨在通过学习对象对学习者进行外铄的“虚字”之“学”区别开来（毛奇龄）等做法，将原来在很大程度上并不属于性善论阵营的《大学》《论语》等经典，细致入微地诠释成为一以贯之地承载性善论义理的文本。对经典文本进行上述创造性诠释的过程，同时也是宋明儒学构建、调适、相互切磋其道统论的过程。而且，宋明儒学是与当代儒家哲学研究最为亲近的一个古典传统[①]，这种通过系统的创造性文本诠释重塑儒学义理格局的做法，对当今有志于“做哲学”“出思想”的儒家哲学研究者无疑仍然有吸引力。不过，近代以降，“西学东渐”，现代史学观念涌入中国人文学界，思想学术的历时演变意识渐渐深入学界人心。这使得将研究者的独到见解以文本诠释的形式赋予经典，以实现思想学术创新突破的做法在学术范式上渐渐丧失了合法性。与此同时，大多数中国哲学研究者又并不愿意效仿西方哲学史上流行的“把自己之前的哲学家统统杀死”的批判式哲学研究路数，认为传统与经典之中蕴含着值得发掘和继承的义理。就此而言，寓“作”于“述”，以经典诠释的形式进行思想义理阐发的传统做法自有其合理性。综观上述两方面情况，如何在“思想学术历时演变”的现代史学意识深入学界人心的情况下，合情合理地继承发扬“以经典诠释的形式进行思想义理阐发”的

① 清儒基于考据训诂的经学研究成绩斐然，并在一定程度上将荀学重新带回主流学界，但在思想义理方面很大程度上是在沿袭宋明传统。

传统做法，已成为事关儒学及传统中国哲学研究范式何去何从的基础性问题。

余敦康先生于2005年3月应邀在中国社会科学院历史研究所思想史研究室发表《诠释学是哲学和哲学史的唯一的进路》演讲，以现身说法的真诚将“搞了一辈子，无非搞的是哲学史，没有搞哲学”“就我来说，我没有哲学，我没有思想”的巨大遗憾公诸学界，并斩钉截铁地表示“诠释学是哲学和哲学史的唯一的进路”。“我们现在从学理上说，一个哲学家他如果离开了哲学史，绝对不能成为哲学家的，因为哲学是个历史发展的过程。你已经进入了历史发展的过程，到了这个时候，你得把前面的东西读一遍，想一遍，你标新立异，完全反对前人也可以，但是你所有的东西都是通过诠释得来的。一旦你自己搞出一个哲学体系，成了一个哲学家，马上你就变成了哲学史上的某一个人物”。就此而言，“不管中外古今，只要你搞哲学，必然是诠释学。搞哲学史是诠释学，搞哲学也是诠释学”，“这是一个普遍规律”。[①]“搞哲学史是诠释学”，是因为任何有建树的哲学史研究者都要以自己的方式“把前面的东西读一遍，想一遍”，这里面已然包含着伽达默尔诠释学所谓的“视域融合”，“标新立异”或“思想创新”已然在其中（尽管在形式上未必明显）；“搞哲学也是诠释学”，实际上正在于将“哲学史诠释”中的“标新立异”与“思想创新”以一种相对独立的形式放大推阐，就此而言，所搞出的新的哲学体系无疑正是“前面的东西”的进一步发展。可以说，哲学诠释学的“视域融合”与“效果历史”视角，将原本剪不断、理还乱的“述（照着讲）”“作（接着讲）”关系问题大体理顺了，大大解放了儒学经典研究者的思想：原则上既不再抱持“洁癖”式心态，担心“作”污染了“述”，也不再担心文本解读与诠释史研究会从根本上制约研究者的思想创造力。

哲学诠释学有力支持着当代儒学研究的“返本开新”追求，并与学界尝试重新厘定儒家核心经典系统的做法深切呼应。儒学研究的“返本”在很大程度上就是“返经学之本”，这是因为六经（或五经）通常被视为儒学的核心经

① 余敦康：《诠释学是哲学和哲学史的唯一的进路》，《北京青年政治学院学报》2005年第2期。

典，乃至被视为“吾国二千余年来普遍承认一切学术之原”。志在通过多卷本《中国儒学史》编撰助力儒学“返本开新”的汤一介先生因而非常“注意‘经学’的研究，以期使‘经学’能成为此书的重要部分”[①]。但“返本（返经学之本）”为什么能够“开新”，而非像新文化运动旗手们当年所批判的那样必然导致“泥古”“守旧”呢？景海峰先生从两个方面触及了这一问题的答案。一方面，在先秦、两汉、六朝这样的以六经（五经）为诠释中心的时代，“视域融合”可以为经典诠释带来某种程度的“出新”效果，但这总体上是经典诠释逐步经院化、格式化、僵化的过程；另一方面，在道玄特别是外来佛教的严重挑战下，儒家经典诠释的中心逐渐由六经（五经）向传记转移，从而释放出本土与外来思想融合、义理与学术体系重整的巨大空间。[②]换言之，作为诠释对象的儒家典籍的层次之分，以及这种层次格局随中外文化交通及时代转换的变迁，是古今儒学研究能够“返本开新”的重要条件。受近代学者章太炎将《周易》《论语》《老子》《庄子》合成“四玄”以构成新的经典系统[③]等做法影响，郭沂先生将《论语》(附《论语》类文献）以及《子思子》《公孙尼子》《子车子》《内业》《孟子》《荀子》总称“七典”，与《诗》《书》《礼》《易》《春秋》五经合称“五经七典”，将儒家核心经典系统重构为“五经七典”系统[④]。梁涛先生出版了《新四书与新儒学》一书[⑤]，提出将《论语》《礼记》《孟子》《荀子》合称为“新四书”，以期在核心经典系统建制上突破孟荀二分的传统儒学格局，在更加切实、更加有效的意义上建构内外兼备、内圣外王统一的新儒学体系。这些做法，皆属于景海峰先生所指出的“儒家经典诠释的中心位移”尝试，能否成功或能够产生多大影响力，则需要哲学诠释学所谓的长程的“效果历史”加以检验。

---

① 汤一介：《总序》，见王博著《中国儒学史·先秦卷》，北京：北京大学出版社，2011 年。

② 景海峰：《中国哲学的现代诠释》，北京：人民出版社，2004 年。

③ 黄燕强：《“四玄”：章太炎的“新经学”构想》，《文史哲》2018 年第 2 期。

④ 郭沂：《五经七典——儒家核心经典系统之重构》，《人民政协报》2006 年 12 月 18 日、2007 年 1 月 15 日连载。

⑤ 梁涛：《新四书与新儒学》，北京：中国人民大学出版社，2020 年。

前述郑吉雄等学者于21世纪初提出的构建有别于西方诠释学的本土诠释学理论意向，实际上在20世纪80年代便已初露端倪。1987年秋，北京市社会科学院和中国现代外国哲学学会在深圳举办了首届诠释学学术讨论会，邀请德国杜塞尔多夫大学哲学系金置（Lutz Geldsetzer）教授做了“何谓诠释学?”的专题报告。在讨论中，与会学者第一次提出“探讨建立中国的解释学理论”问题，学者认为我们不能墨守国外解释学形形色色的理论，而应当根据我们自己的文化传统来建立有中国特色的解释学理论。[①]1998年，汤一介先生郑重提出“能否创建中国解释学”的问题，其后写了四篇文章讨论此问题[②]。《论创建中国解释学问题》《再论创建中国解释学问题》《三论创建中国解释学问题》三文[③]，指出“中国的‘解释问题’可能有比西方更长的历史”，且无论是“对历史事件的解释”“整体性的哲学解释”，还是“实际（社会政治）运作型的解释”都有很鲜明的特点，并倡议“对中国注释经典做一番历史的梳理”，力求“创建不同于西方解释学的理论体系”。景海峰先生的国家社科基金优秀项目“儒家经典解释学的体系与方法研究”指出，儒家经典诠释学的建构要有中西比较的现代学术视野和立场，以中国传统的资源为基础，着力挖掘经学的内容，重在思想的阐发和义理形态的探索，以体系建构为目标，从而拓展当代儒学发展空间。[④]应该说，上述“创建中国解释学（诠释学）”与“创构儒家经典诠释学”的倡议，很大程度上系对“诠释（解释）问题”在西方乃是源远流长的专门研究对象、西方有各种成系统的“诠释学”这一思想学术现象的主动对标与模仿。当然，提倡者们同时也明确预判：基于中国诠释传统（尤其是儒释

① 洪汉鼎：《诠释学与中国》，《文史哲》2003年第1期。

② 均收入汤一介：《和而不同》，沈阳：辽宁人民出版社，2001年。

③ 汤一介：《论创建中国解释学问题》，《学术界》2001年第4期。《再论创建中国解释学问题》，《中国社会科学》2000年第1期。《三论创建中国解释学问题》，《中国文化研究》2000年夏之卷。按：“诠释学”在汉语学界又译作或称为“解释学”“阐释学”等，兹据洪汉鼎译伽达默尔《诠释学Ⅰ、Ⅱ：真理与方法》（北京：商务印书馆，2010年）统一称为“诠释学”（引文则各仍其旧）。

④ 景海峰：《创构儒家经典诠释学》，《社会科学报》2021年12月16日，第5版。

道三家浩瀚的经典诠释传统），“中国诠释学理论 / 中国诠释学”一定会具有中国或东亚特色。傅伟勋先生的“创造的诠释学”、成中英先生的“本体诠释学”、潘德荣先生的“德行诠释学”、黄玉顺先生的“前主体性诠释学”（或“生活儒学诠释学”）等，皆属于融会中西而具中国或东亚特色的诠释学理论构建。

傅伟勋先生于二十世纪八九十年代提出的“创造的诠释学”[①]，与儒学及中华文化应当以怎样一种姿态迎接现代性发展这一时代课题息息相关，近年来再次引起学界讨论。“创造的诠释学”给出了五个具体可操作的程序或步骤：（1）作者实际上说了什么？这要求创造的解释学家须具备训诂和考据的能力与本事。（2）作者真正要表达的是什么？这里就需要知人论世，包括传记研究，做语言、逻辑等方面的工作，消除文本前后的不一致。（3）作者可能说了什么？这里的“可能说了什么”往往是后人挖掘出来的，它是对创造的解释学家提出的要求。例如，老子可能说了什么？这得由后来的庄子以及一系列著名的解读者，如王弼、僧肇、河上公、憨山大师等来回答。（4）作者本该说什么？这涉及作者思想发展的问题。（5）作为创造的解释学家，应当说什么？在何卫平先生看来，“创造的诠释学”突出“创造”，很大程度上是对西方精神文化精髓的一种借鉴吸收。“中国人重博雅，西方人重创造。中国人强调‘圣作贤述’‘述而不作’‘温故而知新’；西方人强调‘我爱我师，我更爱真理’，崇尚经过自己的探索，发展、推进前人已有成果。傅伟勋的目的是要超越当代新儒家的‘中体西用’的狭隘，以一种更加开放的姿态去吸收西方精神文化之精髓。”[②]简言之，“创造的诠释学”强调问题意识，注重概念分析和逻辑推理，力求以“做哲学”的目的和姿态对待哲学史研究。在“两创”已然成为中国文化发展战略主流取向的今天，傅伟勋先生的“创造的诠释学”概念正在通过引发一系列深入探讨而进一步释放其重要意义。

与傅伟勋先生“创造的诠释学”重在借鉴“西方重创造”的精神略有差

① 傅伟勋：《从创造的诠释学到大乘佛学：哲学与宗教四集》，台北：东大图书公司，1990 年。
② 何卫平：《关于“创造的解释学”——从“哲学的经验”角度重新思考傅伟勋提出的问题》，《天津社会科学》2022 年第 5 期。

异，包括汤一介先生在内的诸多诠释学研究者则试图基于中国传统的儒释道经典诠释传统，构建具有中国特色的“中国诠释学”。迄今，距汤一介先生在世纪之交郑重发出“构建中国解释学（诠释学）”倡议已过去四分之一世纪，“具有中国特色的中国诠释学是什么”是否已有眉目？对此，国际中国哲学界资深学者成中英先生于2023年在《本体诠释学即中国诠释学——兼论中西诠释思想的异同与交融》这篇论文中表示，“经过二十来年的探讨，我们也应该得到一个比较简明的结论”，那就是“本体诠释学即中国诠释学”。成中英先生于2000年在德国海德堡与当代最知名的哲学诠释学家伽达默尔（Hans-Georg Gadamer）见面会谈后，决定回国自行开展对中国哲学中本体与诠释的研究，于2000年出版《本体与诠释》专辑第一册。在2023年发表的《本体诠释学即中国诠释学——兼论中西诠释思想的异同与交融》这篇论文中，他对“本体诠释学”进行了如下概括：“诠释是把过去的语言意义融入现在的语境之中，或把现在的感受融入过去的语言之中。”“由于‘本体’在不同阶段的不同认知的需要，理解本体的基本含义也就成为中国哲学思维的一个重要特征和基本起点。认识本体，旨在理解与说明对本体的思考能够促使我们达到终极的理解和说明宇宙真实与万事万物，其中包含人类创造的文明、文化与文本，这就是所谓‘诠释’。”“诠释离不开本体，本体也不能离开诠释，诠释是一种本体性的认知。本体诠释学是中国诠释学的真正形态，本质上表现为以《易经》的本体宇宙论及其演化为范型的理解理论和诠释方法。”①

潘德荣先生、黄玉顺先生等陆续提出了颇具儒学底蕴的诠释学构想。作为《西方诠释学史》这部对西方诠释学进行系统研究的开山之作的作者，潘德荣先生近年来基于对中国哲学传统中的经学发展状况的关注、对训诂学的一些理论的探讨，以及对《周易》及孔子、朱熹思想的研究，致力于创构“德行诠释学”。潘德荣先生把诠释学的伦理学转向的核心概念定位于“德行”，是受

① 成中英：《本体诠释学即中国诠释学——兼论中西诠释思想的异同与交融》，《学术月刊》2023年第10期。

到了中国诠释传统的影响，特别是孔子删订的《周易》的影响。《周易》中频繁使用的是“德行”，而现在更流行的“德性”范畴却不见于《周易》。潘德荣先生更赞同“德行”为核心的理念，将“德”与“行”作为一个整体来考察，不能见之于“行”的不可称为“德”。诠释学区别于认识论，关键之处就在于这种实践的取向性。德行诠释学一是将中西诠释传统的思想资源作为一个整体予以考察，揭示其互动互补效应；二是将认识论、本体论、德行论的诠释学视为一个整体，继续完善认知性诠释学所揭橥的方法论体系，以便尽可能获取对诠释对象的客观理解。①

“生活儒学”创立者黄玉顺先生近年来亦将论域拓展到诠释学，基于其“生活儒学”中最本源的“前主体”概念提出“前主体性诠释学”。黄玉顺先生认为，应该重新审视国内近年“经典诠释热”中的所谓“诠释学”。目前凡以某种方式解释经典乃至传统的注释方法都被冠以“经典诠释”，这其实是对“诠释”的误解；不仅如此，即便严格遵循伽达默尔哲学诠释学方法也是值得商榷的。真正的经典诠释并非某种既有的诠释者和被诠释经典之间的事情，即既非“我注六经”，也非“六经注我”，而应当是“注生我经”——“注释”活动“生成”了“我”和“经典”，即诠释者和被诠释的经典都是在诠释活动之中生成的。这种注释活动乃是生活的一种显现方式。作为诠释者的“我”和作为被诠释文本的“经”都是在“注”这种活动之中给出的，因而“注”之后的“我”已不再是之前的“我”，而“注”之后的“经”也不再是之前的“经”了。简言之，经典是被诠释出来的经典，而诠释是当下生活的事情。唯有如此，经典和主体才能不断获得新开展的可能性。②

总之，儒学研究的现代化首先体现为儒家经典诠释的现代化，这就要求研究者具有与之相称的诠释学意识。二十世纪八九十年代至二十一世纪头十年，学者傅伟勋、汤一介、黄俊杰先后提出“创造的诠释学”“创建中国解释

① 潘德荣、戴兆国：《德行诠释学建构的辨与思——潘德荣教授学术访谈录》，《安徽师范大学学报（社会科学版）》2024 年第 3 期。

② 黄玉顺：《前主体性诠释：中国诠释学的奠基性观念》，《浙江社会科学》2020 年第 12 期。

学”“建构具有东亚特色之经典诠释学”等主张和倡议，近十年来在学界引起深刻回响。刘笑敢、林安梧等学者持续对“以西解中”的“反向格义”或“逆向格义”现象进行反思，要求重新树立儒家经典在儒学研究中的主体地位。在从事具体的经典诠释研究的同时，中外儒学研究界的相关学者们纷纷提出自己的诠释学构想。潘德荣近年来在《易传》等中国诠释传统影响下推动诠释学的伦理学转向，提出“德行诠释学”构想。黄玉顺则基于其“生活儒学”回归本源的诉求，提出了以“注生我经”为标识的“前主体性诠释学”。而成中英直到2024年逝世前仍在积极推介其“本体诠释学”。基于儒家视角和底蕴的诠释学创构已经与具体经典的创造性诠释研究形成良性互动之势。

## 二、传统经典的创造性诠释

进入二十一世纪之后，中国哲学界的儒学研究者日益表现出“理论创新”或“义理创发”焦虑。上一节中提到的余敦康先生2005年现身说法的“搞了一辈子，无非搞的是哲学史，没有搞哲学”“就我来说，我没有哲学，我没有思想”这一巨人遗憾，是这种焦虑的一个重要体现。陈少明先生将自己多年来关于学术理念及方法论的反思结集为《做中国哲学》一书并于2015年出版，提出“我们的经典研究不能局限于传统的注疏之学，也不能偏向于通往西方的格义之学，而应该同时发展出与现代生活经验相关联的诠释之学”，在中国哲学研究界引起较为广泛的共鸣。与“理论创新”或“义理创发”的焦虑与诉求相伴随，二十一世纪以来，中国哲学界陆续涌现了一系列对儒家传统经典进行创造性诠释而产生的思想学术宗旨。汉语学界的儒学研究者们越来越自觉地将创造性的经典诠释投入儒学的“理论创新”或“义理创发”，西方的中国哲学研究者在这方面出发得更早。

波士顿儒学“河南派”对儒家之“礼”的跨文化诠释，显示出传统儒学资源的创造性转化、创新性发展之于当今世界哲学与文化发展的建设性意义。顾立雅（Herrlee G. Creel）的专著《孔子与中国之道》[①] 是美国汉学思想史领域第一部关于《论语》诠释性的著作，赫伯特·芬格莱特《孔子：即凡而圣》[②] 从此书中汲取了一些观点。尽管赫伯特·芬格莱特之书旨在还原孔子思想，但其以“礼”为孔子思想核心的诠释还是显示出了强劲的学术冲击力，其对“礼”的研究范式在美国汉学界引发了本杰明·史华兹、葛瑞汉（Angus C. Graham）以及夏威夷儒家郝大维、安乐哲等学者的对话和争论。2000 年前后，美国波士顿儒学成为一个引人注目的思想学术观点与文化现象。查尔斯河南面的“河南派”以白诗朗（John Berthrong）、南乐山（Robert C. Neville）为代表人物，呼吁复兴儒家礼仪制度。他们认为一定的社会形式和举止规范对建构和谐社会具有必要的积极意义，呼吁重视荀学传统中关于规范性文化的礼仪理论，应将“隆礼”的《荀子》列入儒家经典，应将《荀子》和四书以及朱熹、王阳明等人的著作作为美国大学教育的课程。南乐山将儒家礼仪与实用主义的符号学进行比较，从符号学的角度解读儒家礼仪制度，并把“主题分析”方法综合过程神学、实用主义和儒学。相关成果体现在《波士顿儒学：后现代社会的便携式传统》[③] 等著作中，显示出了“从儒家思想和西方哲学，特别是基督教的双重资源中进一步发展当代哲学”[④] 的思想学术雄心，在中外儒学研究界引起广泛关注和评议。

夏威夷大学哲学系成中英、安乐哲等的儒学研究，将诠释学、过程思想、实用主义与《周易》《中庸》等儒家经典熔铸于一炉，以此追求在西方哲学语境下的“理论创新”或“义理创发”。成中英的《易学本体论》初版于 2006

① 顾立雅：《孔子与中国之道》，郑州：大象出版社，2004 年。

② 赫伯特·芬格莱特：《孔子：即凡而圣》，彭国翔、张华译，南京：江苏人民出版社，2002 年。

③ Robert C. Neville, *Boston Confucianism: Portable Tradition in the Late-Modern World*, Albany: State University of New York Press, 2000.

④ Robert C. Neville, *Ritual and Deference: Extending Chinese Philosophy in a Comparative Context*, Albany: State University of New York Press, 2008.

年出版，该研究将《易》看作一本形上学、本体论的哲学书，通过创造性诠释开发出“本体诠释学”。“本体诠释学”最核心的部分，就是由太极阴阳五行变化观得来的“太极创化模型”，强调“对世界的认识是本体的一个活动”，“其中包含本而动、动而体、体而存、存而化的变化过程”。[①] 这实际上是对《易》与当代西方哲学家如怀特海（Alfred N. Whitehead）与海德格尔等的思想的相互诠释与综合熔铸。安乐哲、郝大维的《中庸》英译及注释，以“零售借鉴”的方式对《中庸》进行跨语言、跨文化的哲学诠释。以《中庸》中的“诚”字翻译为例，安乐哲、郝大维一改以 sincerity 或 integrity 译“诚”的惯例，转而将《中庸》之“诚”与怀特海过程哲学中的“创造性”概念相勾连，强调创造性是交互性和多向度的，既具有自我创造性（self-creativity），又具有共同创造性（co-creativity）。这种诠释将宋代学者徐仲车强调的“诚”的动态性、陈荣捷认为的“诚”是一种“积极的力量”、唐君毅关于“诚”的“继续本身”的理解，同杜威的实用主义、怀特海的过程思想进行了有效关联[②]，一方面实现了对儒家经典的跨文化新诠，另一方面亦借助深厚的中国哲学传统对 20 世纪西方哲学界的新兴思潮或思路进行了加持。

张祥龙先生和蒋庆先生是中国学界较早通过经典诠释从事理论探索的学者，《〈尚书·尧典〉解说》与《公羊学引论》可视为两位先生对传统经典进行创造性诠释的代表作。张祥龙先生长期致力于从现象学视角诠释儒家经典，被认为是现象学进路儒学研究的真正开创者，也是目前在这条路上走得最远、成就最大的学者。张祥龙先生于 2015 年出版的《〈尚书·尧典〉解说》一书，再次体现了“现象学解经”的特质，特别值得强调的是，这种“现象学解经”不是将既定的现象学理论“读进”儒家经典，而是现象学与儒家哲学的相遇、会通，给现象学带来一次全新转向，即儒学转向，促成一种崭新的现象学形态，

① 成中英、叶骏:《旧学商量加邃密，新知培养转深沉——成中英教授的学术访谈录》,《社会科学论坛》2023 年第 6 期。

② 杨文地、唐嘉敏:《中国典籍核心概念英译研究——以安乐哲、郝大维〈中庸〉英译为例》,《翻译研究与教学》2023 年第 2 期。

即“儒学现象学”。张祥龙先生认为，当儒家以“家”尤其是构成家之核心的“亲亲孝慈”这样一种时间性为意义之本源时，恰恰是回到了真正的实事本身。这一做法被认为是将现象学所一直追寻的原初时间，从意识时间、存在时间、伦理时间，最终落实到或还原为亲亲时间，并以亲亲时间这一时间形态为一切时间形态中最原初的形态。[①]《公羊学引论》是蒋庆先生的第一部著作，也被认为是他迄今为止影响最大的一部著作。所谓“公羊学”，是指以《公羊传》为主来讲《春秋》的学问。除了《公羊传》一书外，儒家五经中反映孔子“春秋”思想的内容、汉代董仲舒以至何休诸人阐发“春秋”口义的经说、汉代以后研讨《公羊传》的各种思想，皆为“公羊学”所包含。正是在先辈学者们创造性转化的基础之上，蒋庆先生一方面大力纠弹以古史辨派学者为代表的现代史学研究对公羊学的涂污，以恢复对经典、经史、前贤的应有敬意；另一方面循着新儒家所开创的路向，把中国古代的思想资源和现代化的学术建设结合起来，寻求中国文化发展的未来之路。和新儒家不同的是，蒋庆先生在《公羊学引论》一书中表达出一种更为急切的社会制度建构的愿望，将公羊学资源和现代政治理念嫁接起来，做了许多大胆的论断和臆想性的憧憬。他认为儒学可分为心性儒学和政治儒学，心性儒学以宋明理学为代表，而公羊学则代表了政治儒学。[②] 这一判分后来一度升格为所谓的“陆台新儒家之争”。

2014 年，陈来先生出版《仁学本体论》，被认为是中国哲学史研究者自觉转向“理论创新”或“义理创发”的一个重要标志。在先前朱熹、王阳明、王船山，以及宋明儒学通史、古代宗教与伦理、中国近世思想史等领域已有的专深博厚基础上，《仁学本体论》继承并发扬了古典儒学的仁论、道体论等，批判地吸收了近代以来的中国哲学本体论，在综合的基础上加以发展，从而将儒学的仁论演为仁学的本体论。《仁学本体论》很大程度上是在深度诠释宋明儒学代表性论述的基础上“接着宋明儒学讲”，其哲学建构既是对儒家古典仁学

---

① 朱刚：《亲亲为大：现象学的儒学转向与儒学现象学》，《哲学动态》2024 年第 1 期。

② 景海峰：《〈公羊学引论〉与公羊学》。网址：http://www.chinakongzi.org/xueshu/jinghaifeng/202102/t20210226_514901.htm。

的传承，也是对近代以来中国哲学本体论的接续与回应，是当代儒家哲学的综合创新之作。近年来，温海明先生的《周易明意》、杜维明先生和梁涛先生主编的《统合孟荀与儒学创新》、谢文郁先生的《中庸》新解系列论文、陈明先生的《易庸学通义》等著述，皆显示出了通过创造性的经典诠释而刷新儒家义理的旨趣。

总之，面对世界文明交流互鉴、传统儒学现代转型的时代课题，并受哲学诠释学思想解放效应之鼓舞，中外儒学研究者日益加大了思想理论创新研究的力度。如郭齐勇、陈卫平等学者所言，儒学正在成为当今世界的思想“活水”。安乐哲认为西方思想文化界正在兴起“一场真正的革命”，其实质是对西方自文艺复兴之后形成的“传统”思维方式、路径和结论进行反思、质疑和补救，儒学等中国文化资源恰好能够提供西方传统自身无法提供的参考模式和借鉴基因。在思想理路上，美国儒学界波士顿学派的白诗朗、南乐山与夏威夷大学哲学系的成中英、安乐哲等学者，力求将基督教神学、诠释学、过程思想、实用主义等西学资源与儒家经典熔铸于一炉，对《荀子》《中庸》《周易》等经典文本做出了跨文化的创造性诠释。在中国，张祥龙长期致力于将当代西方现象学关于“时间”意识的分析与儒家“孝”道思想进行深度沟通。有学者致力于将儒家公羊学资源和现代政治理念嫁接起来。陈来《仁学本体论》被认为是中国哲学史研究者自觉转向思想理论创发的一个重要标志。杨国荣则通过《人与世界：以“事”观之》等著作，将儒家的“经世致用”“赞天地之化育”传统与道家、法家诸子及古今西学资源熔铸转化为“具体形而上学”。董平长期致力于宋明哲学研究，提出以吕祖谦为代表的“浙东学派”是“历史哲学学派”，与朱熹理学、陆九渊心学鼎足而三，为北宋以来“新儒学”运动所达成的基本思想形态之一。这些学术成就近年来影响广泛，颇受推重。

## 三、“经学复兴”突破哲学固有领域与经学研究多元化展开

经学复兴是当今儒学研究界的一个重要现象。中华文明是一种礼乐文明，

在传统经学体系中，礼学是非常核心的一门学问，但自从现代学科体系建立以来，礼学研究被分散在哲学、历史学、文献学、社会学、人类学、法学等各个学科当中，失去了其独立的地位。鉴于此，清华大学、浙江大学、中国人民大学、北京大学都成立了礼学中心，旨在系统地梳理古代的礼学研究传统、整理重要的礼学文献，在世界的文明体系中凸显礼乐文明的独特之处。研究者指出，礼有两个层次。第一个层次是作为典礼的礼仪，可对应于英文的 ritual、rite、ceremony 等。《仪礼》十七篇中所讲的，多为这个层面上的礼，如果《乐经》没有佚失，它讲的应该也是这个层面上的乐，即 music。第二个层次是礼制，可以包括社会政治制度的各个方面，对应于西文的 nomos 和 harmonia。现代人所理解的家庭、政治、社会、经济、宗教、军事、法律、文化、教育、艺术，以及文明生活的诸多方面，皆可视为广义的礼乐制度。[①] 经学复兴包含上述两个方面。

经学复兴面临的一大学术理念问题，就是如何看待经学与中国哲学的关系。儒学研究者往往出身于哲学与思想史专业，这导致哲学手法成为儒学研究的主流路数。然而，狭义的哲学导源于古希腊，后又与基督教传统深度融合，以哲学手法研究包括儒学在内的中华传统文化是否适切，是百余年前中国哲学学科创设以来被不断提出的一个问题。21 世纪以来，中国学界展开了一场声势浩大的“中国哲学的合法性问题”大讨论。有的学者站在“哲学”本位上，并不看好经学研究。例如，赵汀阳在《中国哲学的身份疑案》一文中认为，中国思想虽然本来具有理论性，但“经学传统和心学传统对学术的轮流统治导致了理论性的退化”。[②] 另有许多学者强调中国哲学的特质，指出中国哲学界已经厌烦了围绕着西方哲学的“指挥棒”来转。[③] 在中国哲学学科合法性问题被热烈讨论之时，国学的振兴被重提了出来。国学中，用来表达中国自身思想传

① 吴飞:《礼乐文明的构成:“文质论”社会理论初探》,《社会》2023 年第 5 期。

② 赵汀阳:《中国哲学的身份疑案》,《哲学研究》2020 年第 7 期。

③ 彭永捷:《论中国哲学学科存在的合法性危机——关于中国哲学学科的知识社会学考察》,《中国人民大学学报》2003 年第 2 期。

统的学科分支——经学，重新得到了重视。“中国哲学史学科合法性问题讨论，虽然并未完全解决中国哲学史自身的问题，但却给儒学在当代的发展带来了解放。哲学仍然可以作为儒学发展的一个路径，但儒学在当代并不是一定要成为哲学，哲学不是儒学在当代的唯一出路，因为在哲学之外，儒学还可以复活经学，开展经学思想史研究去整理儒学思想史，开展经学研究去发展当代新经学。”①2005 年，中国人民大学在国学院下设经学研究所，一定程度上从建制上赋予了经学研究在当代学术体系中名正言顺的位置，亦部分缓解了“中国哲学的合法性问题”之于中国哲学学科的压力。

四卷本《中国经学思想史》的撰写与出版，称得上是 21 世纪以来经学研究复兴的标志性成果。这套中国经学思想通史由姜广辉先生主编、中国社会科学出版社于 2003—2010 年间出版，一定程度上可谓集专业学者之大成。该经学思想通史的撰写理念，是将传统经学史视为反映中国文化价值体系的根干加以展现。以往的经学研究，着眼于记叙经学发生、传承、演变的过程，如：记叙历史上哪些书被作为经典、立为官学，什么人曾经传经，什么人曾为之作注作疏，不同注疏之间的异同比较，哪种注疏悬为功令、成为钦定的科举考试科目，等等。历史上关于这些问题，有许许多多现成的文献资料，只要花工夫去搜集并对之加以对比分析，就可以写出有关经学史的著作。但更重要的问题是：经学所赖以产生的历史条件和社会需要是什么？推动经学发展的持续的历史动力是什么？它所反映的仅仅是统治阶级的权力意志，抑或也是社会共同体价值规范的反映？四卷本《中国经学思想史》不是把经学当作一种古董知识来了解，而是通过经典诠释来透视其时代的精神和灵魂；不只是对经学演变的历史轨迹做跟踪式的记叙，而是对经学演变的历史原因做出解释；不只是流连那汗牛充栋的经注的书面意义，而是把它当作中国古代价值理想的思想脉动来理解。

与宋明“理”学相对，“礼”学当属经学研究的腹地，也是经学研究的难

① 彭永捷：《中国哲学史学科合法性危机问题的再思考》，《社会科学文摘》2018 年第 7 期。

点。近年来，除了重印诸如清人孙诒让《周礼正义》[①]、推出日本学者吾妻重二汇校的《朱子家礼宋本汇校》[②]之外，礼学研究界亦聚焦礼学史上最为关键的郑玄礼学。郑玄贯通三礼完成《三礼注》，成为历史上以一己之力全注三礼的第一人。百代以来的礼学研究者，均奉郑注为不祧之祖，从《五经正义》到《十三经注疏》，礼书之注均采郑注，"礼是郑学"为不刊之论。进入21世纪，郑玄礼学的研究有着较为明显的进展，论著数量大幅度增多，研究范围和方法趋向扩大化、多样化发展，且有研究郑玄《三礼注》的专著出版。较有代表性的著作主要有：王锷《三礼研究论著提要》、王启发《礼学思想体系探源》、史应勇《郑玄通学及郑王之争研究》、杨天宇《郑玄三礼注研究》[③]等。与此同时，清代与近现代礼学大家的代表作亦陆续整理出版。例如，张锡恭的礼学研究，可以算作清代礼学殿军。张锡恭潜心研究三礼，以郑玄为宗，兼攻百家之说。吴飞教授历经多年，终于2017年将张锡恭最重要的著作《丧服郑氏学》(全书共十六卷，五十四万字）点校完毕，由上海书店出版社出版。又如，吴承仕先生作为章太炎先生弟子，一方面深入研究传统礼学，特别是丧服学，另一方面积极研习社会科学方法，并接受了唯物史观，乃民国学术界的礼学大家。吴承仕先生长期规划并撰写《三礼名物》，自觉运用社会科学方法研究传统礼学，既注意将礼学作为古代意识形态来研究而非盲目坚持古人的价值判断，也不像疑古派那样轻易否定古史，或盲目将现有社会科学理论套在中国古史上面。这种研究方式既尊重古典学问的内在理路，又有效使用现代学术方法，对今日的经学研究有很大的借鉴意义。2021年，徐渊先生主持的"吴承仕《三礼名物》整理与研究"获国家社科基金后期资助项目立项，《三礼名物》整理本及专题研究成果即将面世。

---

① 孙诒让:《周礼正义》，王文锦、陈玉霞点校，北京：中华书局，1987年。

② 吾妻重二:《朱子家礼宋本汇校》，上海：上海古籍出版社，2020年。

③ 王锷:《三礼研究论著提要》，兰州：甘肃教育出版社，2001年。王启发:《礼学思想体系探源》，郑州：中州古籍出版社，2005年。史应勇:《郑玄通学及郑王之争研究》，成都：巴蜀书社，2007年。杨天宇:《郑玄三礼注研究》，北京：中国社会科学出版社，2008年。

经学研究的扎实复兴，离不开经学核心典籍《十三经注疏》优质整理本的支撑。《十三经注疏》是我国古籍中的基本典籍，是中国经学史上汉唐经学成就的代表，与“二十四史”构成传统典籍的骨干，历来受到研习中国传统学者的最高重视。新中国成立后，“二十四史”已经由国家组织优秀学者整理出版了迄今最好的点校本，并由中华书局出版，成为具有时代特点的通行本。遗憾的是，具有中国特色、代表当代最高学术水准的《十三经注疏》没有和“二十四史”同时产生。近年来，学术界和出版界虽然做出了不少努力，出版了若干《十三经注疏》点校本，但是要达到中华书局“二十四史”点校本的水平，仍要付出艰辛的努力。杜泽逊先生领导的《十三经注疏》整理与研究工程就是发挥各协同单位古典学术研究的优势，尤其是在古籍整理领域的学术优势，去填补这一学术空白。《十三经注疏》整理与研究工程作为一个系统的学术工程，包括《十三经注疏》汇校、《十三经注疏》标点通行本和《十三经注疏》专题研究等内容。其中《十三经注疏》汇校是基础性工作。《十三经注疏》汇校将以北监本与单疏本、八行本、十行本、李元阳本、汲古阁本、武英殿本、《四库》本、阮元本分头对校，形成八份校勘记，最终将八份校勘记合成一份校勘记。在汇校的基础上，还将组织《十三经注疏》点校工作。《十三经注疏》点校工作将根据中华书局点校“二十四史”的体例，选择各经注疏内容较全、错误较少的版本为底本，其他版本为校本，最终形成一部错误最少、附有简明校勘记的通行本。目前，《尚书注疏汇校》已由中华书局于 2018 年出版。该书所用底本为明万历北京国子监刻《十三经注疏》本，所用校本共 18 种：唐开成石经本、宋刻单疏本、宋刻八行本、李盛铎旧藏宋刻本、宋王朋甫刻本、宋刻纂图互注本、宋魏县尉宅刻本、蒙古平水刻本、宋魏了翁《尚书要义》、元相台岳氏刻本（清乾隆重刻）、元刻明修十行本、明永乐刻本、明嘉靖李元阳刻本、明崇祯毛氏汲古阁刻本、清乾隆武英殿刻本、清乾隆内府钞《文渊阁四库全书》本、清乾隆内府钞《摛藻堂四库全书荟要》本、清嘉庆阮元南昌府学刻本。同时吸收了 15 家前贤，尤其是清代学者的校勘成果。杜泽逊先生在整理编纂《尚书注疏汇校》的过程中撰写而成的《尚书注疏校议》，亦于 2018 年出版。

该书在遍查《尚书注疏》存世重要版本的基础上，对其中的重要异文择要撰写札记，加以按断，其中既有对异文来龙去脉的梳理，也不乏对《尚书》义理的阐发。

总之，近十多年来，在21世纪初兴起的“中国哲学的合法性问题”大讨论刺激下，如何看待经学与中国哲学的关系问题进一步显题化。一方面，有的学者站在“哲学”本位上，并不看好经学研究；另一方面，彭永捷等学者认为，可以通过复兴经学突出中国哲学的特质。与现代学科体系解构传统儒家经学这一态势相反，中国人民大学在国学院下设经学研究所，一定程度上从建制上赋予了经学研究在当代学术体系中名正言顺的位置，也部分缓解了“中国哲学的合法性问题”之于中国哲学学科的压力。陈卫平则敏锐地注意到，“综合单个学科的经学研究的兴盛无疑是十分引人瞩目的。这样的研究不仅仅是对经学的历史进行再梳理、再审视，而是强调儒家的‘六经’是中华民族的经典”。他还指出：“经学在传统社会是封建统治的重要政治安排，有着较强的政治意涵。因此，近十年来随着经学研究的盛行，儒家政治哲学也在儒学研究领域崛起为显学。”①

① 陈卫平:《学术中国化的转向与十年来的儒学研究新向度》,《孔子研究》2024年第1期。

# 第四章

# 儒学史研究突显现代性与世界性视野

儒学史研究，一直是国际儒学研究的重镇。一方面，世界各地的儒学研究虽然受到视角差异、方法差异以及文化背景差异等多重影响，但是始终无法脱离儒学史的内容本身；另一方面，近十年来，随着国际儒学的不断发展，全球范围的儒学史研究更加突显现代性与世界性的双重特征。基于以上两方面的特点，本章将提炼出儒学史研究中几个较为集中的议题，展现近十年来在百年未有之大变局加速演进的大背景下国际儒学研究的成果。

## 一、多重视域下的汉学与宋学之争

自清以降，汉学与宋学之争跃居学界前沿，映照出不同学术流派之间的理念碰撞，以及传统学术现代转型的繁复图景。近十年来，该领域研究成果斐然，研究视角多元，是儒学史研究的重要组成部分。

所谓“汉学”，肇始于汉代，其治学特征是广涉经典的名物训诂，随着清代汉学的复兴，其实证精神旨在对经典原义的复原与阐释。“宋学”则以宋明理学为主，即以儒学义理的阐发为核心，强调心性修养与对儒家经典的深层理解，大致有程朱理学和陆王心学两大流派。汉学与宋学之争，其实质在于治学理念与研究方法的根本差异。清初，受到朴学风气的推动，汉学渐盛，与宋学形成鲜明对比。汉学一派批评宋学空谈义理，力推实证考据；宋学一派则反讥汉学沉溺琐碎考证，忽视儒学精髓。其争论涉及儒家经典的解读、传统文化的承继等诸多议题，深刻地影响了儒学发展的走向。当前国际儒学研究领域“汉宋之争”的研究较为多样，以下将分而述之。

### （一）全球范围内汉学、宋学研究的新进展

#### 1. 汉学研究成果大量涌现

近年来，学界不仅对汉代儒家经典方面的《春秋》经学、公羊学等进行深入研究，还探讨了汉代知识形态的变化和儒学发展状况，为理解汉代儒学的演变、特点和发展脉络提供了新的思考。其中，日本学者斋木哲郎的《后汉儒

学与〈春秋〉》[①]、井ノ口哲也的《后汉经学研究序说》[②]在探讨汉代经学的特点和发展脉络方面有所推进，而滨久雄的《中国思想论考——公羊学及其相关研究》则专注于公羊学及其周边思想的研究，揭示了公羊学在汉代思想体系中的独特地位和影响。[③]韩国全南大学出版文化院在 2019 年出版了《东汉的儒学思想》，尹知元则在 2020 年发表了《汉初知识形态的变化和儒学——以董仲舒的政治思想为中心》，深入考察董仲舒的政治思想，不仅揭示了汉代初期知识形态的变化，还深入探讨了儒学在这一时期的发展状况。[④]

在非儒家文化圈，德国海德堡大学尼古拉·克里斯蒂安·斯塔图（Nicolae C. Statu）和鲁道夫·瓦格纳（Rudolf Wagner）出版了《对扬雄〈法言〉研究的贡献》。2017 年，法国汉学家罗逸东（Béatrice L'Haridon）在复旦大学做了以"史传论赞与修身哲学的关系"为题的报告，主要讨论了《论语》《法言》《史记》的相关问题。

近年来，汉学研究的发展趋势大致可以归纳为以下三个方面。第一，研究领域不断拓展。汉学研究不仅关注传统的经学、儒学等领域，还逐渐拓展到思想史、政治哲学、文学等多个领域。第二，应用跨学科研究方法。当前汉学研究越来越注重跨学科的研究方法，将历史学、哲学、文学等多个学科的知识和方法相结合，以更全面、深入地理解汉学。例如，对董仲舒政治思想的研究，就从政治思想的角度出发，为理解汉初儒学的复兴和转型提供了新的视角。第三，国际化趋势明显。随着全球化的推进，汉学研究也逐渐走向国际化。同时，国内学者也积极与国际学术界进行交流与合作，共同推动汉学研究的发展。

① 斋木哲郎:《後漢の儒学と〈春秋〉》，东京：汲古书院，2018 年。

② 井ノ口哲也:《後漢経学研究序説》，东京：勉诚出版社，2015 年。

③ 滨久雄:《中国思想論攷——公羊学とその周辺》，东京：明德出版社，2014 年。

④ 윤지원 : 한초 ( 漢初 ) 지식지형의 변화와 유학 董仲舒의 政治思想을 中心으로 , 유교사상문화연구 , 2020, 통권 82 호 .

2. 宋学研究不断推进

近十年来，宋学研究成果丰硕，学界在多个方面取得了显著进展。国内外学者们集中探讨了宋代学术脉络及朱熹、湖湘学派等的哲学理念，例如陈来、张学智、朱汉民等做了深入探索，不仅分析了宋代学术氛围和思想的特点，还探讨了朱熹等宋学代表人物的哲学理念和道德实践。同时，也有学者关注朱子学与现代思想的联系，以及对朱子学的批判性认识。这些研究共同推动了宋学研究的深入发展，以日本学者的研究成果为例，其主要集中在两个方面：一方面是宋学文献研究，如青木洋司的《宋代〈尚书〉诠释研究》①、吾妻重二等的《〈朱子语类〉译注》②、中纯夫的《〈朱子语类〉译注》③ 等；另一方面是哲学思想研究，如垣内景子的《朱子学入门》④、宫下和大的《朱熹修养论研究》⑤、中田胜的《王阳明・徐爱“传习录集评”》⑥、严锡仁的《东亚视域下日本朱子学的定位：琦门学派的理气心性论》⑦、下川玲子的《基于朱子学的权利思想考察》⑧、间野潜龙的《朱子与王阳明：宋明新儒学视域中的〈大学〉思想》⑨、福田殖的《福田殖学术文选（卷一）：宋元明时期朱子学与阳明学》⑩ 等。

另外，在韩国学界，延在钦于 2019 年发表的研究论文《朱熹的忠恕观研究》中，探讨了朱熹关于“忠恕”的独特见解，这实际上就触及了“汉宋

① 青木洋司：《宋代における〈尚書〉解釈の基礎的研究》，东京：明德出版社，2015 年。
② 吾妻重二、秋冈英行、白井顺、桥本昭典等：《〈朱子語類〉訳注》，东京：汲古书院，2015 年。
③ 中纯夫：《〈朱子語類〉訳注》，东京：汲古书院，2015 年。
④ 垣内景子：《朱子学入門》，京都：ミネルヴァ书房，2015 年。
⑤ 宫下和大：《朱熹修養論の研究》，柏市：丽泽大学出版会，2016 年。
⑥ 中田胜著，铃木利定监修：《王陽明・徐愛“伝習録集評”》，东京：明德出版社，2016 年。
⑦ 严锡仁：《東アジアにおける日本朱子学の位相 崎門学派の理気心性論》，东京：勉诚出版社，2015 年。
⑧ 下川玲子：《朱子学から考える権利の思想》，东京：ぺりかん社，2017 年。
⑨ 间野潜龙：《朱子と王陽明 新儒学と大学の理念》，京都：清水书院，2018 年。
⑩ 福田殖：《福田殖著作選 1　宋元明の朱子学と陽明学》，东京：研文出版社，2016 年。

之争”的核心议题。延世大学的罗钟夷教授2020年在其题为“朱子学和大同思想——对朱子学批判性认识的新倾向”的发言中，探讨了朱子学与现代“大同”思想之间的联系，以及对朱子学进行批判性认识的新趋势。

宋学研究一直是儒学史研究的重镇，近十年来，宋学研究在非儒家文化圈同样也取得了显著进展。俄罗斯汉学家谢梅年科（И.И. Семененко）2016年发表了《朱子读书法：与圣贤对话》，分享了其对朱熹注释经典所使用的宋明儒学方法的理解。卢基扬诺夫（Анатолий Евгеньевич Лукьянов）的《周敦颐与儒家哲学的复兴》则对宋学鼻祖周敦颐进行探讨。瑞士汉学家耿宁的专著《人生第一等事——王阳明及其后学论“致良知”》深入阐释了王阳明的“致良知”学说及其三个不同的“良知”概念，以及王阳明后学之间关于“致良知”的讨论。[①] 还有德国莱比锡大学安妮·菲利普（Anne Philipp）的著作《王弼的文化之路：论宋代儒家概念形成的准备阶段》，其在“汉宋之争”的大背景下，注意到了关键人物王弼的地位。[②] 苏费翔（Christian R. Soffel）则专门撰有《宋人道统论——以朱子为中心》和《南宋时期的〈中庸〉与道统——历史与学术背景》。[③] 法国汉学家戴鹤白（Roger Darrobers）2022年出版了《朱熹——儒家哲学的要素：至高无上、理、气、自然、心》，这是继他与杜杰庸（Guillaume Dutournier）共同翻译《朱陆太极之辩》后的又一力作。[④] 此外，比较重要的还有美国著名汉学家安靖如（Stephen C. Angle）的《圣境：宋明理学的当代

① Iso Kern, *Das Wichtigste im Leben–Wang Yangming (1472–1529) und seine Nachfolger über die "Verwirklichung des ursprünglichen Wissens"*, Basel: Schwabe Verlag, 2010.

② Anne Philipp, *Wang Bi's Weg hinter die Kultur: zum Abstraktionsgewinn im Vorfeld des Songkonfuzianismus*, Leipzig: Leipziger Universitätsverlag, 2001.

③ 苏费翔：《宋人道统论——以朱熹为中心》，《厦门大学学报（哲学社会科学版）》2015年第1期。苏费翔：《南宋时期的〈中庸〉与道统——历史与学术背景》，肖永明、喻志译，《湖南大学学报（社会科学版）》2015年第4期。

④ Roger Darrobers, *Zhu Xi—Éléments de Philosophie Confucéenne: Faîte Suprême, Principe, Énergies, Nature, Cœur*, Paris: éditions You Feng, 2022.

意义》。[1] 以上非儒家文化圈学者的论著，都是在“汉宋之争”的关切下，对宋明儒学提出的独到见解。

可见，宋学研究在全球范围内呈现出跨地域、跨学科的多元化发展趋势。这些研究涵盖了宋学的多个方面，包括经典注释方法、儒家哲学复兴、道德实践、人性论等，为我们更全面、更深入地理解宋学提供了重要的学术支撑。同时，学者们也关注宋学与现代思想的联系。整体而言，当前宋学研究正不断深入，展现出其丰富的学术内涵和广泛的现实影响。

### （二）“汉宋之争”的核心问题

通过对学界“汉宋之争”问题的梳理，可以发现，汉学和宋学的分歧集中在经典诠释的理路差异上。学者们不仅关注“汉宋之争”的定义和立场，还深入探讨了其产生的过程以及汉宋区别出现的原因。因为汉学和宋学在理解儒家经典时采用不同的方法和思路，导致了两者之间的学术争议和思想分歧。这一分歧不仅体现在对经典文本的解释上，还涉及对儒家思想的理解和传承。下面围绕三个方面展开讨论。

#### 1.“汉宋之争”的本质与影响

“汉宋之争”的本质是汉学与宋学在经典诠释、治学方法、学术理念等方面的分歧。汉学，以严谨的考据、对文字训诂的重视，以及对古代典章制度的研究为特点，强调回归经典文本，力求恢复儒家思想的原始面貌。而宋学，侧重于义理的探索，强调心性之学，试图通过内在修养达到道德完善，从而实践儒家理想。这两种学术取向的差异，构成了“汉宋之争”的核心。可以说，“汉宋之争”不仅推动了儒家思想的多元化发展，而且其影响还延续到现代儒学研究中。

近十年来，有关“汉宋之争”的本质与影响的研究成果不断涌现。刘长春在《汉宋之变与中国早期现代性——基于儒家“成德”路径转变的视角》中，分析了“汉宋之变”如何影响儒家思想的现代转型，以及这种转型如何蕴含中

① 安靖如:《圣境:宋明理学的当代意义》，吴万伟译，北京:中国社会科学出版社，2017年。

国早期现代性的萌芽。[①] 曹志林在《论清中叶“汉宋之争”背景下汉学学者的思想转变——以清代学风渊源的三种观点为例》中，阐述了汉学学者在“汉宋之争”背景下如何从不同角度审视学术传统，进而推动学术思想的转变。[②] 姚彬彬在《清代以来“汉学”与“宋学”分野观念之形成及其内在两难》中，指出汉学与宋学分野并非简单的“考据”与“义理”对立，而是解释模式上的简化与泛化。[③] 这些研究共同揭示了“汉宋之争”的深刻内涵，及其对中国学术思想发展的深远影响。

2. 汉宋学术分歧与经典诠释

汉学家与宋学家对儒家经典的不同诠释，不仅丰富了儒学的内涵，也塑造了不同学派对儒家思想的理解和传播方式。汉学的严谨考据和实证精神，使得儒家经典得以更加准确地传承和发扬；而宋学的义理探索和实践精神，则推动了儒家思想在个体修养和社会实践中的广泛应用。这两种诠释路径相辅相成，共同构成了儒家思想丰富的面貌。此外，“汉宋之争”的儒学研究思路还深刻影响了东亚儒学经典诠释的发展。

近十年来，与经典诠释主题相关的研究可以说是最丰富的。景海峰《儒家经典解释中的汉宋之争》探讨了“汉宋之争”对儒家思想系统理解的影响，及其在现代学术研究中的地位。[④] 向世陵《“渝平”与“输平”——〈春秋·隐公六年〉经文的汉宋之解》通过对比汉宋对《春秋》经文的解读，展现了经学解释的多样性。[⑤] 殷慧、刘文鹏《从“乐由中出，礼自外作”看汉宋礼学诠释

① 刘长春：《汉宋之变与中国早期现代性——基于儒家“成德”路径转变的视角》，《学术界》2021 年第 3 期。

② 曹志林：《论清中叶“汉宋之争”背景下汉学学者的思想转变——以清代学风渊源的三种观点为例》，《古典文学研究》2022 年第 1 期。

③ 姚彬彬：《清代以来“汉学”与“宋学”分野观念之形成及其内在两难》，见《人文论丛》（总第 39 卷），武汉：武汉大学出版社，2023 年。

④ 景海峰：《儒家经典解释中的汉宋之争》，《中国文化》2022 年第 1 期。

⑤ 向世陵：《“渝平”与“输平”——〈春秋·隐公六年〉经文的汉宋之解》，《中国哲学史》2019 年第 2 期。

重心的转变》揭示了汉宋学者对礼乐不同的理解重心，反映了学术思想与时代背景的变迁。[①] 郭园兰、肖永明《〈论语〉“克己”诠释之汉宋分野：从多维视域考察》分析了汉宋学者对“克己”的不同诠释，强调了学术交融的重要性。[②] 陈祉瑞《汉宋之争视野下的〈中庸〉解读》则通过比较《中庸》的解读方式，展示了汉宋学术在经学中的互补性。[③] 这些研究共同揭示了“汉宋之争”对儒家经典诠释的深远影响。

“汉宋之争”的研究思路还波及东亚儒学，日本野间文史、原田信等学者的研究聚焦于经学及其注释史，如《从义疏学到五经正义：经学问答体例的演变》[④] 和《〈毛诗举要图〉在〈诗经〉注释史中的学术价值》[⑤] 等。野间文史的《春秋左传正义译注》是对《春秋左氏传》做的译注工作。[⑥] 岩本宪司的《从“义”到“事”——春秋学小史》则探讨春秋学的发展。[⑦] 梶田祥嗣关注王安石的《周礼义》的思想。[⑧] 子安宣邦的《伊藤仁斋〈论语古义〉的现代译注与评析》是对古代《论语》解释的现代解读与评价。[⑨] 高田宗平对日本古代《论语义疏》的接受史进行研究。[⑩] 另外，在韩国，儒教学会发行的《儒教思想文化研究》

① 殷慧、刘文鹏：《从“乐由中出，礼自外作”看汉宋礼学诠释重心的转变》，《社会科学战线》2023 年第 4 期。

② 郭园兰、肖永明：《〈论语〉“克己”诠释之汉宋分野：从多维视域考察》，《求索》2017 年第 11 期。

③ 陈祉瑞：《汉宋之争视野下的〈中庸〉解读》，《汉字文化》2021 年第 3 期。

④ 野间文史：《義疏学から五経正義へ——問答体の行方》，《日本中国学会报》第 64 集，2012 年。

⑤ 原田信：《〈詩経〉注釋史における“毛詩举要図”の意義》，《日本中国学会报》第 64 集，2012 年。

⑥ 野间文史：《春秋左伝正義譯注》(第一册、第二册)，东京：明德出版社，2017 年。

⑦ 岩本宪司：《“義”から“事”へ——春秋学小史》，东京：汲古书院，2017 年。

⑧ 梶田祥嗣：《黄裳の周礼思想——王安石〈周礼義〉の継承を中心として》，《日本中国学会报》第 69 集，2017 年。

⑨ 子安宣邦：《仁齋論語〈論語古義〉現代語訳と評釈》，东京：ぺりかん社，2017 年。

⑩ 高田宗平：《日本古代〈論語義疏〉受容史の研究》，东京：塙书房，2015 年。

期刊上，辛正根教授发表了《儒学经典的确立过程研究》《内在语义视角下〈中庸〉的“中庸”研究》[①]等文章，详细论证了“经”和“传”、孔子与经典、六经和六艺等问题，为东亚“汉宋之争”思路下的经典诠释研究提供了新的视角。

3. 汉学与宋学的互动和融合

清代以来，汉学与宋学经历了复杂的发展与转型过程。汉学在清初得到了极大的发展，学者们致力于恢复经典的原貌，推动了考据学的繁荣。然而，随着研究的深入，汉学家也意识到单纯考据的局限性，并吸收宋学的义理思想。同时，宋学也在面对汉学的挑战中，不断调整、完善自己的理论体系，试图将心性修养与经典考据相结合。在学术转型的过程中，汉学与宋学学派之间展开了广泛的互动与交流。这种互动不仅有助于打破学派间的壁垒，推动学术研究的多元化发展，还使得儒家思想在更广阔的范围内得到传播和应用，对后世学术乃至社会文化产生了深远的影响。

近十年来，“汉宋兼采”的儒学史研究开始走进人们的视野，例如傅永聚、郑治文《经学发展视域下儒学的“汉宋之变”》阐述了儒学从汉型向宋型转变的经学基础及历史意义。[②]孙运君《从汉宋兼采思想兴起看清代学术的现代转向——以翁方纲、章学诚、许宗彦三家学说为考察中心》从汉宋兼采思想的兴起入手，探讨了清代学术的现代转向趋势。[③]张明花《清初〈诗经〉研究“汉宋兼采”现象的成因与意义》剖析了清初《诗经》研究中汉宋兼采现象的形成原因及学术价值。[④]李辰《清代中期南北汉宋学之互动——以朱次琦与王筠学

① 신정근: 내재적 의미 맥락에 본『중용』의 “중용” 논의, 유교사상문화연구, 2019, 통권 78 호.

② 傅永聚、郑治文:《经学发展视域下儒学的“汉宋之变”》,《中国哲学史》2014 年第 1 期。

③ 孙运君:《从汉宋兼采思想兴起看清代学术的现代转向——以翁方纲、章学诚、许宗彦三家学说为考察中心》,《西南大学学报（社会科学版）》2016 年第 5 期。

④ 张明花:《清初〈诗经〉研究“汉宋兼采”现象的成因与意义》,《云南社会科学》2014 年第 1 期。

术交往为例》揭示了清代中期南北汉宋学间的互动及其影响。[①] 这些研究展示了在“汉宋之争”的背景下形成“汉宋兼采”进路的复杂性，为理解“汉宋之争”提供了多维视角。

综上所述，当前学界对“汉宋之争”的研究聚焦于汉学与宋学在经典诠释、治学理念等方面的分歧，揭示了两种学术路径的对立与互补对儒学的多元发展的深刻影响。此外，东亚学者也从不同文化背景出发，对儒家经典进行了独特诠释，丰富了“汉宋之争”的学术内涵。

### （三）“汉宋之争”视野下的清学研究

“汉宋之争”在清代的儒学研究中就已经出现，是清学的一项重要内容。近十年来，海内外学界关于“汉宋之争”的研究十分丰富，深入探讨了清代学者对汉学和宋学的态度及对“汉宋兼采”的尝试。诸多成果展示了清代学者在“汉宋之争”背景下的学术探索和思想变迁，揭示了清代学术的开放性与思想重心稳定性之间的矛盾。比如伍野春《汉宋兼采：阮元〈儒林传稿〉辑纂旨趣考论》考察阮元在编纂《儒林传稿》时如何体现汉宋兼采的思想。[②] 毛朝晖《黄以周的易学追求——兼论黄氏“汉宋兼采”的原则》探讨黄以周在易学研究中如何实践汉宋兼采的原则。[③] 胡长海的《超越汉宋：曾国藩道统思想的逻辑展开》分析曾国藩道统思想如何超越“汉宋之争”，实现学术与现实的有机结合。[④]

但是需要特别说明的是，俄罗斯汉学家对明末清初复兴汉学的鼻祖顾炎武有极大的研究兴趣，这说明顾炎武学说具有跨文化、跨地域和跨时代的价值。顾炎武（1613—1682），明末清初杰出思想家、经学家。他致力于儒学研

① 李辰：《清代中期南北汉宋学之互动——以朱次琦与王筠学术交往为例》，《地域文化研究》2020 年第 2 期。

② 伍野春：《汉宋兼采：阮元〈儒林传稿〉辑纂旨趣考论》，见赵昌智主编《扬州文化研究论丛》（第 28 辑），扬州：广陵书社，2022 年。

③ 毛朝晖：《黄以周的易学追求——兼论黄氏“汉宋兼采”的原则》，《周易研究》2019 年第 3 期。

④ 胡长海：《超越汉宋：曾国藩道统思想的逻辑展开》，《船山学刊》2022 年第 2 期。

究，作品有《日知录》《天下郡国利病书》等，对后世产生深远影响。俄罗斯汉学家一系列的研究深入探讨了顾炎武的生平、学说及其对儒家传统发展的影响，揭示了顾炎武学说在历史进程中的重要地位。国际学术会议和研讨会上对顾炎武及其思想的专门讨论，进一步证明了这一时期儒家思想在当代学术研究中的重要性和活力。这些研究不仅丰富了我们对顾炎武及其所处时代的理解，也展示了儒家传统在跨文化语境下的多样性和适应性。

俄罗斯科学院中国与现代亚洲研究所（原“俄罗斯科学院远东研究所”）汉学家约诺夫（Ионов А.Ю.）主要研究清朝“开国儒师”顾炎武。2014 年，他就发表了《立国的大儒》专论。[①]2016 年，其文章《儒学学者顾炎武（1613—1682）的命运》进一步介绍顾炎武的生平，并指出顾炎武的爱国主义不仅决定了其个人命运，也影响了儒家传统随后几个世纪的发展。约诺夫强调，顾炎武学说的核心在于改变中国社会道德状况，而非改革清朝。[②]2017 年，约诺夫出版了专著《一代大儒顾炎武》，评述了顾炎武对儒家文献进行百科全书式评论的传统，该书的出版对俄罗斯学者的相关研究工作具有重要意义。[③]同年，他完成了博士论文《顾炎武学派及其对理学的修正》。[④]

2013 年，俄罗斯科学院远东研究所与国际儒学联合会联合举办的国际学术会议专门设立了 17 世纪哲学思想中的儒家传统（以顾炎武《日知录》为例）分会场。德国欧阳博（Wolfgang Ommerborn）教授 2016 年在波鸿大学参加了题为“东亚的另一个未来：17—21 世纪文化和政治的期望和设计”的研讨会，做了《危机时期的儒家“救赎期望”：黄宗羲（1610—1695）〈明夷待访录〉未

① Ионов А. Ю.: Конфуцианский наставник, основавший государство, Вестник российского университет дружбы народов, 2014.

② Ионов А. Ю.: Судьба конфуцианского ученого Гу Яньу (1613—1682), Человек и культура Востока, Исследования и переводы. 2016.

③ Ионов А. Ю.: Конфуцианский наставник Гу Яньу, ИДВ РАН, 2017.

④ Ионов А. Ю.: Ревизия неоконфуцианства в философском учении Гу Яньу, ИДВ РАН, 2017.

来理想政治和社会秩序的实现草案》的演讲。[①] 顾炎武、黄宗羲等人作为明末清初的儒家学者，其学说和生平对后世产生深远的影响，不仅在中国，而且在国际学术界也引起了广泛的研究兴趣。这表明儒家传统作为一种具有跨文化学术价值的思想遗产，在不同文化和历史背景下都能引发深入的学术探讨和思想交流。同时，这些研究也促进了对儒家传统在当代社会中的意义和价值的重新思考。

总的来说，汉学与宋学之争是中国传统学术史上的一个重要议题，通过对汉学与宋学之争的考察和分析，可以更好地理解清代学术的转型、变革以及中国传统学术在近现代转型过程中的发展脉络和趋势，对于推动学术创新与发展、促进学术交流与融合等具有重要作用和价值。当前，海内外学界对这一议题已有较高的关注度。未来，随着学术交流的不断深入和拓展，期待更多的学者能够开展深入研究和探讨，为中国传统学术现代化转型和发展提供智慧和力量。

## 二、多国学者合力推拓“东亚儒学”叙事

“东亚”一词源自日语，初指亚洲东部或整个亚洲，蕴含着地缘政治与文化意涵。东亚文化起源于中国，传播至周边国家，形成东亚共同文化，其主流为儒学，即东亚儒学。东亚儒者共同诠释儒家经典，采用一致的解经方法，关注共同价值问题，这是东亚儒学之核心。当前，东亚儒学是世界儒学研究的重点领域，多国都开设了与东亚儒学相关的专业，一大批学者在东亚儒学研究领域取得了卓越的成果。

① Wolfgang Ommerborn, “Konfuzianische Heilserwartung in einer Zeit der Krise: Huang Zongxi’s (1610–1695) Entwurf zur Realisierung einer idealen politischen und gesellschaftlichen Ordnung in der Zukunft im *Mingyi dai fang lu*”, 2016.

## （一）东亚儒学研究的主要问题

1. 东亚儒学的宏观问题研究

东亚儒学的宏观问题研究，涉及儒学在东亚的概念、特点、基本问题等多个层面。研究者从不同角度挖掘了儒学在东亚的地域化特色，探讨了其在全球化背景下的价值与意义。一些学者从哲学诠释学的维度出发，重新定义了东亚儒学，并强调经典诠释在儒学传承与创新中的核心地位。还有学者探讨了东亚儒学经典诠释的实践，揭示了这一过程对东亚文化认同构建的深刻影响。此外，也有学者关注儒学在多元社会中的存在意义，进一步探索了东亚话语体系的形成与发展。这些研究共同揭示了东亚儒学的整体性规律：它既是地域化的产物，也是全球化的重要资源；既是传统的延续，也是创新的源泉。

例如土田健次郎的《东亚儒学之基本问题》探讨了东亚儒学整体状况，强调儒学在多样社会中的存在意义。[①] 吴震的《东亚儒学问题新探》挖掘了儒学在东亚各国的地域化特色，并探讨了儒学在全球化浪潮中的价值。[②] 傅永军的《作为诠释哲学的东亚儒学》则另辟蹊径，从哲学诠释学的维度强调了经典诠释在儒学传承与创新中的核心地位。[③] 黄俊杰的《东亚儒学：经典与诠释的辩证》探讨了东亚儒学经典诠释的实践，揭示了这一过程如何影响东亚文化认同的构建。[④] 王向远的《中国的东亚认同与东亚话语建构》则分析了“东亚”概念在中国学界的接受与批判历程，探索了东亚话语体系的形成与发展。[⑤]

此外，在非儒家文化圈的学术界，美国圣约翰大学李卓耀的《政治儒学与东亚多元民主》[⑥] 以及华东师范大学保罗·安布罗西（Paul J. D’Ambrosio）为

① 土田健次郎：《东亚儒学之基本问题》，《辽宁大学学报（哲学社会科学版）》2022 年第 4 期。

② 吴震：《东亚儒学问题新探》，北京：北京大学出版社，2018 年。

③ 傅永军：《作为诠释哲学的东亚儒学》，《社会科学战线》2019 年第 1 期。

④ 黄俊杰：《东亚儒学：经典与诠释的辩证》，上海：华东师范大学出版社，2011 年。

⑤ 王向远：《中国的东亚认同与东亚话语建构》，《江海学刊》2023 年第 1 期。

⑥ Li Zhuoyao, “Political Confucianism and Multivariate Democracy in East Asia”, *The Review of Politics*, 81, 2019.

金圣文的《公共理性儒学：东亚的民主完美主义与宪政》① 撰写的书评都具有重要的学术价值。保罗·安布罗西认为，金圣文的著作为当今东亚的哲学和政治提供了创新的研究视角和选择，他特别强调了书中关于公共理性儒学的系统性和组织严密性。李卓耀则探讨了儒家民主在民主的工具模式和内在模式之间的平衡问题，提出一种具有多元结构、中立状态和公共作用的儒学民主模式。西班牙学者安东尼奥·何塞·多梅内赫·德尔里奥（Antonio J. Doménech del Río）和拉蒙·N. 普拉茨（Ramón N. Prats）合著的《东亚的思想与宗教》研究了东亚的伟大精神传统，以中国的儒教为案例，还涉及日本和韩国的神道教和萨满教。②

2. 区域化与全球化视野下的儒学比较研究

在区域化视野下，学者们聚焦于东亚各国儒学的比较研究，揭示中、日、韩儒学在思想体系、学术传统等方面的异同，全面审视儒学在东亚的传承与创新。而在全球化视野下，儒学比较研究突破了东亚的地域限制，扩展至全球范围。来自法国、德国、俄罗斯、美国等国的学者，基于各自独特的文化背景，对儒学进行了深入的跨文化比较研究，这一过程极大地推动了儒学的世界化和现代化进程。

一方面，在区域化视野下，学者们对东亚各国的儒学进行了比较研究，例如小川晴久、张践、金彦钟编的《日中韩实学思想家研究手册：建构“实心—实学”的九十九人思想谱系》选取东亚三国从 17 世纪到 19 世纪中期的 99 名近世实学思想家进行介绍，强调在西方知识体系面临重大调整的今天，需要重新认识东亚独有的知识源泉。③ 吴震主编的《东亚朱子学新探：中

① Kim Sungmoon, *Public Reason Confucianism: Democratic Perfectionism and Constitutionalism in East Asia*, Cambridge: Cambridge University Press, 2016.

② Antonio J. Doménech del Río y Ramon N. Prats, *Pensamiento y religión en Asia oriental*, Girona: Editorial Universitat Oberta de Catalunya, 2012.

③ 小川晴久、张践、金彦钟：《日中韓思想家ハンドブック　实心实学を築いた 99 人》，东京：勉诚出版社，2015 年。

日韩朱子学的传承与创新》汇聚了中日韩三国学者的智慧，全面审视了朱子学在东亚的传承历程与创新发展。[①]艾文贺的《“三流”：中、韩、日儒家的学思与道德心性》，是西方学界比较研究东亚各国儒学的力作。[②]绍格诺娃 L.A.（Шогенова Л.А.）在 2017 年发表的《儒家思想在国外的位置与影响：以日本、韩国为例》，也通过对比日本和韩国的情况，探讨了儒学在中国以外东亚地区的影响与地位。[③]

另一方面，是全球化视野下的儒学比较研究。随着全球化的推进，儒学比较研究不再局限于东亚地区，而是扩展到全球。德国的东亚儒学研究展现出多元化的特点，如波鸿大学李哲（Ralf Glitza）的《社会中的文化教育：跨文化阐释学和异位语气差异间的哲学教学张力场——以康德的伦理学和儒家传统道德为例》通过比较康德的伦理学和儒家传统道德，探讨了社会文化中的哲学教学问题。[④]

质言之，近十年来，东亚儒学研究取得丰硕成果，涵盖了从宏观视角对重点问题的解读，以及区域化与全球化视野下的儒学比较研究等多个方面。整体而言，这些研究共同揭示了东亚儒学的整体性规律，丰富了东亚乃至全球的哲学和政治研究。

### （二）针对日本儒学的研究

日本儒学历史悠久，自公元 5 世纪初儒学传入日本以来，其逐渐与日本本土文化融合，形成具有特色的儒学体系。江户时期，日本儒学发展趋于鼎

---

① 吴震：《东亚朱子学新探：中日韩朱子学的传承与创新》，北京：商务印书馆，2020 年。

② Philip J. Ivanhoe, *Three Streams: Confucian Reflections on Learning and the Moral Heart-Mind in China, Korea, and Japan*, Oxford: Oxford University Press, 2016.

③ Шогенова Л.А.: Статус конфуцианства и его роль за пределами Китая (на примере Японии и Южной Кореи), Современный ученый, 2017.

④ Ralf Glitza, *Kulturelle Bildung in der Mitte der Gesellschaft: Zum Spannungsfeld einer interkulturell-hermeneutischen und heterotopisch-differenzmodalen Philosophiedidaktik am Beispiel der Ethik Immanuel Kants und traditioneller konfuzianischer Sittlichkeitskonzeptionen*, Bochum Freiburg: Projektverlag, 2018.

盛，涌现众多学派，广泛影响日本的思想和社会。近十年来，针对日本儒学的研究，主要集中于以下几个方面。

1. 儒学日本化与政治伦理

近年来，学者们不仅重新梳理了日本近世儒学研究史，提出了“日本儒学化”的视角，还深入分析了儒学在日本本土化的路径和逻辑，揭示了儒学在日本社会的演变及其政治伦理向度。这些研究特征鲜明，既注重历史梳理，又强调理论分析，展现了儒学日本化的多元面貌，不仅深化了学界对儒学日本化的理解，也为儒学在当代社会的应用提供了有益的借鉴。同时，相关研究还揭示了儒家思想与日本政治、社会、家庭等方面的紧密联系，为理解东亚儒学乃至全球儒学的发展提供了新的视角和思考。

例如唐利国在《重提“日本儒学化”问题——以丸山真男为中心的学术史省察》中梳理了日本近世儒学研究史，指出丸山真男的研究承认了某种程度的“日本儒学化”。[①] 朴银姬的《“儒教日本化”的现代意义：基于江户朱子学理论背景的思考》认为儒教日本化是中国儒学在日本本土文化的根基上，经模仿、吸收、改造、融合而成，其核心在于尊重文化差异、寻求理解与和谐共处。[②] 张士杰在《儒学日本化的政治伦理向度探微——以荻生徂徕之论“学”为例》中分析了日本学者《论语》诠释中的政治伦理向度与本土契合性逻辑。[③] 周菲菲在《儒学的现代化：日本修养主义的历史演进》中探讨了明治维新后日本儒学如何通过修养主义实现现代化转型。[④]

在非儒家文化圈，法国波尔多蒙田大学的艾迪·杜福尔蒙（Eddy

① 唐利国:《重提“日本儒学化”问题——以丸山真男为中心的学术史省察》,《浙江学刊》2024 年第 2 期。

② 朴银姬:《“儒教日本化”的现代意义：基于江户朱子学理论背景的思考》,《东疆学刊》2020 年第 4 期。

③ 张士杰:《儒学日本化的政治伦理向度探微——以荻生徂徕之论“学”为例》,《孔子研究》2023 年第 5 期。

④ 周菲菲:《儒学的现代化：日本修养主义的历史演进》,《深圳大学学报（人文社会科学版)》2021 年第 5 期。

Dufoumont）专注于日本近代儒学的产生与发展，他主讲的“日本近代儒学的产生”讲座认为儒家思想在日本江户时代虽广泛存在，但真正意义上的“日本儒教”及其社会传播尝试实始于近代，与帝国政权及亚洲民族主义兴起紧密相连，揭示了儒家思想与日本政治之间的紧密联系。

2. 日本儒学学派、思想家和专经研究

近十年来，学者们深入探讨了朱子学东传日本后的影响，特别是古学派如何通过批判性解读儒家经典推动儒学日本化，并形成了独特的思想观点。同时，也有研究聚焦于特定思想家对东亚儒学复古思潮的贡献及其深刻的思想内涵。此外，还有专著详细介绍了日本多位儒学家之间的论争及他们的儒学思想和贡献。这些研究成果不仅关注儒学在日本的整体发展情况，还深入挖掘了特定学派、思想家和专经研究的独特贡献和影响，揭示了日本儒学发展的复杂性和多样性。

唐青州的《东亚儒学视域下的古学派之仁礼观探析》概述了朱子学东传日本后，古学派伊藤仁斋与荻生徂徕作为反朱子学先锋，推动儒学日本化，通过批判性解读儒家经典形成独特的仁礼观。[①] 张晓明的《东亚儒学的复古思潮与伊藤仁斋的古义学——以〈孟子〉的诠释为中心》探讨了伊藤仁斋的古义学对东亚儒学复古思潮的贡献。[②] 日本学者滨久雄的专著《东洋易学思想论考》第十一章到第十六章介绍了荻生徂徕、太宰春台、伊藤东涯、三岛中洲和铃木由次郎的易学思想，以及根本羽岳与信夫恕轩之间的易学论争，展现了日本易学研究的丰富性。[③]

3. 中国儒学与日本思想的交融与比较研究

近年来，学者们还探讨了儒学在跨文化传播中的灵活性和包容性，分析了日本儒者对儒学经典的再阐释与本土化实践，考察了明末清初经学家著作在

① 唐青州：《东亚儒学视域下的古学派之仁礼观探析》，《理论界》2019 年第 7 期。

② 张晓明：《东亚儒学的复古思潮与伊藤仁斋的古义学——以〈孟子〉的诠释为中心》，《日语学习与研究》2021 年第 3 期。

③ 滨久雄：《東洋易学思想論攷》，东京：明德出版社，2016 年。

日本的影响，并研究了日本儒者在工夫实践上的特色及其对中国哲学史叙述方向的影响。这些研究丰富了对儒学与日本思想交融的认识，提供了理解儒学跨文化传播和本土化实践的新视角。

例如窦兆锐在《近世日本知识界的〈韩非子〉受容——以山鹿素行为中心的考察》中分析了儒学与法家思想在日本的交融。[①]吕欣在《林罗山对朱熹"文"论的继承与展开》中探讨了林罗山对朱熹"文"论的继承与发展。[②]罗静在《日本江户时毛奇龄著作的流传及古学派的接受》中考察了清初毛奇龄著作在日本江户时代的流传与影响，揭示了儒学在不同国家文明互鉴中的作用。[③]野村英登在《佐藤一斋静坐论中的"艮背"工夫考辨——兼与林兆恩思想比较》中，通过将佐藤一斋与中国的林兆恩对比，指出佐藤一斋在静坐实践上的研究较为详细，特别是聚焦"艮背工夫"和"灵光"等概念，试图借此将静坐工夫纳入儒教史的谱系。[④]2019 年，李惠京发表《近代日本的儒学与中国哲学史的叙述方向：以高濑武次郎为中心》，在井上哲二郎儒学日本化背景下，探讨了高濑武次郎对中国哲学史叙述方向的影响，展现了近代日本儒学研究的独特视角。[⑤]

总体来看，近十年来针对日本儒学的研究取得了显著进展，不仅在学术深度上有所突破，还在研究视角、方法以及跨学科融合方面展现出新的活力。相关专著、论文数量众多，涵盖了儒学在日本的传播、本土化过程、政治伦理影响，以及儒学与其他思想体系的交互作用等多个方面。研究者们通过深入挖掘历史文献、分析思想家著作、探讨儒学在不同历史时期的社会功能，逐步

① 窦兆锐:《近世日本知识界的〈韩非子〉受容——以山鹿素行为中心的考察》,《首都师范大学学报(社会科学版)》2022 年第 2 期。

② 吕欣:《林罗山对朱熹"文"论的继承与展开》,《孔子研究》2021 年第 4 期。

③ 罗静:《日本江户时毛奇龄著作的流传及古学派的接受》,《山东社会科学》2023 年第 4 期。

④ 野村英登:《佐藤一齋の靜坐說における艮背の工夫について——林兆恩との比較から》,《日本中国学会报》第 65 集，2013 年。

⑤ 이혜경 : 근대일본의 유학 전유와 중국철학사 서술의 방향 : 다카세 다케지로들 중심으로 , 서울대학교 철학사상연구소 , 2019, 74.

构建了一个更加立体、全面的日本儒学研究体系。特别是儒学本土化与现代化的研究持续深入，许多研究都进一步挖掘了儒学在日本本土化的具体过程和逻辑，探讨了儒学如何适应现代社会的发展需求。同时，对于儒学思想和专经的研究也进一步深入，相关研究不仅重视日本儒者对儒家经典经义的把握，还致力于挖掘这些经典在不同历史时期、不同学派间的解释与传承脉络，并进行了细致的文本分析、历史考证与比较研究。此外，国际儒学交流与对话也有所加强，日本儒学研究更加注重与中国、韩国等东亚国家的儒学研究者进行学术交流与合作，共同推动儒学研究的国际化进程。

### （三）针对朝鲜半岛儒学的研究

朝鲜、韩国儒学，主要是指在朝鲜半岛（包括历史上的朝鲜王朝及现代的朝鲜、韩国）传播、发展并本土化的儒家学说体系。儒学在朝鲜半岛的传播历史悠久，自传入后，逐渐与朝鲜半岛的本土文化相融合，形成了具有鲜明地域特色的儒学思想体系。这一体系不仅包含了儒家经典中的仁、义、礼、智、信等核心价值观念，还结合了朝鲜半岛的地理环境、风俗习惯、禁忌文化等因素，发展出了独特的朝鲜半岛儒学。

近十年来，朝鲜、韩国儒学的研究取得了显著进展，学者们逐渐揭示了儒学在朝鲜半岛传播、演变的独特性和复杂性。同时，学者们开始重新审视朝鲜、韩国儒学的现代价值，认为儒学的许多思想观点对于解决现代社会中的道德沦丧、人际关系紧张等问题具有重要意义。因此，学者们不再局限于传统的文本解读和历史梳理，而是从跨学科、跨文化等多个视角对朝鲜、韩国儒学进行探讨。例如，将儒学与现代社会学、心理学、政治学等学科相结合，研究儒学在现代社会中的应用和价值。具体来说，相关研究可以总结为以下两大主题：

#### 1. 朝鲜、韩国儒学史及儒学家思想研究

近年来，学者们重新定位了“朝鲜儒学史”，在东亚视野下重新评估其发展历程，并剖析了具体儒学家的思想，揭示了他们在东亚哲学史上的重要地位以及对东亚伦理学发展的独特贡献。这些研究注重细致的文本分析与跨文化的

比较研究，为理解儒学在东亚的传播、本土化及其与政治、社会的互动提供了新视角。

儒学史和思想概论方面，姜智恩《十七世纪东亚视域下的朝鲜儒学史再定位》，将“朝鲜儒学史”重新定义为基于17世纪后儒生对经书的解释、思考与信念，在东亚视野下重新评估朝鲜儒学发展的历史。① 西班牙马拉加大学也诞生了不少研究成果，如安东尼奥·何塞·多梅内赫·德尔里奥的专著《“东方”与“西方”的思想在韩国的相遇》及论文《韩国思想导论：传统、宗教与哲学》。专人研究方面，蔡振丰的《由丁茶山的儒学诠释论东亚伦理学的发展》探讨了“东亚伦理学”概念成立的可能性，通过19世纪初朝鲜丁茶山的孟子学诠释，展示东亚儒学独特的伦理学面向，以及恭山学在中、朝、日儒学及西学影响下的发展。②

2. 儒学、儒教与韩国社会生活研究

在儒学、儒教与韩国社会生活研究领域，学者们探讨了儒学在韩国的传播与本土化过程，剖析了儒学对韩国的影响及其与现代生活的关联。同时，学者们还关注到殖民地时期朝鲜半岛儒教研究的展开过程，以及儒学与医学、经济发展之间的跨学科研究。

相关成果如：王曰美在《中国儒学与韩国社会》中，结合丰富史料与实地调研，剖析了儒学在韩国的影响及其与现代生活的关联。③ 李晓辰在《京城帝国大学的韩国儒教研究——近代学术范式建构》中，探讨了殖民地时期的京城帝国大学如何开展韩国儒教研究，重点研究了高桥亨、藤冢邻及阿部吉雄等学者与日韩学术界的互动，并追溯了战后日本韩国学研究的继承与发展。④ 孙

① 姜智恩：《朝鲜儒学史の再定位：十七世紀東アジアから考える》，东京：东京大学出版会，2017年。

② 蔡振丰：《由丁茶山的儒学诠释论东亚伦理学的发展》，《外国问题研究》2019年第3期。

③ 王曰美：《中国儒学与韩国社会》，北京：学习出版社，2019年。

④ 李晓辰：《京城帝国大学の韓国儒教研究——“近代知”の形成と展開》，东京：勉诚出版社，2016年。

逊在《东亚儒学视阈下的韩国汉文小说研究》中探讨了东亚儒学在文学领域中的表现形式与文化影响。[①] 韩国宋浩俊在《韩国的儒学和医学》中探讨了儒学对医学治疗的影响。[②] 德国全球与区域研究院亚洲研究所的科尔纳（Patrick Köllner）教授则关注儒学与韩国经济发展的关系。此外，韩国相关研究院所还多次举办专题论坛，如忠清南道儒教国际论坛，旨在共享东亚儒家文明的价值和意义，谋求环黄海儒家文化圈国家的共同发展。安东大学退溪学研究所举办的“中韩书院儒教文化论坛”，探讨了中韩两国儒家文化的根本价值和未来。成均馆大学儒教文化研究所也多次举办学术会议。

质言之，近十年来，东亚儒学研究展现出强大的生命力，不仅在东亚地区有所发展，而且在全球范围内受到广泛关注，其国际化程度日益提高。可以说，儒学研究呈现多元化与深入化趋势，注重跨学科研究与现实关怀。总体来看，儒学的价值观与现代社会治理理念相契合，在东亚现代化进程中发挥着重要作用，并与现代社会深度融合，起到了积极的作用。

## 三、17—18 世纪“西学东渐”研究的推进

### （一）“西学东渐”的定位与影响

近十年来，国际儒学研究进入了新阶段，呈现出新的发展趋势。其中，中西文化交流史是学术界极为关注的重点内容，学界对“西学东渐”现象的研究范围之广、研究程度之深，都达到了新的高度。

“西学”一词出自耶稣会士艾儒略（Giulio Aleni）于 1623 年与明代大学士徐光启合译的《西学凡》一书，“东渐”一词为日本学者所创。1915 年，由于容闳（中国近代史上首位留美学生）所撰写的回忆录（原名 *My Life in China and America*）交付商务印书馆出版时，取名《西学东渐》，“西学东渐”的说法

① 孙逊：《东亚儒学视阈下的韩国汉文小说研究》，《文学评论》2021 年第 2 期。

② 성호준 : 한국의 유학과 의학 , 글로벌콘텐츠 , 2019.

自此开始流行且逐渐广为人知。

陈卫平是这一研究领域的代表学者。早在30多年前，其著作《第一页与胚胎——明清之际的中西文化比较》就创造性地将王学盛行与实学高涨归结为“西学东渐”的思想张力，揭示了中华传统文化蕴含的接受西学的要素。[①] 该书对明清之际思想家接受西学的得失所做的评析对近几十年来的相关研究影响至深，2015年这部著作的再版依然受到广泛重视，并成为“西学东渐”研究再次成为学术热点的重要推力。另外，近十年来，对“东学西传”的研究也有突破性进展，例如张允熠指出16世纪东学西传之后，中国哲学中的部分原则便被欧洲形上学体系纳入：“尤其是自然神论、有机论哲学、纯粹理性和实践理性等范畴之中，影响了从莱布尼茨到黑格尔等欧洲主流哲学家。”[②]

近年在“西学东渐”及“东学西传”现象的研究中，除大量的学术论文及学位论文[③]外，亦有多部质量上乘的专著面世。中山大学2006年创办西学东渐文献馆后，平均每一到两年出版一辑《西学东渐研究》，目前共出版十四辑。任中山大学西学东渐文献馆副馆长的法国学者梅谦立亦出版了多部重要著作。[④] 另外，熊月之于2011年在中国人民大学出版社再版的《西学东渐与晚清社会》值得关注，这部七十六万余字的著作极为详尽地校订了晚清期间“西学东渐”过程中的西学书目、出版机构、教会学校名录、外交界与政界知名人物录等信息，可谓全面地呈现了晚清的“西学”传播图景。[⑤] 刘大椿等于2018

① 陈卫平：《第一页与胚胎——明清之际的中西文化比较》，上海：上海人民出版社，1992年。

② 张允熠：《“两极相联”与中西之间——论欧洲近代哲学中的儒家哲学元素》，《文史哲》2018年第4期。

③ 如王静的博士学位论文讨论了在“西学东渐”背景下，晚明儒学与科学的互动：《晚明儒学与科学的互动——以徐光启实学思想的构建为中心》，山东大学，2018年。

④ 梅谦立近年相关著作有：《天主实义今注》（北京：商务印书馆，2014年）、《修身西学今注》（北京：商务印书馆，2019年）、《从邂逅到相识：孔子与亚里士多德相遇在明清》（北京：北京大学出版社，2019年）。

⑤ 熊月之：《西学东渐与晚清社会》（修订版），北京：中国人民大学出版社，2011年。

年出版的《西学东渐》，叙事时间涵括了16世纪末至19世纪初近三个世纪，并以“西学东渐”的发生背景、“西学东渐”的历史进程、“西学东渐”式微的历史分析三部分为主线徐徐展开论述，意在表明利玛窦（Matteo Ricci）等传教士走入中国这一事件客观上促进了中国近现代科技转型。[①] 还有出版于2022年，以编者川原秀城为首，柴田笃、安大玉、渡边纯成、石井刚、新居洋子、高田佳代子等日本学者合著的《西学东渐与东亚》，该书以东亚学者的视角，对耶稣会士向儒教群体传播的“哲学”及“科学”知识进行阐明，深刻讨论了从明朝给予传教士居住许可（1583）开始直到清朝全面禁止天主教（1724）期间的中西“文明的对话”的理论内涵及意义。[②] 在面对中西文化相遇所带来的挑战时，像李存山等学者就注意到中国传统思想文化在近现代转型中面临的困境和机遇，这些研究警示我们在中西文化交流中应保持民族主体性。

此外，基于“西学东渐”与“东学西传”的文化背景，召开了系列学术会议。譬如，2018年，由中山大学广州与中外文化交流研究中心、中山大学西学东渐文献馆、北京外国语大学比较文明与人文交流高等研究院主办，国际儒学联合会、《国际汉学》编辑部协办的“儒学与欧洲文明：明清时期西学与宋明理学的相遇”国际学术会议成功举办。2023年，由山东大学儒学高等研究院、山东大学易学与中国古代哲学研究中心共同举办的“儒学与西学论坛”在山东大学中心校区顺利举办。

作为一种集中的、大规模的文化传播活动，“西学东渐”肇始于17世纪的明末清初。学界目前将“西学东渐”过程大致分为三个历史阶段：明末清初、清末民初、五四运动至今。刘大椿指出：“西学东渐第一波我们简称为‘西学东渐’，这个历史时期包括两个阶段：其一，明末清初的‘西学东渐’阶段。”“其二，清代中叶‘西学东渐’蜕变为‘西学东源’阶段。”“对于西学东渐第二波，或者更加广泛和准确地说，对于从晚清到民国发生的西学东移和科技

① 刘大椿等：《西学东渐》，北京：中国人民大学出版社，2018年。

② 川原秀城：《西学东渐与东亚》，毛乙馨译，上海：上海社会科学院出版社，2022年。

转型，即本书的后续研究。”[①] 吴震认为：“其实，这一对中国传统文化形成重要影响的文化传播现象在早于艾儒略的16世纪末的利玛窦（1552—1610）时代便已经发生……对中国而言，第二波中西文化的激烈冲撞则发生在19世纪末。”[②] 李俊文则明确提出三阶段的划分：“明末清初的中西文化碰撞阶段、清末民初的中西对话阶段和从五四运动至今的中西文化融合阶段。”[③]

广义而言，“西学东渐”代表了中西文化的交流、碰撞。但就空间上说，西方文化的传入可称为狭义上的“西学东传”，而中国文化的西传可称为“东学西传”。传者与受者身份的更换实际上表明了不同文化本位下，思想的传播与接受是一个双向过程。近年来，随着儒学的国际化程度加深，“东学西传”接续“西学东渐”现象促进了中西文明的交流，推动了中华文化更好地走向世界。本书的相关内容主要集中于17—18世纪的“西学东渐”现象。

### （二）“西学东渐”研究的多层次开展

就内容来说，目前学界的研究可总结为以下三个方面：一、关注传教士的文化传播与译介；二、追溯中西知识会通的可能模式；三、聚焦明末清初思想家的贡献及思想。

#### 1. 关注传教士的文化传播与译介

中西文化最初相遇时，所遭遇的最大障碍是迥异的文化背景与不同的语言体系。而传教士充当了两种文化交流的重要中介，故而传教士仍然是中国宗教史与欧洲汉学史研究的共同要点。但不同的是，欧洲汉学家群体的扩大与汉学研究的兴盛，意味着西方对儒学自身发展理路的关注度有所提升。西

① 刘大椿等：《西学东渐》，北京：中国人民大学出版社，2018年。
② 吴震：《从“西学”中国化看中国传统文化的当代意义》，《哲学分析》2018年第1期。
③ 李俊文：《百年来西方哲学在中国的发展》，《江西社会科学》2014年第10期。

方学者的相关著作数量庞大，近期翻译出版[①]的有美国汉学家柏理安（Liam M. Brockey）的《东方之旅：1579—1724耶稣会传教团在中国》[②]、史景迁（Jonathan D. Spence）的《利玛窦的记忆宫殿》[③]、夏伯嘉（Ronnie P.-C. Hsia）的《利玛窦：紫禁城里的耶稣会士》[④]等。国内研究更为丰富，相关论文多达百篇。试举几例：王慧宇分析了耶稣会士罗明坚，认为其积极译介儒家经典四书的做法充分凸显了他的“亲儒”倾向与其积极融入晚明社会的努力。[⑤]赵静与任运忠分别关注了明清传教士对《论语》《周易》等儒家经典的解读与译介情况。[⑥]张豫红指出传教士在学习、翻译儒家文化后又将其传播至欧洲，推动了中西文化交流。[⑦]

需要说明的是，中西文化得以交融的一个重要前提是相关文化制度及机构的建立，而这一工作是在戊戌维新运动及辛亥革命的共同推动下完成的，包括创立译书机构、创办相关报刊、建立新式学堂及培养留学生。以此为基础，

---

① 更早一些的相关译著有：

杜赫德：《耶稣会士中国书简集》，郑德弟、朱静译，郑州：大象出版社，2001年。

伊夫斯·德·托马斯·德·博西耶尔夫人：《耶稣会士张诚：路易十四派往中国的五位数学家之一》，辛岩译，郑州：大象出版社，2009年。

龙伯格：《清代来华传教士马若瑟研究》，李真、路洁译，郑州：大象出版社，2009年。

柯兰霓：《耶稣会士白晋的生平与著作》，李岩译，郑州：大象出版社，2009年。

② 柏理安：《东方之旅：1579—1724耶稣会传教团在中国》，毛瑞方译，南京：江苏人民出版社，2017年。

③ 史景迁：《利玛窦的记忆宫殿》，章可译，桂林：广西师范大学出版社，2015年。

④ 夏伯嘉：《利玛窦：紫禁城里的耶稣会士》，向红艳、李春圆译，上海：上海古籍出版社，2020年。

⑤ 王慧宇：《罗明坚的“亲儒”策略及对利玛窦的影响》，《广州大学学报（社会科学版）》2018年第9期。

⑥ 赵静：《跨文化视阈下明清传教士对〈论语〉的翻译及传播》，《河北北方学院学报（社会科学版）》2021年第4期。任运忠：《明清西方传教士对〈易经〉的适应性解读与英译——以麦格基译本为例》，《周易研究》2016年第4期。

⑦ 张豫红：《明清时期传教士与中国文化在欧洲的传播》，《中州学刊》2017年第6期。

西方学术才开始正式进入中国。显然，17—18 世纪的“西学东渐”活动并不具备此类客观条件，所以此时的文化交流仍处于对中西思想的翻译探索期，传教士的文化传播与译介便成为研究要点。例如苏精的《铸以代刻：传教士与中文印刷变局》勾勒出了西方印刷术来华的图景。[①] 法国学者谢和耐在《明清间耶稣会士入华与中西汇通》中梳理了耶稣会中国传教团如何从学习汉语到建立苦修会，逐步完成了传教事业。[②] 对传教士的客观评价与重新定位，无疑为学界当前应如何对待并利用西方研究的丰厚成果提供了有益借鉴。

2. 追溯中西知识会通的可能模式

中西知识会通存在不同的模式。第一种是“中学为本”，将传入的西方知识纳入中国的知识体系；第二种是“西学为本”，使中国文化通过传播，进入西方的知识体系；第三种是“中西学并举”，将中学与西学知识纳入一个共同系统，以期实现文明互鉴与交融。需注意的是，这三种模式存在时间次序上的差异，其理论依据也不同。如“中学为本”的现象出现最早，背后的理论依据是“西学中源说”，凸显了早期中国学者面对西方文化时的自信。故而如何看待早期中西文化的相遇，便成为近年“西学东渐”研究的重要关切。

中西知识会通的特征大致可以概括为两点：其一，在早期传教活动中，为了便于将中国典籍与西方宗教的内容相对照，耶稣会士往往采取“附会式”解读，如利玛窦将四书与基督教思想相对照。同样，耶稣会士卫匡国（Martino Martini）用“北京”对标“欧洲”，将其视为另一个世界中心。因此，在传教士以传教为首要目标的精心处理下，初遇西方文化时，中国学者对西学的认识同样存在误解，并由此产生了“西学中源”的假说。学者庞希云就整理了明清时期孔子形象在欧洲从被认同、美化、赞扬到丑化的过程。[③]

---

① 苏精：《铸以代刻：传教士与中文印刷变局》，台北：台湾大学出版中心，2014 年。

② 谢和耐：《明清间耶稣会士入华与中西汇通》，戴密微等译，北京：东方出版社，2011 年。谢和耐：《中国社会史》，黄建华、黄迅余译，南京：江苏人民出版社，2020 年。

③ 庞希云：《以其文本，观其“自我”与“他者”——评〈明清时期西方传教士中国儒道释典籍之翻译与诠释〉》，《文化与传播》2016 年第 5 期。

其二，初遇西方文化的另一特征是，传教士将“知识会通”的内容集中在宗教与科学上。这一点从当时的一些作品便可见一斑，如罗明坚（Michel Ruggieri）《天主实录》、阳玛诺（Manuel D. Sénior）《天问略》、孟儒望（Joao Monteiro）《天学略义》、利玛窦《天主实义》、汤若望（Johann A. Schall von Bell）《主教缘起》、庞迪我（Diego de Pantoja）《天主实义续编》、南怀仁（Ferdinand Verbiest）《坤舆外纪》等。近年来国外的相关研究方面，包括韩国学者金永植《科学与东亚儒家传统》[①]、德国学者薛凤（Dagmar Schäfer）《工开万物：17 世纪中国的知识与技术》[②]、美国学者本杰明 · 艾尔曼（Benjamin Elman）《科学在中国（1550—1900）》[③] 等。国内研究方面则有王鹰比较上帝之“爱”与儒家之“仁”，探析了早期耶儒对话的可能性。[④] 高阳回溯了明清之际基督教入华的曲折过程。[⑤] 李锦熙阐述了两次“西学东渐”的过程中，国人对科学的不同认识。[⑥] 当前对中西知识会通的认识仍然是一个具有现实意义的课题，在全球文化多元化的态势下，中国文化与其他文明的对话是避无可避的实践议题，也是中国传统文化能够实现创造性转化与创新性发展的重要契机。

3. 聚焦明末清初思想家的贡献及思想

“西学东渐”虽然是西方文化以传教士为中介主动入华的过程，但明末清初的中国学者及士大夫亦予以了积极回应，很多学者从中国内部来研究“西学东渐”现象。吴根友全面考察了明清之际，面对传教士带来的西方知识，中国

---

① 金永植：《科学与东亚儒家传统》，台北：台湾大学出版中心，2014 年。

② 薛凤：《工开万物：17 世纪中国的知识与技术》，吴秀杰、白岚玲译，南京：江苏人民出版社，2015 年。

③ 本杰明 · 艾尔曼：《科学在中国（1550—1900）》，原祖杰等译，北京：中国人民大学出版社，2016 年。

④ 王鹰：《天主教的上帝之“爱”与儒家之“仁”——明清耶儒对话之视角》，《世界宗教文化》2022 年第 6 期。

⑤ 高阳：《明清之际基督教入华与耶儒之争》，《齐齐哈尔大学学报（哲学社会科学版）》2016 年第 4 期。

⑥ 李锦熙：《浅析国人在两次“西学东渐”中对科学的认识》，《西部学刊》2021 年第 16 期。

的士大夫群体所展现的不同态度，拒斥的一方有徐昌治、杨光先等，接受的一方有徐光启、方以智等。[①] 朱一文提出黄宗羲的数学观体现了西学数学与儒家传统算法的交融。[②] 廖璨璨剖析了方以智的“格物穷理”说，提出方氏以“质测”和“通几”扬弃西学，以此会通中西，归于儒家。[③] 王静清晰地说明了“西学东渐”背景下，阳明心学为科学的传入与转化创造了文化条件与学术环境。[④] 姚彬彬重构了从戴震到焦循的哲学转向，认为焦循承续戴震的“条理”说，提出“旁通”说，追求“实测”，开启了中西会通之路。[⑤] 总之，明清之际的儒家群体、士大夫阶层面对西方文化，或视其为东方文化的辅翼，以中为本；或强烈拒斥、反对西学，以保留民族文化的主体性与独特性；或采取折中说，会通两者。明清学者及士大夫的回应警示我们，在与外来文化交往之际，既不能完全排斥外来文化，也不应因比附与妥协而褫夺儒学的原有内涵，应更好地让儒家的文化价值焕发光彩。

总体而言，“西学东渐”是一个西方政治、思想、文化慢慢渗入并逐渐改变、形塑中国学者及士大夫思维的过程，是明末清初以来中国社会的思想转型过程中不可或缺的重要部分。传教士作为重要的文化中介，其传播的内容及传播方式值得关注。譬如，耶稣会士利玛窦等人到底为中国带来了怎样的思想资源便是一个颇具争议的话题。此外，在明末清初中西思想的交流碰撞中，如何定位与格义西学资源及如何看待中西文化的交流仍是现代儒学研究得以展开的

---

① 吴根友：《明清之际中国社会对欧洲文明的拒斥与接受》，《武汉大学学报（哲学社会科学版）》2024 年第 1 期。

② 朱一文：《明清之际的数学、儒学与西学——以黄宗羲的数学实作为中心》，《内蒙古师范大学学报（自然科学汉文版）》2019 年第 6 期。

③ 廖璨璨：《方以智的“格物穷理”说及其对明清之际西学的回应》，《中国哲学史》2018 年第 3 期。

④ 王静：《西学东渐早期的儒学与科学——以阳明心学为中心的考察》，《自然辩证法研究》2017 年第 9 期。

⑤ 姚彬彬：《“条理”与“旁通”：从戴震到焦循的自然主义哲学转向》，《哲学研究》2023 年第 10 期。

基本底色。明清学者及士大夫对待西学的态度既透露出传统士人的民族情结，也是儒学发展的一种崭新尝试。当前，对“西学东渐”的理解与把握应具有整体性与世界性视野。对“西学东渐”研究的回顾与反思，有利于避免对儒学思想真义的遮蔽与扭曲，有利于加深对中国传统文化的钩沉与辨析，有利于还原中国社会转型时期的复杂面向。

## 四、儒学研究范式的互补与多元化

目前通用的“范式”（paradigm）概念，是美国哲学家托马斯·库恩（Thomas S. Kuhn）在《科学革命的结构》一书中提出的。[①] 库恩认为，“范式”代表了一个科学共同体成员所共有的内容，这是一种由研究范例的不断累积而形成的模型，可以为科学的深入研究提供一套行之有效的实现方式与判别尺度。按照这个定义，儒学研究范式即从事儒学研究的学者所共同遵循的研究惯例。

近十年来，中西学者对儒学研究范式与方法的探讨十分丰富，大致可以从两个层面加以概述。一方面，从大的时代背景而言，近百年来儒学研究范式的嬗变，是伴随中国文化主体性的觉醒与确立发生的，面对西方研究范式的冲击，儒学内部呈现出新的面貌与特质：比较研究与交叉学科的引进。另一方面，在不同时代和地区儒学研究范式间的互补与激荡中，学界沉淀出了三种占主流的研究方法：哲学史的范式、哲学的范式、经学的范式。以上两个方面的分类是从不同维度对当代儒学研究开展的路径与方法的简绘，本节旨在对过去十年儒学研究范式的丰厚成果进行简单勾勒，并展现当代儒学研究范式的主要内涵和特征。

① 托马斯·库恩：《科学革命的结构》，金吾伦、胡新和译，北京：北京大学出版社，2012年。

### （一）比较研究与交叉学科的引进

自“西学东渐”以来，儒学便受到了外来文化的冲击与刺激。以此为背景，儒学研究也形成了新的路径，主要表现为比较研究与交叉学科的引进。比较研究即以西方哲学的研究范式与理论框架来理解、认知、评价中国传统文化，以期在不同的语境、历史与文本中实现跨文化（cross-cultural）的思想对话。该领域的研究机构以“国际东西方研究学会”为代表，其创建并出版了中文国际学术刊物《东西方研究学刊》，搭建了中文文库“东西方思想家评传系列”，并主办了多届“国际东西方研究论坛”。

“以西释中”是中国文化面对西学冲击应运而生的一种研究路径。顾名思义，就是以西方哲学的概念、范畴、脉络对应中国文化，因其不免带有一种“比附”的意味，因此受到了很多学者的批评与拒斥。如吴震以张东荪的中西比较思想为分析案例，指出比较哲学的研究方法在今天仍然值得省思。① 吴晓明也提出，如果不对比较的限度及前提进行反思，就会为武断且任意的结论提供方便之门。② 可见，近年来学界开始对“以西释中”的研究范式进行反省，已经注意到了这种研究范式可能会使儒学的发展受到一定的限制。

需要说明的是，比较研究的合法性虽然存在争议，但具有重要的现实意义：其一，加快了中国哲学走向世界舞台的步伐。比如，对于当前北美学界对中国哲学的分析和比较研究，新加坡南洋理工大学教授李晨阳有专文回顾。③ 其二，在不同时代与地区研究方式的互补与激荡下，儒学研究融汇了更为丰富

① 吴震：《现代中国哲学的批判性建构：以张东荪中西哲学比较研究为例》，《社会科学》2024 年第 2 期。

② 吴晓明：《中西哲学比较的前提反思》，《学术月刊》2022 年第 3 期。

③ 李晨阳：《比较的时代：中西视野中的儒家哲学前沿问题》，北京：中国社会科学出版社，2019 年。

的研究方法，如分析哲学的方法[①]、实证主义的方法[②]、现象学的方法[③]、诠释学的方法[④]等。除中西哲学领域的交叉外，儒学研究还广泛运用其他学科的方法与内容并由此衍生出多种新兴哲学模式，譬如：社会学及女性主义[⑤]、语言学及语言哲学[⑥]、心理学及知觉哲学[⑦]、数学及逻辑学[⑧]等学科。值得关注的是，大

① 近年有关“分析哲学”的相关研究可参考以下著作：Herman Cappelen, Tamar S. Gendler, John Hawthorne, *The Oxford Handbook of Philosophical Methodology*, Oxford: Oxford University Press, 2016。Giuseppina D'Oro, Søren Overgaard, *The Cambridge Companion to Philosophical Methodology*, Cambridge: Cambridge University Press, 2017。

② 可参考陈志雄：《反身实证化的心性儒学》，《中国文化研究》2019 年第 1 期。

③ 将现象学引入儒学研究，且最富有成效的无疑以张祥龙为代表，可参考张祥龙：《海德格尔与儒家哲理视野中的“家”》，《中国现象学与哲学评论》2015 年第 1 期。张祥龙：《现象学如何进行儒学研究？——论双方方法论的亲和性》，《浙江学刊》2020 年第 6 期。

④ 近年出版的诠释学相关译著有里特尔等：《诠释学：六点辞条系列》，潘德荣、杨栋、鲍永玲等译，上海：华东师范大学出版社，2023 年。使用诠释学重新阐释儒学的相关研究成果也颇为丰富，譬如傅永军：《中国经典诠释传统的现代转型：比较视域下的寻绎》，北京：人民出版社，2023 年。康宇：《中西诠释学史比较研究》，北京：人民出版社，2023 年。姜韦：《布尔特曼与哲学解释学的发展——从海德格尔到伽达默尔和利科》，武汉：崇文书局，2023 年。

⑤ Ann Garry, Serene Khader, Alison Stone, *The Routledge Companion to Feminist Philosophy*, New York: Routledge, 2017.

⑥ Gillian Russell, Delia G. Fara, *The Routledge Companion to Philosophy of Language*, London: Routledge, 2012.

⑦ Mohan Matthen, *The Oxford Handbook of Philosophy of Perception*, Oxford: Oxford University Press, 2015.

⑧ David Papineau, *Philosophical Devices: Proofs, Probabilities, Possibilities, and Sets*, Oxford: Oxford University Press, 2012.

量的哲学思想实验及实验哲学应运而生。① 其三，促进了西方汉学家对中西文化的创造性阐释，如美国汉学家安乐哲建构了“儒家角色伦理学”②，美国汉学家安靖如提出了“进步儒学”③ 等。这都标志着“以西释中”的比较研究范式仍然占据目前国内外儒学研究的主流，并且该范式下的儒学研究也较为成熟，获得了充分的研究实践。

### （二）近年来儒学研究的三条路径

儒学研究范式在过去十年呈现出互补与多元化的趋势，儒学研究者共同遵循的研究惯例不断演进，形成了哲学史、哲学和经学三种主要研究方法。哲学史范式的研究关注儒学思想的历史发展和流派传承，这是百年来由胡适、冯友兰以及李锦全、肖萐父等中国哲学史家在研究中逐渐形成的传统；而哲学范式更侧重文本的普遍性内涵和抽象式解读，凸显对思想系统的整体性反思；经学范式作为传统儒学的核心近年来得到复兴，强调回归经典文献的研究。三种范式并不构成相互冲突的关系。一方面，区别于哲学史范式侧重于思想源流、人物流派的梳理与经学范式坚守传统儒学立场的研究路径，在纯粹哲学的研究范式中，研究者更专注于对典籍文献所传递的普遍性内涵的阐述；另一方面，哲学的研究范式有利于哲学史研究及经学研究的深入，而经学研究作为传统学

① Herman Cappelen, *Philosophy Without Intuitions*, Oxford: Oxford University Press, 2012. Joshua Alexander, *Experimental Philosophy: An Introduction*, Cambridge: Polity, 2012. 当前进展情况参见 Joshua Alexander, Jonathan M. Weinberg, “The ‘Unreliability’ of Epistemic Intuitions”, in Edouard Machery, Elizabeth O’Neill, *Current Controversies in Experimental Philosophy*, London: Routledge, 2014. Justin Sytsma, Wesley Buckwalter, *A Companion to Experimental Philosophy*, Oxford: Wiley-Blackwell, 2016. Amy Kind, Peter Kung, *Knowledge Through Imagination*, Oxford: Oxford University Press, 2016.

② 安乐哲：《儒家角色伦理学：挑战个人主义意识形态》，见贾磊磊、杨朝明主编《第六届世界儒学大会学术论文集》，北京：文化艺术出版社，2014 年。

③ 安靖如、罗妍：《进步儒学与人伦》，《孔学堂》2018 年第 2 期。安靖如：《用进步儒学取代自由儒学》，胡晓艺译，见唐代兴主编《哲学探索》（总第 2 辑），北京：中国社会科学出版社，2021 年。

术“经史子集”之大宗，则为哲学与哲学史的研究增添了传统儒学的生命力。三种研究范式相互补充，相互促进。

1. 哲学史的范式

近十年来，对哲学史研究范式的内在机制与实现路径的探讨都有一定进展。部分学者回溯了胡适《中国哲学史大纲》与冯友兰《中国哲学史》的开创意义。如唐文明指出，冯友兰虽然与胡适存在不同观点，却是在胡著基础上“后出转精的成果”。[①] 郭晓东也认可正是胡、冯二人自觉地以西洋哲学范式处理中国传统思想，才正式确立了中国哲学史的研究框架。[②] 同时，针对冯友兰的《中国哲学史》，陈寅恪、金岳霖和张荫麟各自进行了阐释评价，形成了几篇审查报告，这代表了早期学人对儒学研究路径的探索，目前学界对这几篇审查报告的关注度很高，如刘克敌剖析了三人对冯著评价的异同，以期为目前的中国哲学史研究提供借鉴。[③] 许春华全面地考察了蔡元培之“序”，陈寅恪、金岳霖之“审查报告”，提出西学一方面可视为中国哲学的标杆与引领，另一方面也要警觉“西方哲学遮蔽、瓦解、撕裂中国思想传统”。[④]

但随着中国的现代转型，儒学也需要回应时代问题、应对时代挑战，因此学界出现了“重写哲学史”的呼声。杨国荣指出，中国哲学既是世界哲学的一部分，又具有自身的独特性，反思和书写中国哲学史的意义就在于为当代的哲学建构提供中国智慧。[⑤] 宋志明检讨了重写哲学史的前提与方法，认为应抱着辩证评估的态度品评每一位哲学家的学说贡献及时代局限。[⑥] 金春峰颇具

① 唐文明：《中国哲学研究中的真理与方法问题》，《哲学动态》2022 年第 10 期。

② 郭晓东：《论经学与中国哲学自主知识体系的建设》，《国学学刊》2023 年第 3 期。

③ 刘克敌：《一部哲学史引出的学术“四重唱”——以围绕冯友兰著作的几篇“审查报告”和书评为核心》，《东岳论丛》2022 年第 8 期。

④ 许春华：《“中国的”与“哲学的”双重理路——以蔡元培之“序”、陈寅恪与金岳霖之“审查报告”为中心的探讨》，《孔子研究》2022 年第 4 期。

⑤ 杨国荣：《走进历史的深层——关于重写中国哲学史的思考》，《中国社会科学》2022 年第 6 期。

⑥ 宋志明：《论重写中国哲学史的方法》，《河北学刊》2014 年第 1 期。

特色地提出，《周易》是中国哲学的重要资源，也是重写哲学史的关键前提。[①]总体来看，哲学史的研究范式是近百年来儒学研究的一种成熟范式，具有深厚的研究积累。但在新时代的儒学研究中，学界也开始进行反思与更新，这无疑是对儒学研究范式的一种良性的改进。

2. 哲学的范式

"哲学"一词是对照西方的学术传统而来的概念，前面冠以"中国"二字代表了哲学所从属的地域。区别于哲学史研究范式对思想源流与人物流派的梳理，在哲学研究范式中，文本的训诂考据工作被弱化，研究者更专注于对典籍文献所传递的普遍性内涵的阐述，当前体现为多种哲学学派：相对主义[②]、认知主义[③]、直觉主义[④]等。例如林安梧深入阐述了哲学与哲学史的关系，认为哲学的研究有利于哲学史研究的深入，而有了哲学史的研究，哲学的研究才能更恰当。[⑤]陈来以冯友兰的伦理思想为例，提出今天面对传统道德文化要进行创造性转化。[⑥]陈少明重视中国文化精神与经验，提揭了想象力在哲学研究中的重要性，认为不应局限于具体的研究方法，应当致力于"用哲学的方法处理

---

① 金春峰:《〈周易〉对中国哲学史研究之重要意义——以若干重要问题为例兼论重写中国哲学史》,《周易研究》2018 年第 3 期。

② Maria Baghramian, *Relativism*, London: Routledge, 2004. Paul Boghossian, *Fear of Knowledge: Against Relativism and Constructivism*, Oxford: Clarendon Press, 2006. Timothy Williamson, *Tetralogue: I'm Right, You're Wrong*, Oxford: Oxford University Press, 2015.

③ Amy Kind, Peter Kung, *Knowledge Through Imagination*, Oxford: Oxford University Press, 2016.

④ Kenneth Boyd, Jennifer Nagel, "The Reliability of Epistemic Intuitions", in Edouard Machery, Elizabeth O'Neill, *Current Controversies in Experimental Philosophy*, London: Routledge, 2014. Joshua Alexander, Jonathan M. Weinberg, "The 'Unreliability' of Epistemic Intuitions", in Edouard Machery, Elizabeth O'Neill, *Current Controversies in Experimental Philosophy*, London: Routledge, 2014.

⑤ 林安梧:《正视中国哲学的主体性:兼论研究者的态度、话语与方法》，见杨永明主编《当代儒学》(第 21 辑)，成都：四川人民出版社，2022 年。

⑥ 陈来:《冯友兰的伦理思想》,《中国哲学史》2019 年第 1 期。

经典的思想文献”。[①] 陈立胜强调，应摒弃价值地位的中国意识，回归传统的“大同”意识，从而凸显中国哲学的普遍性与可沟通性。[②] 景海峰敏锐地察觉到经典的时间意义有所减弱，认为在现代的文化意识下很难完全回到古代，需要重新解读与复活传统文化。[③]

另一些学者则越出了传统儒学的视域，并进一步提出自己的见解，杨国荣注重理解哲学思想与人类文明的对应性，提出要跨越不同知识的界限，将中国传统与西学资源共同视为智慧之源。[④] 孙周兴深化对哲学的理解，关注了技术工业所带来的冲击，提出在新的时空观下，哲学必须面向未来展开。[⑤] 上述观点的共同性在于：一方面，都致力于沟通古典思想与现代哲学，力图展望一个思想丰富、义理深刻的哲学论域；另一方面，也表明儒学传统尽管历经千年，但是在新时代的语境中，仍然焕发着强大的生命力和创造力。

3. 经学的范式

“以西释中”的相关理论建构或借鉴西方哲学的研究方法，或对照西学中的概念、范畴，尽管在不同视域下，其研究者的主从关系是变化的，但都可以归入中西比较哲学研究的类目中。如果说“哲学史范式”与“哲学范式”都具有这样的比较色彩，那么与之不同的是，还有一类研究者完全坚守传统儒学的立场，坚持“以中释中”的研究路径，如近十年来经学研究的复兴。

经学是传统儒学的主要形态。晚清以来，受到社会转型与“西学东渐”的影响，经学体系逐渐瓦解，现代的经学偏重于文献考证与史料梳理，失落了传统经学的意义。然而，近年来经学研究逐渐回暖，成为学界的重要讨论内容。

---

① 陈少明：《“做中国哲学”再思考》，《哲学动态》2019 年第 9 期。

② 陈立胜：《通向“世界”的中国哲学：路径与反思》，《哲学动态》2022 年第 10 期。

③ 景海峰：《经典与现代性》，《文史天地》2023 年第 3 期。

④ 杨国荣：《如何做哲学：进路与思考》，《广东社会科学》2024 年第 3 期。

⑤ 孙周兴：《为什么哲学成了未来之学？》，《社会科学战线》2024 年第 1 期。

无论是《中国经学》《新经学》等刊物的相继出版，还是一大批经学著作[①]的陆续问世，都体现了这一趋势。具体来说，关于如何看待经学的复兴，杨国荣取径于人文研究与经学研究的离合关系，提出经学的复兴不应只停留在“历史形态”，还要实现新的“现代建构”。[②]陈赟以文明论为视域，指出经学独立于文献学与历史学，恰好能够“在思想与制度之间建立连接，在教化与政治之间建立连接”。[③]经学是传统学术体系的大宗，经学的衰落与兴盛代表了晚清以来儒学的时代命运与发展趋势。经学再度成为研究焦点既凸显了儒学的生命力，也为中国哲学的未来发展指明了方向。

近十年来，英语世界的中国经学史研究以美国学者韩大伟（David B. Honey）为代表，韩大伟潜心经学，立志撰作《中国经学史》(计划出版五卷)，已纂成《中国经学史》第一卷《周代卷：孔子、〈六经〉与师承问题》[④]、第二卷《秦汉魏晋卷：经与传》[⑤]、第三卷《南北朝、隋及初唐卷：文献学的衰落与诠释学的崛兴》[⑥]。其中，《周代卷：孔子、〈六经〉与师承问题》多依赖于西方所理出的新诠释理论，《秦汉魏晋卷：经与传》《南北朝、隋及初唐卷：文献学的衰落与诠释学的崛兴》则借用西方研究焦点和方法。目前，其正在撰写《清

① 相关著述十分丰富，不胜枚举，在此仅按照时间顺序试举一些代表性专著。陈壁生:《孝经学史》，上海：华东师范大学出版社，2015 年。曹建墩:《战国竹书与先秦礼学研究》，北京：人民出版社，2018 年。曾亦:《拜礼研究》，上海：上海古籍出版社，2019 年。姜广辉:《中国经学史》，长沙：岳麓书社，2022 年。程苏东:《汉代洪范五行学：一种异质性知识的经学化》，北京：北京大学出版社，2023 年。

② 杨国荣:《人文研究与经学探索》,《江西社会科学》2024 年第 1 期。

③ 陈赟:《文明论视域内的儒学研究：分化、整合与超越的可能性》,《探索与争鸣》2018 年第 7 期。

④ 韩大伟:《中国经学史 · 周代卷：孔子、〈六经〉与师承问题》，唐光荣译，北京：社会科学文献出版社，2018 年。

⑤ 韩大伟:《中国经学史 · 秦汉魏晋卷：经与传》，黄笑译，北京：社会科学文献出版社，2019 年。

⑥ 韩大伟:《中国经学史 · 南北朝、隋及初唐卷：文献学的衰落与诠释学的崛兴》，童岭、陈秋、李晔译，北京：社会科学文献出版社，2023 年。

代卷上：清初到乾嘉中》《清代卷下：乾嘉中到清末》。该丛书填补了西方学界中国经学研究的诸多空白，甚至对中国学界的经学史研究也有相当的启发。

总而言之，中西比较哲学研究的出现与兴盛具有不可忽视的时代背景与文化视域因素，这一现象最初只是一种应对西学冲击的反应模式，后来才演变为相对规范的比较研究。当前国际儒学研究面临着如何择取不同的方法与内容的问题，换言之，研究路径之合法性的确立不仅仅基于哲学的立场，也代表了当前研究者自己的方法论思考，及其对儒学未来研究方案的体认。21 世纪初就曾兴起关于“中国哲学合法性”问题的讨论，这印证了学术界重新考量中国哲学自身位置与未来的努力。

# 第五章

# 跨领域对话与理论阐发交相辉映

回溯中华历史的浩瀚长河，在过往岁月中，中国始终秉持着和平且包容的姿态，接纳了来自异域的几大重要宗教，即佛教、伊斯兰教及基督教。作为中国传统文化思想的核心，儒学与佛教、伊斯兰教、基督教等源自异域的宗教，展开了旷日持久、深入透彻且双向互动的文化交流与借鉴。

这种文明与宗教的对话，在不同时期呈现为佛教东传、伊儒会通、西学东渐的阶段性过程，体现出中华文化和而不同、开放包容、互学互鉴的文化性特征。步入21世纪，世界各大文明之间的交流互动在空间维度上不断拓展，跨越地域、国别的限制；在时间维度上持续深入，不再局限于一时一事。就深度而言，交流不再停留在表面，而是深入思想、价值观等核心层面；从广度来讲，交流涵盖了社会生活的方方面面。这种全方位的交流互动，逐步推动着“文明因多样而交流，因交流而互鉴，因互鉴而发展”这一理想愿景的实现。尤其是近十几年来，儒学在不同文明的跨领域对话中日益活跃，世界各地的学者乃至各界精英，围绕不同领域的问题展开讨论。这种探讨打破了地域与学科的界限，促进了东西方人文学术之间的相互借鉴，为双方学术发展注入了新的活力。同时，催生了“群科治儒”的崭新局面，众多学科从不同角度对儒学展开研究，推动了交叉学科理论成果的不断涌现，为人类知识体系的发展与丰富贡献了独特力量。

## 一、儒学与异域宗教文明对话多层面推进

### （一）关于“文明多样性”的论争此起彼伏

在人类文明发展的过程中，形成了以西方的基督教文明、中东的伊斯兰教文明、东亚的儒教文明、南亚的印度教文明为主要代表的多元文化圈。这些文化圈各自拥有独特的价值观念、信仰体系、社会制度以及行为模式，它们共同构筑起人类文明绚丽多彩的宏大格局。冷战结束后，国际政治格局发生了深刻变革。美国学者亨廷顿（Samuel Huntington）提出了极具影响力的“文明冲突论”，认为21世纪国际政治角力的核心单位不再是国家，而是不同文明、不

同文化信仰体系。在这样的背景下，“多元主义”理念迅速崛起，成为缓解国际紧张局势、促进不同文明和谐共处的重要理论与实践选择。正如学者王学典所言：“完善全球安全治理，维护世界和平秩序，最关键的就是解决好不同文明之间如何相处这一根本问题。而解决好此一问题，首先应该承认一个前提，这就是，多样性是人类文明的本来面目。”①

事实上，“文化多样性”（Cultural Diversity）这一概念在近二十几年才逐渐受到广泛关注并成为热门话题。它是对“全球化”运动或趋势的一种回应与反思，其起源可追溯至联合国教科文组织第 31 届大会通过的《世界文化多样性宣言》。这一宣言强调，文化多样性对于人类社会发展至关重要，文化多样性之于人类社会的重要性犹如生物多样性之于生态系统，文化多样性是维持人类文明生态平衡、推动人类文明持续进步的关键要素。

人们对“文明多样性”问题的关注，引发了学术界此起彼伏的论争。国外学术界比国内学术界更早聚焦这一议题，相关研究著述层出不穷。如德国哲学家卡尔·雅斯贝斯在《历史的起源与目标》② 中提出了“轴心时代”理论，德国历史哲学家奥斯瓦尔德·斯宾格勒（Oswald Spengler）在《西方的没落》③ 中建立了“文化的形态学”，英国文化史家阿诺德·汤因比（Arnold J. Toynbee）在《历史研究》④ 中建立了有关文化进化的“挑战—应战”行为主义理论模型。第三世界的学者也参与了讨论，如埃及学者萨米尔·阿明（Samir Amin）在《世界一体化的挑战》⑤ 中将现代资本主义世界体系产生之前的世界分为三个重要文化中心，并主张在“全球化”的时代背景下，应该尊重不同文化中心的历史和价值系统。

---

① 王学典：《多样性是人类文明的本来面目》，《大众日报》2023 年 9 月 26 日，第 10 版。
② 卡尔·雅斯贝斯：《历史的起源与目标》，李夏菲译，桂林：漓江出版社，2019 年。
③ 奥斯瓦尔德·斯宾格勒：《西方的没落》，齐世荣、田农译，北京：商务印书馆，2001 年。
④ 阿诺德·汤因比：《历史研究》，刘北成、郭小凌译，上海：上海人民出版社，2005 年。
⑤ 萨米尔·阿明：《世界一体化的挑战》，任友谅、金燕、王新霞等译，北京：社会科学文献出版社，2003 年。

综合来看，当代学者们关于“文明多样性”的研究集中在三个方面：

一是基于人类学视野对文化多样性的形成原因进行研究，认为现代文明社会中文化的差异性或特殊性更多地体现出一种文化的本质。这种观点主要体现在美国著名文化人类学家露丝·本尼迪克特（Ruth Benedict）《文化模式》[①]一书中。

二是在承认文化多样性的前提下提倡“文化间性”，其核心在于探究不同文化平等对话、和平共处的可能性。杰克·基欧（Jack Kehoe）在《民族优越感、自尊与文化多样性的赞赏》[②]一文中，以及比库·帕雷赫（Bhikhu Parekh）在《文化多元主义与多样性的界限》[③]一文中，都表达了类似观点：几乎每一个现代社会中，都存在着一些生活方式与文化形态有别于主流社会的群体，社会应尊重这种独特性，在文化包容、自尊和民族优越感之间建立一种积极的对话关系，形成保护文化多样性的社会机制，这无疑有利于现代社会的健康发展。针对文化一元霸权，欧文·拉兹洛（Ervin Laszlo）在《决定命运的选择》[④]中宣称，不同文化的人所秉持的众多观点和观念，只要彼此之间互不对抗，就能为当代世界增添丰富性和活力。文化多样性所倡导的不同文化之间的多元关系，是维持各种文化间张力结构的坚实保障。

三是思考儒学在文化多样性中究竟扮演怎样的角色，在这一探索进程中，第三代新儒家、美国夏威夷儒学以及波士顿儒学，在推动儒学世界化方面成绩斐然。刘述先着眼于全球伦理，着力挖掘儒家伦理蕴含的新人文主义内涵，展现出儒家思想在当代伦理构建中的独特价值；杜维明则以新型全球社会伦理为框架，深入探寻儒学现代化的多元路径，试图赋予古老的儒学以时代生命力。

① 露丝·本尼迪克特：《文化模式》，王炜译，北京：社会科学文献出版社，2009 年。

② Jack Kehoe, “Ethnocentrism, Self-Esteem and Appreciation of Cultural Diversity”, *Canadian Ethnic Studies*, 1982(3).

③ Bhikhu Parekh, “Cultural Pluralism and the Limits of Diversity”, *Alternative*, 1995(4).

④ 欧文·拉兹洛：《决定命运的选择》，李吟波、张武军、王志康译，北京：生活·读书·新知三联书店，1997 年。

值得一提的是，美国有两大颇具影响力的学派，它们在运用新方法进行儒学研究时成果显著。这两大学派均诞生于中西文化的直接碰撞与对话之中，以英语为工具对儒学展开深度阐释。其一，是以安乐哲教授为代表的“夏威夷儒学”；其二，是以南乐山教授和白诗朗教授为代表的“波士顿儒学”。这些学者秉持开放包容的学术心态，巧妙运用过程思想、实用主义、分析哲学、解释学、现象学、结构主义以及多元融合等多种理论或方法，成功构建起各具特色的新儒学体系。此种对话与诠释，不仅丰富了儒学的理论内涵，也为西方文化注入了新的活力，起到了补充与修正的积极作用。可以看到，北美的汉学家与哲学家们正全力以赴，推动儒学迈向世界性哲学的行列。他们的努力在思想层面极大地拓展了世界对中国文化理解的深度与广度，使中国文化在全球范围内得到更为广泛且深入的认知。诚如蔡德贵所言：“儒学要真正现代化，就必须真正世界化。波士顿儒学与夏威夷儒学为我们开了一个很好的头。”他们的探索与实践，为儒学的未来发展开辟了新的方向，也为不同文化间的交流互鉴提供了宝贵范例。

### （二）儒家文明与三大宗教文明的对话持续推进

首先，儒家文明与基督教文明之间的对话如火如荼。当今时代，全球在经济与政治领域积极构建世界体系，同时，普世伦理维度的文化价值建构也迫在眉睫。学者们敏锐地意识到，我们正站在时代的转折点上，急需摆脱独白时代的禁锢，告别各自封闭的文化传统，朝着开放、互动、包容的跨文化对话大步迈进，从而达成人类最低限度的共识。这不仅是时代发展的必然要求，更是促进不同文明相互理解、携手共进的关键路径。

在对话探索中，学者们的研究视角多元。他们有的聚焦于“全球伦理”的跨文化建构，以基督教和儒家文化的“道德金律”或核心概念为切入点展开探讨，如谢文郁的《建构和解构：耶儒在张力中互动》[①]、庄祖鲲的《说禅论道——

① 谢文郁：《建构和解构：耶儒在张力中互动》，见罗秉祥、谢文郁主编《耶儒对谈：问题在哪里？》，桂林：广西师范大学出版社，2010年。

基督教与儒、释、道之对话》[1]、田薇的《基督教与儒家——宗教性生存伦理的两种范型》[2]、黄保罗的《儒家与基督教中的饶恕概念》[3] 等著述，都是从如何克服自我中心主义、实现相互承认、明确共同责任这三个方面，深入剖析建构全球伦理的前提条件与可能性。

有的从儒学宗教性角度切入，摒弃简单的宗教哲学比较，更加注重基于对儒学宗教性的多元考察来推动跨文化对话。例如，杜维明从文明对话的视角出发，挖掘儒学在不同文明交流中的独特价值；刘述先侧重于终极关怀层面，探讨儒学给予人们精神指引的深层内涵；成中英则从本体论和普遍哲学的角度，阐释儒学宗教性的本质特征，以此回应“儒耶对话何以可能?”这一根本性问题。

还有的对对话模式本身进行反思，进而加以创新。像张志刚在《论五种宗教对话观》中将现有的三种宗教对话观（排他论、兼并论、多元论）拓展为五种（新增兼容论、实践论）[4]；杨慧林在《“宗教间对话”与“宗教内对话”》中细致区分了“宗教间对话”与“宗教内对话”的模式、限度及障碍[5]；雷蒙·潘尼卡（Raimon Panikkar）在《宗教内对话》中，把宗教对话的内在平台从比较哲学转变为对话哲学[6]。

然而，这些理论创新在试图跨越横向差异、实现纵向统一的进程中，也遭遇了困境：一方面，各宗教需要坚守自身的独立性，维护其独特的信仰体系与文化内涵；另一方面，各宗教又必须寻找一个共同的基点，以便开启真正富有成效的对话。

---

① 庄祖鲲:《说禅论道——基督教与儒、释、道之对话》，北京：世界知识出版社，2009 年。
② 田薇:《基督教与儒家——宗教性生存伦理的两种范型》，北京：清华大学出版社，2022 年。
③ 黄保罗:《儒家与基督教中的饶恕概念》，见尼山世界文明论坛组委会秘书处编《第三届尼山世界文明论坛论文集》，2014 年。
④ 张志刚:《论五种宗教对话观》,《世界宗教文化》2010 年第 2 期。
⑤ 杨慧林:《“宗教间对话”与“宗教内对话”》。网址：https://www.xinde.org/show/45795。
⑥ 雷蒙·潘尼卡:《宗教内对话》，王志成、思竹译，北京：宗教文化出版社，2001 年。

其次，儒家文明与伊斯兰文明之间的对话有序推进。近十几年来，南京大学与美国哈佛－燕京学社携手主办了4次意义深远的儒伊学术对话，首次对话聚焦于深入研讨中国历史长河中穆斯林与非穆斯林之间的交流碰撞历程，此次对话的一大亮点在于将儒伊文明对话的范畴从传统的宗教哲学与思想史领域，大胆拓展至文献学、地理学等更为广阔的学术天地。这一突破性的拓展，为全球的伊斯兰文化发展提供了内生动力与有益借鉴。第二次对话则着眼于如何正确认识当前伊斯兰世界所面临的紧迫问题，着重探讨了中国穆斯林和非穆斯林学者应当具备怎样的对话意识，旨在通过深度交流，不断增进彼此的文化自觉与文化认同。这种基于平等对话的文化自觉与认同，对于促进不同文化群体之间的相互理解、和谐共处具有至关重要的意义。2017年1月，河北大学伊斯兰国家社会发展研究中心、伊朗德黑兰书城联合主办了“孔子与萨迪在当代——文化巨人以及他们背后的文化”国际学术研讨会，此次会议犹如一阵清风，消弭了“文明的冲突”这一杂音，积极倡导和而不同的文明交流理念，为不同文明之间的友好对话与交流营造了良好的氛围。同年9月，马来西亚拉曼大学中华研究中心汉学组与马来西亚国际伊斯兰大学神学与比较宗教学系共同召开了“伊斯兰、儒家与文明的中庸之道”国际会议。会议从家庭与教育、社会与团结、民族与国家、环境与永续问题、宗教与传统等多个维度，深入挖掘儒学与伊斯兰教教义之间的深层联系与共通之处。这种跨学科、多维度的探讨方式，为儒家文明与伊斯兰文明之间的对话开辟了新的视角，有助于发现两种文明在不同领域的共通之处与互补优势。同年10月，由国际儒学联合会、伊朗阿拉梅·塔巴塔巴伊大学和北京外国语大学共同主办的“国际儒学论坛——中国文明与伊朗文明对话”在德黑兰隆重举行。来自各方的100多名专家学者齐聚一堂，围绕儒家思想与伊朗古代伦理学的比较研究、古代丝绸之路与中伊文明交流的历史及启示、今日“一带一路”倡议的背景和意义、波斯语与伊朗文学在中国的现状、今昔中伊文化科技交往机制探析等多项意涵丰富且深刻的议题，展开了热烈而深入的交流。

这些学术会议中的思想碰撞与争鸣，犹如璀璨的火花，照亮了儒家文明与伊斯兰文明对话的道路。它们对于推进儒伊对话、接续儒伊传统、探寻伊斯兰教中国化的基本路径、增强中华民族共同体意识，发挥着举足轻重的作用。通过这些持续且深入的对话交流，儒家文明与伊斯兰文明在相互尊重、相互理解的基础上，不断汲取对方的智慧与精华，共同为构建人类命运共同体贡献独特的文化力量。

最后，儒学与佛教之间的对话历久弥新。在漫长的历史进程中，儒学与佛教之间的对话始终保持着活力。佛教在西汉时期传入中国，自此与儒学开启了长达千年的互动之旅，二者关系历经排斥、比附、吸纳、互通等多个阶段，相关的研究成果浩如烟海。近十年来，随着宗教对话与宗教会通理论的兴起，学界对儒佛关系的研究取得了长足的进步，宗教会通的格局也迎来了前所未有的积极变化。在这一学术发展浪潮中，主要形成了以下三个研究方向：

其一，多学科交叉视角下的异同与关系研究。学者们从范畴、命题、思想观念等多个层面，深入剖析儒学与佛教的异同点、相互关系以及二者对话的可能性。在这一研究过程中，融入了比较宗教学、美学、教育学、心理学等多学科交叉的研究视角，从多个维度立体地展现了儒佛之间互动的历史进程与内在逻辑理路。例如，赖永海所著的《佛学与儒学》，就通过深入的研究，为我们呈现了二者在思想层面的交融与碰撞。[1]

其二，互为他者视角下的儒佛观研究。学者们从儒学与佛教的独特视角出发，审视儒佛关系的展开。采用互为他者的研究方法，深入探讨儒者的佛教观以及佛教学者的儒学观，使“儒家佛学观”与“佛家儒学观”相互呼应，从而进一步深化对儒佛关系的认知、理解与判断。像崔海东在《唐代儒士佛教观研究》中，聚焦唐代儒士的佛教观念[2]；张云江在《唐君毅佛教哲学思想研究》中，剖析唐君毅的佛教哲学思想[3]；陶武在《严儒释之辨，破图貌之误——论

① 赖永海：《佛学与儒学》，北京：中国人民大学出版社，2017年。
② 崔海东：《唐代儒士佛教观研究》，南京：东南大学出版社，2015年。
③ 张云江：《唐君毅佛教哲学思想研究》，北京：高等教育出版社，2016年。

戴震的佛学观》中，探讨戴震的佛学观[①]；代玉民在《宋代僧人儒学观研究——以智圆、契嵩、惠洪、宗杲为中心》中，研究宋代僧人对儒学的看法[②]；耿静波在《会通与超越——北宋契嵩〈辅教编〉思想阐微》中，解读了北宋契嵩《辅教编》的思想[③]。这些研究成果从不同角度丰富了我们对儒佛观的认识。

其三，跨文化对话与佛教中国化的思考。学者们积极思考如何进一步推动跨文化的对话以及佛教中国化进程，如蔡祥元在会议论文《跨文化与未来哲学》中指出，在跨文化的比较研究中，要以融通来代替比较，要在交互中生成新的视域，要在过去和未来之间寻找平衡张力，而非在两种不同的文化传统之间寻找相似性。[④]此外，牟钟鉴提出中华文化的“多元通和模式”，并在其《儒道佛三教关系简明通史》一书中，深入探讨了儒道佛三教和而不同、共生共荣的文化生态关系，为理解儒佛关系提供了更为宏观的视角。[⑤]郭齐勇也认为，在儒佛的对话问题上，更多的应是一种“会通”而非“对话”，儒佛在社会伦理和入世关怀两大方面取得了重大突破，传统的宗教对立的基础已经渐渐消失，也使得宗教会通的局面获得了前所未有的改观。[⑥]

### （三）全球化语境下的儒学价值深度发掘

在全球化浪潮的席卷下，学术研究的语境发生了深刻变革。全球化语境要求研究者突破某种思想所固有的文化语境的束缚，以全新视角进行学术研究。正因如此，众多西方儒学研究者纷纷投身于全球化语境主义方法论的怀抱，借此对儒家思想展开全新诠释。

在这一学术探索进程中，“儒学是否能够迈入全球化、世界大同化、普世

① 陶武：《严儒释之辨，破图貌之误——论戴震的佛学观》，《学术界》2013 年第 8 期。

② 代玉民：《宋代僧人儒学观研究——以智圆、契嵩、惠洪、宗杲为中心》，南京大学硕士学位论文，2015 年。

③ 耿静波：《会通与超越——北宋契嵩〈辅教编〉思想阐微》，《理论月刊》2018 年第 3 期。

④ 蔡祥元：《跨文化与未来哲学》，“太湖论学：儒学与文明互鉴研究”会议论文，2022 年。

⑤ 牟钟鉴：《儒道佛三教关系简明通史》，北京：人民出版社，2018 年。

⑥ 郭齐勇：《宗教会通、社会伦理与现代儒佛关系》，《世界宗教研究》2011 年第 4 期。

化的时代?”成为核心议题，引发了广泛而深入的讨论。众多学者对此持肯定态度，他们从不同角度展开研究，为儒学在全球化背景下的发展提供了丰富的理论支撑与实践路径。例如，安格尔（Stephen Angle）和斯鲁特（Michael Slote）主编的《德性伦理与儒学》一书，堪称跨文化对话的典范之作。这本书汇聚了中美哲学家关于德性伦理与儒家传统的关系的对话成果，书中收录的二十余篇文章，生动地展示了不同文化传统相互碰撞时产生的思想火花，以及跨文化交流中刺激、挑战与互动的无限可能性。[①] 通过这些文章，我们可以清晰地看到儒家思想在与西方德性伦理对话过程中所展现出的独特魅力与当代价值。这些文章为儒学在全球范围内的传播与发展提供了有力的思想交流范例。德兰蒂（Gerard Delanty）则从世界主义思想的角度，深入剖析了全球化语境下儒学研究面临的挑战。他指出，当今世界主义思想面临的关键问题在于文化与概念的翻译。尤其是在中国传统思想和印度思想研究领域，有三个与世界主义紧密相关的问题亟待解决：一是长期存在的欧洲中心主义思想严重阻碍了对东方思想的客观理解与接纳；二是普遍主义与语境主义的立场冲突使得在研究过程中难以准确把握思想的内涵与适用范围；三是中西方概念与问题的文化翻译困难重重，这需要学者们突破原有的西方思想传统界限，以更加开放、包容的心态去理解和诠释东方思想。只有解决好这些问题，儒学才能在全球化语境中实现更有效的传播与发展。[②] 还有学者另辟蹊径，聚焦于西方环境中全球化与儒学化的非经济成果。通过深入剖析，这些研究揭示了在全球化经济带动下，儒学如何实现从东方到西方的文化影响与渗透。[③]

在全球化浪潮持续推进、多元文化交流碰撞日益频繁的时代背景下，儒家思想在国际舞台上的影响力不断攀升，相关国际交流活动接连不断，有力地

① Stephen Angle, Michael Slote, *Virtue Ethics and Confucianism*, London: Routledge, 2013.

② Gerard Delanty, “Not All Is Lost in Translation: World Varieties of Cosmopolitanism”, *Cultural Sociology*, 2014(4).

③ Szu-Fang Chuang, “Confucianization through Globalization: Evidence from the US”, *Journal of Chinese Human Resource Management*, 2012(2).

推动了儒家思想与全球多元文化的深度融合。以“儒家思想与全球化世界中的新人文主义”为主题的巴黎尼山世界文明论坛，在联合国教科文组织总部盛大开幕。此次论坛意义非凡，吸引了驻联合国教科文组织的各国使节，以及法国政界、教育界、文化界等各界人士，共计200多人出席。论坛精心设置了“和而不同与全球化世界的迫切需求”“和而不同与文化对话”“和而不同与新人文主义”三个分议题，围绕这些议题，来自中国、法国、英国、美国等9个国家的20多位国际组织官员、社会学家和历史学家齐聚一堂，展开了一场高规格、深层次的高端对话，展示了西方学者在儒学与全球化关系问题上的研究兴趣。与会学者们一致认为，当人类有关尊严、公共参与、可持续发展的愿望日益强烈的时候，需要从孔子和亚洲哲学那里获取新人文主义的智慧，以此来构建不同地区之间、人与自然之间的和谐状态。2014年10月，在夏威夷大学举办了一场主题为“世界文化秩序转变中的儒家价值观”的国际会议，聚焦世界儒学在全球化语境下的动态变化，深入探讨其转变与生成过程。众多专家学者共同探讨在世界文化新秩序的构建进程中，儒家价值观的解构、建构与重构等关键问题。通过交流与研讨，进一步挖掘儒家价值观在当代社会的全新内涵与价值，为其在全球化背景下的传承与发展探寻新的路径。

从整体态势上看，自“9・11”事件发生以来，世界局势发生了深刻变化，不同文化信仰间的冲突呈现出日益加剧的趋势。这一严峻现实引发了人们对文明对话的深度反思与热烈探讨。我们究竟是选择文化冲突与文化霸权主导而引发战争，还是选择文明对话与文化多元而实现共存，对这一问题的不同回答将会导致人类命运的不同走向。全球化具有强大的“去中心化”体制力（Institutional Constraints），这种力量深刻地影响着各个领域，尤其在文化层面，表现为各区域文化通过碰撞与对话，形成了一种独特的“全球地方化”（Glocalization）特征。在这一过程中，不同文化不再孤立发展，而是相互交织、相互影响，在交流中实现创新与融合。当代儒学研究也凭借自身理论的特质性，在与这些后现代思潮的激烈碰撞中，为文明对话以及儒学在全球哲学中的位置等问题拓展更为哲学化的思考与视域。

从学术路径上看，我们需要进一步推动跨文化、跨传统、跨宗教的思想互动与交流。一方面，精通西方哲学的学者，可以利用自己的学术背景优势来研究儒学，以此来开拓中国哲学的研究视野，并给出他者视角，为中国哲学的现代化、国际化开辟路径。另一方面，儒学研究也可以使西方更加清晰地了解中国传统文化的存在意义与价值，转变长久以来西方中心主义的思维定式，为中西之间的对话融合搭建必要的桥梁。

从现实路径上讲，哈贝马斯（Jürgen Habermas）关于主体间相互理解、平等对话的“交往理性”原则可被用于文化间的相互理解和平等对话。对话的任何一方都不应将自身所在的文化系统看作自足的、无缺陷的、人类唯一有价值的文明形态，而要理解自身文化的有限性和其他文化的相对合理性。不仅如此，还要看到任何一种文化系统都是对人类文明的独特贡献，因而有值得尊重的独特价值。因此，我们并不急于在任何一种文化的基础上建立什么“普世价值”，而是要在不同文化的相互交往中寻找能被不同文化所接受的“最大公约数”，从而引导不同“文化”的区域性特征向人类共有的“文明”准则靠拢。

最后，我们强调在多元文化的格局下，儒学应该以更加积极和开放的姿态参与文明对话，通过对话与交流，来消除歧见与误读，进而增进理解与宽容，达致和平共存与共生共荣。儒学作为一个开放系统，自古以来就有其鲜明的包容性特征，这一点从中国历史上文化的交流和融合完全可以看出，我们一直推崇的是“要对话不要对抗”，是“和而不同”，是“美美与共”。儒学可以很好地为世界文明对话提供原则，以资文明对话借鉴。韩国学者金圣基认为，在全球化时代，迫切需要孔子这样有着高度文化自觉与理论自觉的人，来促进多民族国家中民族关系的良性运行与协调发展。而德国汉学家施寒微则认为，儒家思想对中国乃至全世界都有深远影响，中国与欧洲需要增进彼此理解，实现双向奔赴。对此，国内学者王学典也有相同判断：“今天，造成人类社会种种风险和困境的一个重要原因，可能与不同文明之间无法做到相互理解、相互尊重、相互信任有关。不理解其他文明，就会故步自封，自设藩篱，拒绝交流，从而导致文明间的隔阂；不尊重其他文明，就会以自己的文明优越感否定其他文明，甚至将自己的价值观和生活方式强加于人，将文明隔阂升级为意识形态对抗；不信任其他文明，就会对其他文明心怀戒惧，以零和思维方式看待其他文明的发展壮大，以致排斥打压其他文明。”①

## 二、儒学与现象学的会通及“心性现象学”等理论创展

在二十世纪的西方哲学领域，现象学无疑是最为重要且影响最为深远的显学之一。它犹如一场思想的革新风暴，彻底变革了西方哲学传统，为现代哲学诸多流派的蓬勃发展提供了丰富的理论源泉与深刻的启发。同时，以胡塞尔（Edmund Husserl)、海德格尔、萨特（Jean-Paul Sartre)、梅洛－庞蒂（Maurice Merleau-Ponty）等为代表的现象学家的影响力已经突破欧美，其思想远播中国，为中国现代哲学与人文社会科学的发展注入了崭新的活力。早在二十世纪初期，熊伟、沈有鼎等前辈学者便亲赴胡塞尔、海德格尔等人的现象学课堂，近距离感受现象学的思想魅力。他们积极投身于学术交流与传播，将胡塞尔与海德格尔的理论作品引入国内。自此，现象学在中国这片学术沃土上迅速生根发芽，茁壮成长，逐渐成为备受瞩目的热门研究领域。当代国内学者试图将现象学作为沟通中西思想的桥梁，发掘现象学与中国传统哲学相结合的思想潜力，并充分利用现象学的视野与方法来重现中国古代哲学的思想潜能与蓬勃生机，这既是现象学近百年发展历程中的重要节点，也是以儒学为代表的中国哲学实现当代转型与自我更新的重要机遇。

近二十年来，现象学与中国哲学尤其是儒学的相遇与结合，主要是从心性、道体、人伦、生活等角度来切入并呈现的，由此衍生出心性现象学、天道现象学、亲亲现象学、生活现象学等多元理论形态。当然，有学者指出，在上述不同进路以及相应的不同现象学形态中，唯有亲亲的进路和亲亲现象学是专属儒家的，心性进路和心性现象学、道学进路和天道现象学等并不限于儒家，

① 王学典：《多样性是人类文明的本来面目》，《大众日报》2023 年 9 月 26 日，第 10 版。

也与佛、道等其他思想形态交织在一起。[①] 在这场当代现象学的儒学转向浪潮中，三位极具代表性的学者凭借深厚的学术造诣与卓越的学术洞察力，发挥着至关重要的引领作用，为现象学与儒学的融合发展贡献了不可忽视的智慧与力量。

### (一)“心性现象学”蓬勃兴起，儒家思想与西方现象学深度对话

瑞士知名的现象学家、汉学家耿宁，在心性现象学领域占据着重要地位，堪称运用现象学方法解读阳明心学的第一人。他巧妙地融合了胡塞尔现象学中“回到事实本身”的意识分析方法，致力于对阳明心学及其后学思想进行全新阐释，力求揭示那些在历史长河中某种程度上被遮蔽的深邃意义。其主要著作《心的现象——耿宁心性现象学研究文集》[②] 和《人生第一等事——王阳明及其后学论“致良知”》[③] 都已译为中文。

在耿宁看来，儒家思想并未受主客对立思维模式的桎梏，其构建的世界深深扎根于生活之中，这与胡塞尔所倡导的“生活世界”存在诸多相通之处。也正是基于此，耿宁的研究兴趣逐渐从胡塞尔心学转向儒家心学。其中，王阳明的“致良知”思想更是格外令他着迷。他从现象学视角出发，对阳明的“良知”进行了深入剖析，归纳出三个层面的内涵：一是作为一种向善的秉性与倾向，二是作为一种本原意识，三是作为始终完善的本原知识的本己本质。此外，耿宁还留意到，阳明后学对“致良知”方法存在多样化的理解，这些差异也引发了一系列重要的学术讨论。

耿宁在推动现象学与阳明学相互融通方面贡献卓越。一方面，他为阳明心学的研究开拓了崭新的维度，提供了全新的问题研究视角，让学界对“良知”在意识层面的作用机制有了更为深刻的理解；另一方面，他借助阳明“知

① 朱刚:《亲亲为大：现象学的儒学转向与儒学现象学》,《哲学动态》2024 年第 1 期。

② 耿宁:《心的现象——耿宁心性现象学研究文集》，倪梁康等译，北京：商务印书馆，2012 年。

③ 耿宁:《人生第一等事——王阳明及其后学论“致良知”》，倪梁康译，北京：商务印书馆，2014 年。

行合一”的思想，进一步丰富和拓展了胡塞尔心性现象学的内涵，使其得以延伸至实践理性领域，发展成为一种更具实践意义的意识学说，为现象学的发展注入了新的活力。

心性现象学作为一个充满活力与创新性的学术领域，在耿宁的开创性研究基础上不断拓展深化，呈现出多元融合、蓬勃发展的态势。它积极突破传统学术边界，不仅致力于融合儒家、佛教的心性之学与西方的意识哲学、主体哲学传统，构建起跨文化、跨地域的思想桥梁，还主动与人工智能、神经生物学等当代科学前沿领域展开对话，探索人文社科与自然科学相互启发、协同创新的可能路径。

在学术成果方面，主要有倪梁康的《心的秩序：一种现象学心性研究的可能性》《心性现象学》，张任之的《心性与体知：从现象学到儒家》，以及倪梁康、张任之的《现象学视域中的东西方心性思想研究》[1] 等著作。他们从不同角度深入挖掘心性现象学的内涵，为该领域的理论建设提供了坚实的学术支撑。这些著作或剖析心的秩序结构，或探讨从现象学视角理解儒家心性的独特路径，或对比东西方心性思想，丰富了心性现象学的研究维度。

在学术交流方面，自 2012 年起，中山大学现象学研究所发挥引领作用，联合海内外学术科研机构持续举办“心性现象学”研讨会。2024 年，南昌大学人文学院哲学系成功举办了第十二届“心性现象学”会议，这一系列研讨会为学界同人搭建了深入交流的优质平台，吸引了众多学者围绕心性现象学的前沿问题展开探讨，有力地推动了学术研究的进步。2017 年 11 月，来自巴黎索邦大学的法兰西学院院士马里翁（Jean-Luc Marion）教授，与浙江大学哲学系的倪梁康教授、中山大学哲学系（珠海）的张祥龙教授，共同作为法中新世代哲学家的代表，开展了一场意义非凡的跨文化哲学对话。他们围绕“心性”与

① 倪梁康：《心的秩序：一种现象学心性研究的可能性》，南京：江苏人民出版社，2010 年。倪梁康：《心性现象学》，北京：商务印书馆，2021 年。张任之：《心性与体知：从现象学到儒家》，北京：商务印书馆，2019 年。倪梁康、张任之：《现象学视域中的东西方心性思想研究》，北京：商务印书馆，2022 年。

“神性”、“天命”与“天道”等关键词，深入探讨其与现象学传统的关系，为心性现象学研究引入了国际视野，促进了中西方哲学思想的碰撞与融合。

此外，学界对心性现象学的研究不断深入。2022年出版的《耿宁心性现象学研究文集》[①] 收录了26篇会议论文，这些论文从多维度对耿宁的心性现象学进行深入剖析，广泛涉及王阳明、熊十力等人的哲学思想与胡塞尔现象学之间的关联，进一步拓展了心性现象学的研究深度和广度。为了培养更多专业人才，推动学术传承，自2019年起，中山大学现象学文献与研究中心和浙江大学现象学与心性思想研究中心联合举办“心性现象学暑期研习班”，为青年学者和学生提供了系统学习和深入研究心性现象学的宝贵机会。值得一提的是，北京粉笔蓝天科技的首席执行官张小龙先生捐资设立了“心性现象学基金会”，从资金层面给予研究强有力的支持，为心性现象学的持续发展注入新的动力，助力该领域在未来取得更多突破性的研究成果。

### （二）“亲亲现象学”崭露头角，呈现传统儒学当代新形态

在当代哲学领域，张祥龙作为亲亲现象学的领军人物，以其独特的学术视角和深厚的理论功底，为儒家思想的当代传承与发展开辟了新的路径。他致力于借助现象学这一西方哲学利器，重新发掘儒家思想的深邃内涵，强调“中西思想对话的机缘”，认为现象学与儒学“思想品性比较接近，能够进行有效的‘基因’交流”。[②] 这一理念贯穿他的学术生涯，成为其推动中国传统儒学呈现崭新形态的核心动力。

从他早期的《海德格尔思想与中国天道：终极视域的开启与交融》，到后来的《中华古学与现象学》《孔子的现象学阐释九讲——礼乐人生与哲理》《先秦儒家哲学九讲——从〈春秋〉到荀子》《从现象学到孔夫子》《拒秦兴汉和应对佛教的儒家哲学：从董仲舒到陆象山》《复见天地心——儒家再临的蕴意与

① 倪梁康、张任之：《耿宁心性现象学研究文集》，北京：商务印书馆，2020年。
② 张祥龙：《中西思想对话的机缘何在？——〈与命与仁〉序》，见唐文明著《与命与仁——原始儒家伦理精神与现代性问题》，北京：商务印书馆，2020年。

道路》[1]等，都是在沿着这个路向不断深化和发展，以现象学为主要的诠释学资源来阐发儒学的哲学意蕴。在这个学术探索进程中，《家与孝：从中西间视野看》[2]成为一个关键转折点，丁耘将其作为张祥龙著述史的转折点，认为此书有承前启后的作用，意味着“张祥龙缓慢但毫不含糊地将现象学的道学转向带到心性、伦理阶段”[3]。

张祥龙认为，现象学在西方传统主客二分思维的禁锢之外，开辟出了一条全新的原发思想路径。它引领人们回归主客未分之前，那种具有时间性构造的生命经验之中，而这一活体经验正是一切存在理解与价值的源头活水。现象学还原与意向构成等方法、视野与儒家“亲亲为大”的仁学基源经验具有亲和性，是现象学儒学研究的深层理据所在。[4]基于此，张祥龙构建起独特的亲亲现象学体系。

张祥龙的此种亲亲现象学，从现象学角度描述了中国人如何从人伦日用中体悟本源经验，其意义与效应主要体现在两方面：一是将亲亲时间作为一切时间形态中最原初的本源，回答了现象学所一直追寻的原初时间问题；二是将作为意义源头的亲亲时间作为现象学所要回到的“实事本身”。亲亲作为终极，作为意义源头，至少有这样一些独特性：其一，亲亲作为亲亲，意味着它

① 张祥龙：《海德格尔思想与中国天道：终极视域的开启与交融》，北京：生活·读书·新知三联书店，1996年。张祥龙：《中华古学与现象学》，济南：山东友谊出版社，2008年。张祥龙：《孔子的现象学阐释九讲——礼乐人生与哲理》，上海：华东师范大学出版社，2009年。张祥龙：《先秦儒家哲学九讲——从〈春秋〉到荀子》，桂林：广西师范大学出版社，2009年。张祥龙：《从现象学到孔夫子》，北京：商务印书馆，2011年。张祥龙：《拒秦兴汉和应对佛教的儒家哲学：从董仲舒到陆象山》，桂林：广西师范大学出版社，2012年。张祥龙：《复见天地心——儒家再临的蕴意与道路》，北京：东方出版社，2014年。

② 张祥龙：《家与孝：从中西间视野看》，北京：生活·读书·新知三联书店，2017年。

③ 丁耘：《天道、心性与现象学之道学转向——评张祥龙〈儒家哲学史讲演录〉中的心学论述》，《现代哲学》2021年第1期。

④ 张祥龙：《现象学如何进行儒学研究？——论双方方法论的亲和性》，《浙江学刊》2020年第6期。

本身就是一种有情有义、带有伦理质料的终极，而非漠然无别、伦理中性的终极；其二，由于亲亲乃仁体与天道之直接在此，即仁体与天道之直接给予我者，所以亲亲之为终极、之为实事本身，也同时意味着它是仁体与天道的源头和实事本身，而非仅仅是对天道或仁体之察识；其三，由于任何独立个体首先都是在亲亲的时间境域中发生或构成，所以亲亲之为终极，乃亲与子于其中相互构成的境域发生式的终极，因而也是自我与他人于其中相互构成的境域式的终极。①

众多评论者一致认为，张祥龙的学术工作开创性地开启了现象学儒学这一全新研究路向。他在唤起儒家根本生存样态的同时，巧妙避免了概念化哲学容易具有的抽象、僵化等弊端。正如张祥龙本人所阐述的那样："对我个人而言，既要通过对现象学的深入开发来走进去，打开这扇进入（儒家）思想新境界的大门，但同时，从我已有的这些体验，我也相信，儒家 / 儒学对现象学的转化不仅可能是巨大的，而且是根本性的。"这不仅体现了他对自身学术路径的清晰认知，更彰显出他对儒家思想与现象学相互融合、相互转化的坚定信念与深远展望。

### （三）"生活现象学"大放异彩，倡导大本大源的"共同生活"

以黄玉顺为代表的生活现象学（Life Phenomenology），致力于通过现象学会通儒学，借助现象学、后现代的方法拆解旧形而上学的理论架构，为当代儒学研究开辟新路径。黄玉顺提出了生活现象学的概念，倡导要回到孔子，回到生活本身，认为作为一种中国现象学及儒学现象学而言，这是生活儒学现象学维度的集中展示。

生活现象学的方法包含"解构—还原—建构"三个关键步骤，其独特性在于其还原所通达的"事情本身"是"生活"，而非海德格尔所讲的此在的"生存"，其基本命题是"生活即存在，生活之外别无存在"。② 基于此，黄玉顺借

① 朱刚：《亲亲为大：现象学的儒学转向与儒学现象学》，《哲学动态》2024 年第 1 期。

② 黄玉顺：《生活现象学——生活儒学的现象学之维》，《国际儒学（中英文）》2024 年第 2 期。

助海德格尔对“存在”与“存在者”的区分思路，突破传统儒学长期存在的“形上—形下”二元本体论架构，构建了以“仁爱”为核心，具有三个观念层级结构的新儒学本体论。这一本体论直面“生活”，将“生活”视为本源，揭示了传统儒学本体论架构中被长期遮蔽的更为本源性的东西。在这一体系下，传统儒学中的“理”“心”“性”“气”等概念，无论属于形而上还是形而下范畴，皆由这个本源性的“存在”（“无”）生发、生成与彰显。尽管张祥龙的“亲亲儒学”与黄玉顺的“生活儒学”都着眼于通过儒学与现象学的会通来思考儒学的复兴与重建，且都将仁爱情感作为一切存在者及其理论建构的本源，但二者在“亲亲之爱”与“一体之仁”这两种仁爱情感的显现维度上，形成了一种内在的张力。

黄玉顺的《生活儒学与现象学》[①]一书，汇集了他过去二十年关于“儒学与现象学”的文章。该书分为生活儒学与现象学综论、生活儒学与胡塞尔现象学、生活儒学与舍勒现象学、生活儒学与海德格尔现象学以及生活儒学与伽达默尔诠释学等几部分，每一部分都收录了相应主题的文章。黄玉顺阐明，将“儒学”与“现象学”并列，旨在表明“生活儒学”并非简单的“以西释中”或“以中释西”，而是中国儒学与西方现象学相互融通的成果。这种融通的依据既非单纯的儒学，也非纯粹的现象学，而是以当代中西的“共同生活”作为大本大源。

由于生活儒学在海内外产生了广泛影响，黄玉顺多次受邀在美国、韩国等地的国际学术会议上发表演讲。生活儒学已然成为当代儒学研究中的重要学派，被学界列为“新世纪大陆新儒家”六家之一。截至 2024 年，学界已有 7 种专题研究和评论生活儒学的图书、160 多篇研究文章，多家单位联合举办了多届生活儒学学术研讨会。

总而观之，现象学是 20 世纪欧洲给人类提供的宝贵精神财富，也打开了

① 黄玉顺：《生活儒学与现象学》，济南：山东大学出版社，2023 年。

人类更深层次的精神之眼。[①] 作为一种哲学方法，现象学历经百年依然充满生命力，其关键在于能够与不同文化传统、哲学主题相互交叉融合，孕育出全新的理论形态，为人们提供更为深邃的理论见解。中国儒学传统与现象学的结合，具有双重的思想史意义：一方面，现象学助力中国文化合理吸收、消化西方文化中的科学、现代体制等要素；另一方面，现象学因与中国文化具有相通之处，进一步激发了儒学的生命力。

## 三、儒学与过程思想、实用主义等合成“角色伦理学”

在“世界宗教与人权”研讨会上，孔汉思（Hans Küng）以“没有宗教之间的和平就没有世界和平”为题的演讲，标志着世界（全球）伦理运动正式拉开了序幕。从以杜维明、成中英、刘述先、蔡仁厚等学者为代表的第三代新儒家开始，就已经对儒学与全球普世伦理的问题展开了探讨。刘述先先生在其《全球伦理与宗教对话》一书中，针对孔汉思的“全球伦理”做了回应，认为“独白时代”正逐步终结，“对话时代”正在来临，当下道德伦理的重建必须有一个明确的努力方向。[②]

在与世界伦理展开对话的进程中，关于儒家伦理性质的探讨，在学界始终存在着两种观点的争论，即儒家伦理究竟应归为“规范伦理”（规则伦理），还是“德性伦理”（美德伦理）。传统上，我们一般将儒家伦理界定为规范伦理。然而，随着德性伦理在西方的复兴，不少学者开始倾向于将儒家伦理界定为德性伦理。近年来，出现了第三种解读儒家伦理的路向——“角色伦理学”，这是美国夏威夷大学的安乐哲近年来大力阐发的新思路，且很快在中国学界得到了响应。安乐哲敏锐地察觉到，中国哲学有着与西方传统大相径庭的问题意识和发展路径，简单地用西方伦理学的理论来比附、解读儒家伦理是不可取的。

① 张任之：《心性现象学：现象学在中国的发展》，《中国社会科学报》2019 年 10 月 18 日，第 6 版。

② 刘述先：《全球伦理与宗教对话》，台北：立绪文化事业有限公司，2001 年。

他指出："尽管儒家角色伦理学确实跟亚里士多德伦理学比跟康德或功利主义伦理学具有更多相似性，但我们并不认为'道德伦理学'(virtue ethics)适于描述孔夫子及后儒的养成性道德感受观。因为道德伦理学的概念基础乃是个人主义，而且是靠理性发展起来的。"[①] 基于此，"正是这种旨在最大限度地利用关联性生活以提高和改善我们的生活角色与人际关系的持续过程，促使我们把儒家道德描述为一种'角色伦理'，并主张儒家角色伦理学是一个有别于西方哲学而自成一格的伦理学取向"[②]。

安乐哲提出的"儒家角色伦理学"与儒家传统的规范伦理学、德性伦理学有着显著区别。它突破了对既定伦理原则和美德的遵循模式，主张消解儒家思想中的超越概念，进而阐明儒家角色伦理中"关系"这一核心事实。具体而言，该理论强调从家庭和社会角色的意义与功能出发构建人际关系，把关系看作培养道德能力的关键环境，具备开放性和变动性。

"儒家角色伦理学"的提出，具有多方面的重要意义。其一，从西方"个人"视角到儒家"关系"视角的转换。与西方个人主义意识形态不同，它更加强调处于不同角色和关系中的个人彼此相互依赖，这使得该理论呈现出关系性、开放性和社群主义的特点，实现了从西方以个体为中心的视角向儒家重视关系的视角的转变。其二，从西方有我没你的"零和游戏"到儒家互助共生的"无限游戏"的思维转换。"儒家角色伦理学"内涵更为丰富，能够切实指导人们的日常生活，引导人们正义行事。借助特定的角色和关系，个人能够在社群中获得最大程度的成就。其三，从用西方伦理学中的"义务论""德性伦理"诠释、比附中国传统，到用儒家伦理自己的词语"角色"来表达自己思想的转换。安乐哲巧妙地运用"角色"这一在中英文语境中差异较小的词语来解读儒家伦理学，并基于对"角色"的阐释构建出一套西方较为陌生的儒家伦理新解读。

① 罗思文、安乐哲：《生民之本：〈孝经〉的哲学诠释及英译》，何金俐译，北京：北京大学出版社，2010 年。

② 罗思文、安乐哲：《生民之本：〈孝经〉的哲学诠释及英译》，何金俐译，北京：北京大学出版社，2010 年。

当然，安乐哲的角色伦理建立的理论背景之一是过程宇宙论，这就有别于西方传统的形而上学建构。他对儒学的理解曾深受唐君毅等现代新儒家的影响，而这些新儒家对过程哲学则是了然于心的。此外，安乐哲长达二十多年的学术伙伴郝大维本身就是一位过程哲学家。基于这些因素，安乐哲不时肯定儒学与怀特海的过程哲学有对话空间[①]，进而使过程哲学成为解读角色伦理的一种视角。在安乐哲看来，人不应被简单定义，而应理解为“被关联性缠绕的、基于情境的、在关系当中建构的人”。也就是说，人始终处于不断变化的情境、关系与过程之中，人的“角色”并非孤立存在，而是人生存经验过程的有机组成部分，它实实在在地扎根于人的生命历程，是对我们生活经验的一种生动描述。

角色伦理的另一个理论背景是与实用主义的耦合，二者有相近的内在旨趣，均聚焦于人如何存在、如何生存这一根本性命题，但又呈现出不同的理论走向。对此，杨国荣指出：“儒学要求将天道落实于人的存在过程，实用主义则主张从形而上的超验世界，转向人的生存过程……由理性、精神层面的关注，儒学同时追求以人格提升为指向的完美的生活，由感性、经验的注重，实用主义同时关切与生物有机体生存相关的有效的生活……儒学由精神的关切而同时承诺本体及广义之知，实用主义则由本于经验而注目于情境中的特定问题本身，并在将概念工具化的同时融知于行……可以看到，儒学与实用主义在哲学的出发点及其展开过程中既展示了相近的哲学旨趣，又表现出不同的思想进路。”[②]

目前学界秉持“儒家角色伦理”的学者，主要有美国的安乐哲、罗思文、郝大维等人，国内学界则以田辰山[③]、潘文岚、黄裕生等人为代表。2013 年 12

① Roger T. Ames, *Confucian Role Ethics: A Vocabulary*, Hong Kong: The Chinese University of Hong Kong Press, 2011.

② 杨国荣：《儒学与实用主义：内在哲学旨趣及其多样展开》，《学术月刊》2018 年第 3 期。

③ 田辰山：《“角色伦理”：让中国哲学讲中国话》，见《第七届世界儒学大会论文集》，2015 年。

月，在山东大学儒学高等研究院举办的“儒学前沿问题高端论坛·儒家角色伦理”国际学术研讨会上，有五场直接以“角色伦理学”为题的讨论。角色伦理学的提出，相对于简单地套用西方伦理学中概念的做法，无疑是具有创建性的。

然而，在当下学术流行以角色伦理诠释儒学思想的同时，也出现了诸多反对的声音，他们指出角色伦理学的偏颇与不足，认为其以偏概全地涵摄儒家伦理的整体特色。如有学者认为“儒家角色伦理说”不仅未能合理定位好“角色”与“角色伦理”范畴的含义，而且作为此种学说理论依据的关系首要性、阐释域境方法论也困境重重[①]，因而倾向于将儒家伦理界定为德性伦理，以此来彰显儒学的哲学性，回应中国哲学的合法性问题。有学者则倾向于模糊儒家伦理的确切定义，认为角色伦理这一同样属于“舶来之物”的概念是否真正准确描述了儒家伦理的性质，仍然具有进一步商榷的余地。因为这样的界定，不仅不符合儒家伦理对道德主体的理解，而且还有使儒家伦理陷入非普遍化的外在规范的危险。这些学者认为在文化交融的舞台上和比较研究的过程中，将儒家伦理思想装入对方任何一个框内都可能会使自己因削足适履或被肢解而残缺不全，从而在文化对话中只能沦为附庸或被边缘化。[②]还有学者指出，儒家经典文本蕴含了丰富的伦理思想，将角色与关系置于儒家伦理的核心，容易忽视儒家伦理重视心性之学的一面，也消解了儒家伦理对普遍性和超越性的追求。[③]

## 四、“贤能政治”概念跻身国际政治理论舞台

2015 年，加拿大政治学者贝淡宁推出英文著作 *The China Model: Political*

① 刘爱军、郑磊：《“儒家角色伦理说”批判》，《理论探讨》2022 年第 6 期。
② 赵清文：《儒家伦理是“角色伦理”吗？》，《学术界》2012 年第 12 期。
③ 黄兆慧：《角色与关系是儒家伦理的核心吗？——安乐哲儒家角色伦理学献疑》，《思想与文化》2019 年第 1 期。

*Meritocracy and the Limits of Democracy*。仅仅一年后，该书中文版《贤能政治：为什么尚贤制比选举民主制更适合中国》[①] 迅速出版发行。这本书既系统阐明了政治尚贤制这一具有中国特色的政治模式，又深入探索了西方民主制之外的别样政治治理模式。该书出版后，“贤能政治”（political meritocracy）这一概念迅速升温，在近年来的中国政治学界引发了持续不断的热烈讨论，并且在国际上也获得了广泛关注，成为学界聚焦的重要学术概念之一。

贝淡宁将英文的“political meritocracy”与中文的“贤能政治”“尚贤制”等概念直接打通，提出了中国贤能政治面对的三大问题：一是基于高超能力选拔出来的政治领袖可能滥用权力导致腐败；二是政治等级体系可能固化，破坏社会流动性；三是很难向权力结构之外的人论证该制度的合法性。继而观点鲜明地指出：根据广泛认同的善治标准，“贤能政治”指涉一种“根据能力和品德分配政治权力”的政治体制，是要挑选那些能力超过社会民众平均水平的政治领袖做出道德上站得住脚的政治决断。[②] 他从选贤举能、社会结构和政治合法性三方面概括政治尚贤制的主要内容和中国模式：1. 在选民层面上将民主与尚贤结合起来的模式；2. 在中央政府层面上将民主与尚贤结合起来的水平模式；3. 将中央政府层面上的尚贤和地方层面上的民主结合起来的垂直模式。贝淡宁进一步把这一模式归纳为“上层尚贤、中层实验、基层民主”，认为这是政府官员、改革者、知识分子和广大民众都认同的理想状态。

从贝淡宁的逻辑思路来分析，其观点主要涵盖两个关键方面。其一，在他看来，政治尚贤制对于中国而言是选举民主制的一种可替代选项。如今，西方民主国家所面临的治理危机，已经在很大程度上削弱了人们对选举民主的信任。与之形成鲜明对比的是，贤能政治在中国有着深厚的历史根基和丰富的实践经验，这一理念在儒家政治哲学中体现得尤为突出。贤能政治完全能够通

① 贝淡宁：《贤能政治：为什么尚贤制比选举民主制更适合中国》，吴万伟译，北京：中信出版社，2016 年。

② 贝淡宁：《贤能政治：为什么尚贤制比选举民主制更适合中国》，吴万伟译，北京：中信出版社，2016 年。

过现代化的改造，巧妙地融入中国特色社会主义民主政治的整体框架之中。通过这种融合，它不仅能够有效避免西方一人一票式民主选举制度存在的诸多弊端，还能为人类政治实践探索出一条全新的道路，为解决全球政治治理难题提供独特的中国智慧和方案。其二，贝淡宁也明确指出，尽管政治尚贤制具有独特的优势，但它也存在一些先天性的制度短板，其中较为突出的便是高层权力来源的合法性问题，也就是在政治（程序）合法性方面存在问题。鉴于此，政治尚贤制需要与民主政治相互取长补短，彼此借鉴。这两种政治理念和制度并非完全对立、不可调和的矛盾体。相反，它们在很多方面可以相互补充、协同发展，共同推动政治治理水平的提升和社会的进步。

“贤能政治”概念的提出，无疑在学术界激起了千层浪，引发了广泛且深入的讨论。与此同时，它也为中西方人士理解中国政治提供了一个全新的、别具一格的视角。当我们审视那些围绕中国贤能政治展开的讨论时，会发现观点纷繁复杂，见仁见智。不同学者对这一概念的理解大相径庭，在对其当代政治功能的认知上，更是存在着巨大的差异。这种多元的观点碰撞，不仅丰富了学界对贤能政治的研究，也为进一步深入理解中国政治提供了更为广阔的思考空间。学界关于贤能政治的观点大致可分为三类。

其一，“视域差异”与“概念转换”问题。贤能政治作为中国传统政治的显著特征，虽然过往没有确切明晰地提出这一概念，但其理论源头却是清晰可溯的。然而，不同时代、不同知识背景、不同文化传统学者的解读却是迥然不同的，这就容易造成贤能政治话语讨论的复杂性。比如说近代中国学者站在现代的视角回望传统，则贤能政治就成为君主专制政治的显性标志，而西方学者从西方文化和政治体系出发审视中国，则贤能政治就成为西方民主政治的急就章。在当代，贤能政治的推崇者立足现代，对儒家传统政治理路加以美化，坚信贤能政治具备相较于民主政治的独特优势，完全能够成为民主政治的重要补充部分。与之相反，反对者秉持科学与民主的立场，坚决拒斥这种观点重新出现在大众视野，他们担忧贸然引入贤能政治不仅毫无必要，反而会干扰民主政治的正常运转。因此，有学者指出，只有将此话题放在比较政治学的视域下，才能准确看见贤能政治话语讨论中各种观点的庐山真面目。[①]

尽管贝淡宁试图打通中西方的“尚贤”概念，推动该议题的国际化进程，但在此过程中，却模糊了西方社会用于社会秩序再造的尚能政治与中国语境下贤能政治在边界与内容上的差异。特别是当西方学者以汉语方式介入此话题讨论时，“视域差异”与“概念转换”问题愈发凸显。对于西方学者而言，贤能政治的主要吸引力并不在于其可替代西方民主选举制，而是这一概念对“德”“贤”“善”的推崇，以及这些要素在国家治理中所起的主导作用。英语“meritocracy”一词主要侧重于能力，并不涵盖“贤”的意义，因为在西方国家，“德”与“贤”通常被限定在私人领域。如此一来，贤能政治对他们而言是个全新且陌生的视角，极易因语境转换而产生理解歧义。这也使得尚贤制在西方社会引发了诸多争议，在经济领域表现得尤为突出。例如，美联储前主席本·伯南克（Ben Bernanke）就对尚贤制提出了尖锐批评，他认为：“尚贤制是这样一种制度，在财富和基因天赋方面最幸运的人，在家庭支持、激励和收入方面最幸运的人，在教育和就业机会方面最幸运的人，在很多难以统计的其他方面最幸运的人，获得最大的奖励。”针对此类争议，贝淡宁多次做出解释，表明自己真正想要辩护的并非与刺激经济发展相关的经济尚贤制，而是政治尚贤制。

其二，“贤能政治”与“精英政治”。就贤能政治论者要阐释的基本内容而言，一些学者如王长江就主张可以用政治学界普遍接受的“精英政治”来替代“贤能政治”。纵观西方精英政治的理论和实践，它的主张、要解决的问题及其中体现的理念，都和中国自古以来的贤能政治有颇多相似之处。精英主义理论的逻辑起点是社会异质性，即认为人类社会始终存在资源分配的不平等，总是存在统治阶级和被统治阶级；精英主义强调精英即社会各个领域中最杰出的优秀分子，具有优越于一般民众的素质，强调权力应当由这些人来掌握；精

① 张师伟：《视域差异与概念转换：比较政治学视域下的“贤能政治”语义分析》，《行政论坛》2019年第1期。

英主义对传统经典民主理论进行了激烈批判，其支持者们反对经典民主理论把民主看作“人民的统治”，指出了在此理念下的民主实践的缺陷，例如：民主导致玩弄权术；民主孕育财阀政治；民主激发民族、阶级和个人的仇恨，导致各群体恶斗；民主削弱宗教、伦理的约束，危及社会稳定；等等。在这些方面，贤能政治与精英主义理论显然也有很多共同语言。①

秦晖对贤能政治的精英主义本质，有着深刻的洞见。他认为，贤能政治的本质其实就是“贵族政治”。“贤能政治”在西方最恰当的翻译就是“贵族政治”，亚里士多德讲的贵族政治，其实没有血缘的含义，真正的含义是“优秀的人的治理”。就此而言，“贤能政治”基本上是没有意义的概念，因为任何一种政治都声称他要找好人和聪明人来执政，从来没有一个人——包括希特勒在内——说他专挑坏人和蠢人来执政。从这个意义上讲，如果要把贤能政治当作一种目的来看的话，所有的政治都可声称其为贤能政治。②对此，刘京希也有其独特的考量。他认为，贤能政治实质是精英主义，却又带有鲜明的德性特征，可称之为“道德精英主义”。贝淡宁的贤能政治主张并非“在沙滩上起高楼”，而是有其历史与思想文化基础，它是西方社群主义、精英主义基因与东方儒家政治文化资源的奇妙杂糅，有其致命缺陷，其未来命运究竟如何，取决于儒家政治哲学、中国道路以及民主政治之间的互动及其前景。③刘京希文从政治合法性的角度，对贤能政治进行批判。尤其认为贤能政治与民主政治之间存在着一定的冲突，这种冲突直接导致了贤能政治无法解决权力来源合法性这一政治学的重大问题，该文也是对贝淡宁的贤能政治观点的回应。

其三，贤能政治的可行性及其限度。2017 年春，《文史哲》编辑部举办了“《文史哲》杂志人文高端论坛”之六——“贤能政治的可行性及其限度：儒

① 见俞可平主编《政治通鉴》(第二卷)(北京：大百科全书出版社，2021 年)“贤能政治”词条。

② 秦晖在《文史哲》杂志第六次人文高端论坛“贤能政治的可行性及其限度：儒学与自由主义的对话”上的发言。

③ 刘京希：《尚贤制抑或民主制？——“贤能政治”论争述评》,《文史哲》2018 年第 3 期。

学与自由主义的对话”学术研讨会，主要论题包括：一、中国贤能政治传统的历史生成与价值重估；二、贤能政治与民主政治的理论比较；三、贤能政治是否可以作为衡量现代政治的标准以及在现代社会的正当性和可行性；四、在当今时代，可否构建起民主政治和贤能政治相结合的混合政治体制模式。就国内学术界相关讨论来看，大多数学者对将儒家的尚贤传统与现代民主制结合起来加以思考，是持肯定态度的。其中，白彤东与贝淡宁观点相似，他反对民主制的一人一票制，主张根据孟子“主权在民，治权在贤”的原则，来构建一种由上议院和下议院组成的分别代表贤能与民主的混合政体。① 就现代政治体制的建构与政治实践的展开而言，杨国荣认为我们既需要关注贤能政治注重实践主体的德性与人格的政治取向，也不能忽视民主政治突出政治实践的规则与程序的基本立场。从正面的或建设性的角度看，如何在形式层面的程序、规则与实质层面的个体品格、德性之间构建积极的互动关系，是现代政治实践需要正视的问题。② 谢扬举与王国良则更多从儒家贤能政治的思想基础与历史实践出发，主张当今应该继承儒家政治的优点，并以民主制来克服权力专制的弊病。③

然而学界也存在诸多反对与质疑的声音。澳大利亚悉尼独立研究中心的海伦·安德鲁斯（Helen Andrews）认为，贤能政治批评家应该质疑贤能政治基本原则的可靠性，并指出在实践中贯彻“选贤任能”的不可行性。④ 黄玉顺也曾尖锐地指出：贤能政治是一种反民主的政治理论，且充满了逻辑上的矛盾。其一方面异想天开地设计了一种“反对选举民主的公投”，试图一劳永逸地解决高层尚贤制的合法性问题，自以为“选票将为确保政治尚贤制的长久存在提

① 白彤东：《主权在民，治权在贤：儒家之混合政体及其优越性》，《文史哲》2013 年第 3 期。

② 杨国荣：《贤能政治：意义与限度》，《天津社会科学》2013 年第 2 期。

③ 谢扬举：《中国古代贤能政治与民主政治的混合和开新》，《长安大学学报（社会科学版）》2013 年第 2 期。王国良：《儒家贤能政治思想与中国贤能推举制度的发展》，《文史哲》2013 年第 3 期。

④ 海伦·安德鲁斯：《贤能政治批判——新统治阶级》，吴万伟译，《文史哲》2018 年第 6 期。

供充足的民主合法性”；另一方面，其所寻求的最终倚赖还是民主制，以此为“尚贤制”提供根本保障。因此，贤能政治的要害不仅在其关于民主的工具理性的思维方式，更在于它在本质上是一条回归前现代之路。① 贤能政治从来不是中国（儒家）政治传统的专利，不能给贤能政治贴上“中国模式”的标签，以此来区分中国政治与西方政治。贝淡宁将贤能政治与民主对立，显然是受西方精英主义的影响，但实际上儒家政治传统则不存在贤能与民众的根本对立。贝淡宁全书容易给人造成错觉，认为西方民主政治已经是明日黄花，受儒家传统影响的中国贤能政治可以成为替代西方民主政治的模式。②

在全球化的大背景下，中国经济与社会迅猛发展，引发了各国的好奇与高度关注。与此同时，英美等地民粹主义思潮汹涌起伏，西方自由民主模式的正当性遭受着前所未有的严峻挑战，陷入了深刻的危机之中。在这古今中西思想激烈碰撞、相互交融的特殊历史节点，学者们纷纷将目光投向传统儒家思想，试图从中挖掘出富有价值的思想因子，并将关注点聚焦于中国政治治理模式。由此，贤能政治与民主政治之间的对话如星星之火，迅速蔓延并持续升温。这一议题在学界的不断争鸣，充分彰显了贤能政治与当下政治议题、国家治理变革方向之间紧密的内在联系。也就是说，当贤能政治被视作一种政治制度，特别是被视为有可能取代民主政治的一种政治制度时，它所引发的讨论便具有了强大的冲击力，形成了广泛的热效应，吸引了众多学者乃至社会各界的目光，成为当下政治研究领域一个无法忽视的重要话题。

贤能政治这一概念，虽看似以新的表述包装了旧有的理念，有“新瓶装旧酒”之嫌，实则是中西政治哲学思想相互作用、彼此影响的一个关键典型案例，反映出贤能政治与中国进一步全面深化改革、发展全过程人民民主密切相关。在当下，政治哲学领域面临着重要且亟待解决的课题。其一，需进一步深入剖析“贤能政治”与“民主选举”各自存在的局限。只有清晰地认识到二者

① 黄玉顺：《“贤能政治”将走向何方？——与贝淡宁教授商榷》，《文史哲》2017 年第 5 期。

② 孙磊：《民主时代的贤能政治——儒家贤能政治传统的现代意义探寻》，《天府新论》2018 年第 4 期。

的不足，才能在此基础上对两种制度如何相互融通给出合理且具有建设性的阐释。其二，要恰如其分地还原中西政治哲学在不同语境下以及学术脉络中各自所侧重的问题。这意味着要精准把握中西方在政治理念、价值追求等方面的差异，进而准确界定贤能政治理论在现实中能够解释和解决的疑难问题。通过这样的方式，最终得以公允、客观地呈现当下围绕这一议题争论各方的实质冲突所在，为推动政治哲学理论的发展以及探索更适宜的政治制度模式提供坚实的基础。

## 五、经济学、法学等社会科学进路下的儒学研究

在当今时代，社会实践愈发复杂多变，源源不断地催生出新的问题。与此同时，儒学的影响力正与日俱增，愈发彰显。在这样的背景下，社会科学的众多领域纷纷立足现实，依据各自的具体情况，积极创新方式方法，将目光聚焦于儒学等传统学术领域。这一趋势呈现出两个相互关联的方面。一方面，儒家思想若要在当代社会充分发挥自身价值，就无法绕开现代社会科学的淬炼与重塑。现代社会科学所具备的严谨方法、多元视角以及对现实问题的精准剖析，能够助力儒家思想更好地适应现代社会的需求，挖掘其在当代语境下的深刻内涵与应用价值。另一方面，当社会科学研究涉足儒学领域时，必然会受到儒家思想在学术形态上的反作用。儒家思想源远流长，蕴含着独特的思维方式、价值观念与学术传统，这些特质会对社会科学研究的思路、方法与结论产生深远影响，促使其发生学术形态上的重塑。

“道义经济”“天下主义”“角色伦理”等命题的相继提出，便是这一趋势的有力证明。它们意味着以人文社会科学各学科领域的交叉整合为导向的研究态势正在稳步形成。这种态势不仅会推动人文社会科学的研究领域从单一走向多元交叉，打破学科之间的壁垒，实现不同学科知识与方法的融合；还会促使研究方法从一元走向多元，综合运用多种研究手段，从而更全面、深入地探究复杂的社会现象与问题。最终，基于这种领域与方法的拓展，实现人文社会科学

自身体系的丰富与完善，使其能够更好地应对现实世界的挑战，为社会发展提供更具深度和广度的理论支持。

### （一）经济学进路下的儒学研究

对儒家经济伦理的关注，最早可追溯至马克斯·韦伯（Max Weber）对新教伦理精神的研究。当时，韦伯提出“儒家伦理开不出资本主义之花”这一观点。后续诸如彼得·伯格（Peter L. Berger）等学者并不认同他的判断，指出儒家伦理实则是东亚社会现代化的主要源头活水，但韦伯的这一论断，却引发了关于儒学与现代化关系的深入思考与广泛争论。同时，也为我们提供了一种思路，即思考道德究竟应以何种方式参与经济建设。近年来，国内学术界围绕儒家文化与经济现代化展开讨论，其理论观点大多可视为上述争论的延续。学者们发现，儒家伦理与经济发展之间存在着紧密联系。例如，杜维明在研究日韩现代化进程时注意到，东亚地区极有可能探索出全新的经济发展模式。在日韩经济发展过程中，儒家文化发挥了引导与调节作用。儒家教育所倡导的刻苦耐劳、上下齐心的工作伦理，为东亚企业精神树立了典范。杜维明清醒地认识到，儒家伦理与经济成功之间虽非简单的特定因果关系，但儒家伦理确实对东亚的新型资本主义发展做出了贡献。①

王学典则倡导构建一种以古典儒家生活方式为基石、与中国道路相契合、能够与中国历史文化传统相衔接的新型“东方伦理型”生活方式。他认为，这种新型东方伦理型生活方式应具备六个特征，其中一个与经济理念相关，即“道义经济”。这一特征强调道义至上，保障基本民生，并为经济活动和利益追逐设定伦理界限。值得注意的是，儒家所追求的道义经济，与社会主义市场经济在总体理念上相契合，二者都致力于防止两极分化，维系社会和谐。②

① 杜维明：《儒商之道——伦理化的儒家文化，被忽视的经济发展驱动力》，《网印工业》2012年第2期。

② 王学典：《把中国“中国化”——人文社会科学的转型之路》，《中华读书报》2016年9月21日，第5、6版。

乔安娜（Kit-Chun J. Lam）在其论文《儒家商业伦理与经济》[①] 中指出，儒家伦理在商业伦理的研究中通常跟人与人之间的伦理和君子人格有关系。其论文探讨了儒家发展的几个阶段，来说明儒家商业伦理与全球知识经济之间的关系。实际上，孔子和他的学派从微观层面讲了很多关于公共管理和市场制度方面的德性。然而韦伯强调文化在经济发展当中的作用，马克思强调经济基础决定上层建筑，我们可以看到文化之间的差距。帕特里克·金成·罗（Patrick K. C. Low）和洪石龙（Sik L. Ang）在《儒家伦理、管理和企业社会责任》[②] 一文中，从亚洲的历史视角和观点出发去考察企业社会责任领域，并与西方的视角进行对比，期望促进一些西方和非西方国家中的企业领导及管理者对企业社会责任有更深一步的理解。有学者围绕儒学发展的几个关键阶段，去探讨儒家商业伦理与全球知识经济的相关性。[③] 他们或通过比较儒家伦理在现代资本主义框架下对商业活动、互惠原则和人类美德概念的观点和认识，考察儒家伦理与当代商业伦理的相关性和价值；或通过对哲学文化和实证研究的考察，试图发现儒家伦理与当代西方导向的商业伦理的相似之处，以形成对当代商业伦理学领域更丰富的理解和认识。

### （二）法学进路下的儒学研究

西方民主法治传入中国后，儒家思想在其中的角色成为学界热议的话题。儒家思想长期主导着中国政治与法律的运行，面对西方民主法治的冲击，它究竟该彻底退出历史舞台，还是继续参与现代法治社会的构建？众多学者对后者予以肯定。原因在于法治社会中的“法”，在维护秩序的同时，还具有一种实体价值规范性，这就意味着其制度设计中会为道德伦理的发用留下空间。从这

① Kit-Chun J. Lam, “Confucian Business Ethics and the Economy”, *Journal of Business Ethics*, 2003(43).

② Patrick K. C. Low, Sik L. Ang, “Confucian Ethics, Governance and Corporate Social Responsibility”, *International Journal of Business and Management*, Vol. 8, No. 4, 2013.

③ Gary K. Chan, “The Relevance and Value of Confucianism in Contemporary Business Ethics”, *Journal of Business Ethics*, Vol. 77, 2008.

个层面看，传统儒家伦理与法治社会之间是有契合、互摄、互动、融通的可能性的。

部分学者从“法”体系内部去探求传统儒家的伦理困境，通过现行实体法与程序法规定，来阐明一些儒家难题的合理性与时代性，继而显明儒家伦理衔转至现代法治社会的可能性。[①] 还有学者另辟蹊径，基于儒家孟子到陆象山、王阳明的心学脉络展开探讨，研究能否通过全新诠释，创造性地将儒家伦理转化为现代普遍规则之治。就思想内在理路而言，将孟子性善论、陆象山“心即理”到王阳明“致良知”的道德哲学，与西方近代自由主义立基于“道德自主性”的法治论证进行对比分析，其实可以发掘出儒家心学传统中亦蕴含充沛的“道德自主性”观念内涵，得以推导出现代法治原则。[②] 有学者从儒家法哲学与实用主义法哲学的比较中来看二者的融通，认为在儒家法哲学思想和实用主义法哲学思想中都有一种经验主义的取向，这就决定了两种法哲学思想必然是植根于现实生活世界的思想系统。儒学与实用主义的实践特质，决定了两种法哲学呈现出鲜明的问题指向，两者都不去构造一种所谓的形而上学体系，而是以“具体问题”为导向的。同时儒学和实用主义都支持“司法中心主义”的思维方式，这是一种真正有用的思想范式。儒学与实用主义之间所具有的三种契合共同呼吁着“实践智慧”的思想范式，这将是对中国法治建设真正有用的知识取向。[③]

由于当代中国的法哲学与法学基本上是西方舶来品，在司法理论与实践中，中华法系的法哲学与法学可谓“荡然无存”。由是，一些学者提出要重建中国的法哲学，其中比较突出的是宋大琦的“儒家法哲学”。他提倡基于个人感性欲望、排斥形而上学的法哲学，重在以“礼法一体同论”为依托，以古代

① 陈弘学:《儒家伦理与现代法治社会衔转的可能性探析——以“直躬案例”与“桃应难题”为主要考察对象》,《成大中文学报》2015 年第 51 期。

② 何信全:《儒学也能推导出现代法治原则吗？: 以“道德自主性”为中心的探讨》,《思与言: 人文与社会科学期刊》2011 年第 2 期。

③ 武建敏:《法哲学的融通——儒学与实用主义》,《殷都学刊》2015 年第 1 期。

礼法哲学为资源，建立能对今天生活有所裨益的新儒家法哲学，这不仅是对法哲学的全新尝试，也是对一种含义更为广阔的政治哲学的探索。其代表作有《程朱礼法学研究》《明儒礼法学的心性论基础及其现代启示》《先王之法：礼法学的道统传承》等。“中国儒学与法律文化研究会”自 1990 年成立以来，已经多次举办学术研讨会，如以“儒学与法律价值观”（2012）、“儒家文化与中国宪政建设”（2014）、“法治中国视阈下的儒家思想”（2015）、“儒学复兴与法文化重建”（2016）、“儒家法文化的传承与反思”（2018）、“传统法文化再探讨”（2019）、“儒家法文化与国家治理现代化”（2021）、“中国优秀传统法律文化的现代借鉴”（2024）为主题，深入探讨了儒学中法律文化的丰富内涵及其承载形式，有助于进一步研究挖掘中华优秀传统法律文化与法治现代化的互鉴价值，并加以创造性转化与创新性发展。

# 第六章

# 重要学术公案与重大论题新动态

近十几年来，人们聚焦百年未有之大变局时代背景，紧密围绕社会和个人、理想与现实、物质与精神等诸多领域，对一直以来备受关注的儒学领域的诸多命题，形成了不少新的认识。同时，也有学者提出了一系列新的学术命题，并就不同观点展开了激烈的论争，推动儒学研究走在古典人文学术研究的时代前沿。

## 一、走出“内在超越”与“外在超越”的二元对立

列文森（Joseph R. Levenson）基于“传统”“现代”二分的观点，在其《儒教中国及其现代命运》中认为，现代西方代表着现代文明的方向与模式，受其冲击与影响，中国社会在由传统向现代转变的过程中，儒学注定会丧失其现实基础，而只能沦为博物馆里的历史收藏物（收藏它的目的正是为把它从现实文化中驱逐出去），相应地，西方文化则升格为取代传统儒学的现代中国的新语言。[①] 针对此观点，陈卫平于 2003 年在《儒学能否成为“活水”》一文中指出，列文森的上述观点正是五四新文化运动以来中国人评价儒学的主流观点，这种观点认为儒学与现代性是对立的，儒学无法促进中国的现代化而只能是中国现代化进程的障碍。陈卫平认为，这种观点在当时起到了使人们从儒学传统中解放出来的作用，但它对儒学的认识终究是片面的。[②] 他在文中进而引述港台新儒家著名传人杜维明的观点，指出：儒学在过去 1000 年间，在中国所享有的深厚的经济、政治、社会根基的衰落和崩溃，现在已经是不争的历史事实，然而“不能因此得出儒家思想失去了它所有的人类相关性的结论”；恰恰相反，“儒学在艺术、文学、历史和哲学中的精神价值将会再度表现出它对塑造整个中国创造性心灵的影响”。[③] 在现代中国与现代世界，儒学到底是“活水”还

① 参见列文森:《儒教中国及其现代命运》，郑大华、任菁译，桂林：广西师范大学出版社，2009 年。

② 陈卫平:《儒学能否成为“活水”》，《文史哲》2003 年第 2 期。

③ 杜维明:《杜维明文集》（第二卷），武汉：武汉出版社，2002 年。转引自陈卫平:《儒学能否成为“活水”》，《文史哲》2003 年第 2 期。

是“死物”？如果是仍有活力之水，那么它会否再次成为“主流”？抑或它只能作为西方所主导的现代化主流中的“一滴”？这些问题，归根结底都是如何重新评估儒学价值的问题，其中最根本性的一个问题就是，儒学能否 / 如何在终极关怀层面提供安身立命的指引。此即儒学的宗教性问题，在中国哲学领域又被称为儒学的超越性问题。

儒学的宗教性或超越性议题，系近现代以来中西文明交汇、西方文明强势刺激中国思想文化界的产物。中国学者提出儒学是宗教或具有宗教性 / 超越性的一个重要原因就是要对标西方主流宗教基督教，申言、挖掘、建构儒学的终极关怀功能。港台新儒家群体在 20 世纪 50 年代曾大张旗鼓地对西方人士宣称：“但是照我们的看法，则中国莫有像西方那种制度的宗教教会与宗教战争，是不成问题的。但西方所以有由中古至今之基督教会，乃由希伯来之独立的宗教文化传统，与希腊思想、罗马文化、日耳曼之民族气质结合而来。此中以基督教之来源，是一独立之希伯来文化，故有独立之教会。又以其所结合之希腊思想、罗马文化、日耳曼之民族气质之不同，故又有东正教、天主教及新教之分裂，而导致宗教战争。然而在中国，则由其文化来源之一本性，中国古代文化中并无一独立之宗教文化传统，如希伯来者，亦无希伯来之祭司僧侣之组织之传统，所以当然不能有西方那种制度的宗教。但是这一句话之含义中，并不包含中国民族先天的缺乏宗教性的超越感情及宗教精神，而只知重现实的伦理道德。这只当更由以证明中国民族之宗教性的超越感情及宗教精神，因与其所重之伦理道德，同来源于一本之文化，而与其伦理道德之精神，遂合一而不可分。”[①] 这是儒学宗教性或超越性问题的一次郑重提出，其中给出的分判后来被进一步明确划为：基督宗教属于典型的外在超越式宗教，儒学的宗教性则属于内在超越。20 世纪 80 年代，以“通过对中国文化的教学与研究，承继并阐扬中国文化的优秀传统；通过对中外文化的比较研究，加强世界各国的学术交流

① 牟宗三、徐复观、张君劢、唐君毅：《为中国文化敬告世界人士宣言——我们对中国学术研究及中国文化与世界文化前途之共同认识》，《民主评论》1958 年元旦号。

和学者的往来，促进中国传统文化的现代化”[①]为宗旨的中国文化书院，曾专门举办“中国宗教：过去与现在”国际学术讨论会，涉及“中国历史上的各种宗教对现代中国文化的意义”“西方从利玛窦到马克斯·韦伯对中国宗教与中国文化的看法”“宗教与中国文化尤其是俗文化的关系”等议题[②]，显示了国际学者们对中华传统文化的终极关怀功能或超越性问题的深沉关注。约十年之后，《文史哲》于1998年组织发表《“儒学是否宗教”笔谈》。这组笔谈文章的作者皆为学界代表性人物（老中青三代），包括：张岱年、季羡林、蔡尚思、郭齐勇、张立文、李申。作者们在笔谈稿中无不从积极意义上认为儒学具有不容忽视的宗教性，甚至在历史上起了比某些宗教还要大的宗教性作用。其中，不止一位作者指出，新文化运动片面崇尚现代自然科学，为此而歧视包括基督教在内的一切宗教，并因此否定或否认儒学的宗教性，这无论从儒学史事实还是从经世致用的实际需求来看都是不恰当的。这次笔谈的参与者们还不约而同地认为，不应以基督教或者信鬼神、讲来世等作为衡量“宗教”或“宗教性”的既定标准，在一定程度上呼应了港台新儒家提出的“内在超越”（中国儒家）与“外在超越”（西方基督教）这一分判。

近百年来，中外学界持续关注儒学宗教性议题。2004年，陈少明先生在《立言与行教：重读〈论语〉》一文中进行了四点归纳：其一，在五四新文化运动以来崇信科学的时代潮流之下，对儒家道德理想持同情态度的思想人士如梁启超、蔡元培等，往往会强调“儒学重视人而非神”，并据此断定儒学不是宗教；其二，任继愈等学者则站在革命意识形态的立场上，强调“儒学崇信鬼神，天是最高人格神”，“传统祭拜的天地君亲师，包括孔子在内，都是神”，“儒家经典就是传达天意的教义，而历代政权组织同时也就是宗教组织”；其三，海外学者杨庆堃则从“结构—功能主义”角度，将宗教区分为“制度化宗教”与“混合性的宗教”，认为儒学属于“有宗教特性的社会政治教义”；其四，

① 陈越光：《八十年代的中国文化书院》，北京：生活·读书·新知三联书店，2018年。
② 夏栋华：《“中国宗教：过去与现在”国际学术讨论会》，《中国文化》1989年第1期。

杜维明、刘述先、黄俊杰、李明辉等现代新儒家，则在“终极关怀”的意义上认为儒学具有“宗教性”[①]。其中，任继愈等学者所表达的“儒学崇信鬼神，天是最高人格神”“传统祭拜的天地君亲师，包括孔子在内，都是神”这一观点最为强烈，可以说是直接将儒学的宗教性定性为“外在超越”，而与牟宗三等港台新儒家所谓的“内在超越”论形成鲜明反差。这就留下一个较为宏观的问题：“内在超越”与“外在超越”这两重因素，在儒学中究竟是相互排斥还是并行不悖的？

现代新儒家所提出的广为流行的“内在超越”说认为，中国哲学与文化的基本特征是“内在超越”，它优越于西方哲学与文化的“外在超越”。这已经被奉为关于中西文化比较的两个教条。近年来，赵法生、黄玉顺等学者通过一系列考察和研判，刷新了学界对上述问题的认识。

2019年，赵法生先生出版了《儒家超越思想的起源》(中国社会科学出版社）一书，提出了“中道超越”的概念。“中道超越”论并不否认“内在超越”“外在超越”概念，而是通过对儒学相关文本的考察、梳理指出：无论是在儒学创始人孔子那里，还是在一般儒学史上，“内在超越”与“外在超越”都是并存的。特别地，针对牟宗三等港台新儒家所着力标举的“内在超越”论，赵法生指出，孔子打开了儒家超越的内在面向，现代新儒家则通过创造性地诠释陆王心学，并与康德哲学、大乘佛学融会贯通，将儒家超越之内在面向“充其极”(牟先生语)，进而提出“内在超越说”，这是对儒家思想研究具有时代意义的新创造。尽管如此，我们却不能说这就等同于孔孟甚或陆王的思想本身。赵法生先生认为，正如侯外庐先生指出的，孔子言天处，大多具有强烈情感色彩，这是他依然将天作为有意志的宇宙主宰的证明。此外，孔子对于古代自然神灵以及河图洛书等巫文化传统依然保持相当的礼敬，并以此来解释人生的有限性问题，这既表明了孔子信仰世界的丰富性，也表明了他与三代信仰的连续

① 刘小枫、陈少明：《康德与启蒙——纪念康德逝世二百周年》，北京：华夏出版社，2004年。

性关系。孔子既有“内在超越”面向，又有“外在超越”面向，这看上去似乎有些自相矛盾，但这只不过是我们后人的感受，在孔子本人的信仰世界中则并无明显矛盾。赵法生先生在《儒家超越思想的起源》一书中认为，“外在超越”“内在超越”在孔子那里的统一体就是“中道超越”，即同时包括上下、内外和左右三个向度，上下向度指向天人关系，内外向度指向身心关系，左右向度指向人伦道德关系。由于孔子的人伦道德奠基于天命信仰和内在仁德之上，而前者显然更为根本，孔子的超越于是成为外向和内向结合起来的双向超越，这使其与单纯的“外在超越”和“内在超越”都有显著不同。[①]

李洪卫、王绪琴、李旭、卢盈华、吴晓番、常会营、沈鸿慎等学者对赵法生以“中道超越”统合“外在超越”“内在超越”的观点和叙事进行了回应及评议。其中，李洪卫认为，“中道超越”论讨论“天人之际”的重心不在于天人关系的一般性认识，而是将他所理解的“超越性”置于天和人的“关系”层面（联系层、中间层、体验层），并因此突显了道德主体性与外在命运性如何圆融并存这一儒学传统本身必须面对的根本课题。[②]王绪琴则进而追问：在当下，在中国几千年以来注重“内在超越”的学说层积之下，“中道超越”说虽然对牟宗三先生的“内在超越”说有了很大的平衡或扬弃，但是不是依旧围绕自我道德心性的修养问题讨论问题？“中道超越”是不是还基本属于“内在超越”的问题？是不是需要进一步把“外在超越”的向度突显出来？沿此思路，卢盈华进一步认为，我们今天身处危机之中，需要吸纳基督教的谦卑精神，直面人性的恶、天命的神圣、天意的锤炼和佑护，也即应该在更突出的意义上挖掘或强化儒学的“外在超越”因素。[③]

与赵法生先生推出其“中道超越”论几乎同步，黄玉顺先生亦将其“生活儒学”论域拓展到儒学的“超越性”或“宗教性”议题。自2020年以来，黄

① 赵法生：《再论孔子的中道超越》，《社会科学论坛》2022年第5期。
② 李洪卫：《论“天人之际”概念及其相关意义的申发》，《社会科学论坛》2022年第5期。
③ 卢盈华：《中道超越与外在超越》，《社会科学论坛》2022年第5期。

玉顺先生发表《生活儒学的内在转向：神圣外在超越的重建》[①]《周公的神圣超越世界及其权力话语——〈尚书·金縢〉的政治哲学解读》[②]《中国哲学“内在超越”的两个教条——关于人本主义的反思》[③]《神圣超越的哲学重建——〈周易〉与现象学的启示》[④]《重建外向超越的神圣之域——科技价值危机引起的儒家反省》[⑤]《“超验”还是“超凡”——儒家超越观念省思》[⑥]《“事天”还是“僭天”——儒家超越观念的两种范式》[⑦]《论儒家哲学的“超越”与“感通”问题——与蔡祥元教授商榷》[⑧]《本体与超越：生活儒学的本体论问题》[⑨]等系列论文。这些论文旨在呈现这样一个事实：“内在超越”并非中国哲学的独有特征，而是中西哲学共有的普遍特征。在价值判断上，黄玉顺先生指出，不论中西，“内在超越”并不是比“外在超越”更优越的思想进路，恰恰相反，它的人本主义背景存在着严重的问题，应当加以反思。这一严重问题，具体来说就是：无论西方理性主义还是中国儒家心性主义的超验哲学，其“内在超越”的“超验性”（transcendental）都试图取代“超凡性”（transcendent），于是导致了人的

① 黄玉顺：《生活儒学的内在转向：神圣外在超越的重建》，《东岳论丛》2020 年第 3 期。

② 黄玉顺：《周公的神圣超越世界及其权力话语——〈尚书·金縢〉的政治哲学解读》，《东南大学学报（哲学社会科学版）》2020 年第 2 期。

③ 黄玉顺：《中国哲学“内在超越”的两个教条——关于人本主义的反思》，《学术界》2020 年第 2 期。

④ 黄玉顺：《神圣超越的哲学重建——〈周易〉与现象学的启示》，《周易研究》2020 年第 2 期。

⑤ 黄玉顺：《重建外向超越的神圣之域——科技价值危机引起的儒家反省》，见杨永明主编《当代儒学》（第 17 辑），成都：四川人民出版社，2020 年。

⑥ 黄玉顺：《“超验”还是“超凡”——儒家超越观念省思》，《探索与争鸣》2021 年第 5 期。

⑦ 黄玉顺：《“事天”还是“僭天”——儒家超越观念的两种范式》，《南京大学学报（哲学·人文科学·社会科学）》2021 年第 5 期。

⑧ 黄玉顺：《论儒家哲学的“超越”与“感通”问题——与蔡祥元教授商榷》，《社会科学研究》2022 年第 1 期。

⑨ 黄玉顺：《本体与超越：生活儒学的本体论问题》，《河北大学学报（哲学社会科学版）》2022 年第 2 期。

僭越，而这在凡俗世界的权力格局中必然导致权力的僭越。

综上，儒学能否且如何在终极关怀层面提供有效的安身立命之道？这又被称为儒学的宗教性或儒学的超越性问题。长期以来，牟宗三等中国港台的新儒家学者提出的“内在超越”（中国）与“外在超越”（西方）这一分判，主导着中国哲学界的相关思考。近年来，儒学的宗教性 / 超越性问题再度成为研讨热点。其中，赵法生于 2019 年出版《儒家超越思想的起源》一书，提出了“中道超越”的概念，“内在超越”与“外在超越”在儒家是并存的。杨国荣认为，超越的意义包括两个方面：一是西方基督教论域中的“超越”（transcendent），这种所谓“超越”被赋予绝对意义，与内在性（immanent）相对而言；二是日常语言或通常表述的“超越”（beyond）。而通常所说的“超越”则既存在于经验世界，也可以从形而上的视域考察。黄玉顺自 2020 年以来发表了一系列论文，明确提出打破“中国文化是‘内在超越’、西方文化是‘外在超越’”的教条，揭示孔孟儒学兼具内在“超验性”与外在“超凡性”的特质。

## 二、儒学中的个体本位与共同体本位辩证

个体本位与共同体本位之争，既是古老的文明课题，亦是当今中西文明交流互鉴的重要论题。个体主义是近现代以来西方乃至受西方宰制的整个人类社会的主导意识形态，它有深远的西方文化基础，有西方民主制、高科技、经济社会的支持，所以在可见的未来它不会退离这种主导地位。但它带来的一系列经济、政治、文化、生态和道德效应，对全人类产生并将继续产生巨大的威胁。较之现代自由主义，儒家更擅长通过宗法血缘与政治权威，将社会成员规范在群体之中。即便“自作主宰”意识极强的思孟学派或心学传统，其“自我”意识也仍然是以指向他人、群体、共同事业的“责任感”为内核。就此而言，儒家的“个体”从来都是在“社群”中定义的。海通以来，由于原有基础受到巨大冲击，儒家社群主义似乎应该让位于“牢不可破”的原子个体主义，主流思想界在长达百年的“反传统”情绪中，一再试图用现代自由主义的“个

体权利至上”原则来重新组织中国社会。与此同时，“社群主义”“角色伦理学”，乃至鲜明的“反个体主义”等思潮仍在西方思想界此起彼伏，“原子个体”的无根性被一再彰显并深受批判。社群与个体究竟孰先孰后，遂成为一个悬而未决的理论问题。当下，在以儒学为代表的传统文化复兴的大背景下，社群与个体的关系问题再度成为汉语思想界探讨与交锋的焦点。究竟应当如何看待社群与个体的关系，这不仅仅是一个学理问题，更是当下中国思想文化和价值观建设无法回避的基本问题。

美国学者罗思文、安乐哲选择将儒学与个体主义进行对比研究，试图借助儒学资源为当代西方乃至世界突破狭隘的个体主义本位提供出路。

罗思文于2015年出版《反对个人主义：儒家对道德、政治、家庭和宗教基础的重新思考》①。该书不但从哲学、心理学、神经科学、社会政治学和道德学等方面揭示“孤立个体”概念的虚构性，而且以对比的方式阐发了儒家为何从道德上和社会建构上是一种更好的选择。特别地，罗思文在书中认为儒家的伦理既不是以个体为基础的，也不是只知服从权威的，而是有自己的或非个体主义的自身意识、是非标准和内在超越的精神境界。中国学者张祥龙评论指出，罗思文的书和我们接着此书的思考表明还有别的可能，即我们毕竟可以摆脱个体主义的主宰而不必走向它的反面（其实这些反面与它也有脱不开的关系）。这些其他可能中的最重要的一个，就是由儒家的孝道和家庭角色伦理生发出的一种非个体主义的道德理性及其生存方式。它可以让人类社会摆脱个体主义及其对立面，而又不丧失那让人活得有根本意义的自由、尊严和保障。但是如何恰当地理解儒家，使之在当代和未来还能焕发出自身的独特活力，或者说，如何让儒家在适应时代新环境时不丢失那些使其是儒家的东西，是一个巨大的挑战。一些西方历史学家甚至科学家曾期待儒家为人类带来希望，表明他

① Henry Rosemont, Jr., *Against Individualism: A Confucian Rethinking of the Foundations of Morality, Politics, Family, and Religion*, London: Lexington Books, 2015.

们对现在人类所行道路的绝望以及对儒家独特性的期许。①

安乐哲尝试通过构建“角色伦理学”、转化利用儒学资源，以矫正个体主义误区。在 2013 年发表于《东岳论丛》上的一篇论文中，安乐哲指出，近几年来，在西方世界中处于优势的经济和政治秩序正在发生着结构重组，这对受自由主义支配的现有的世界文化秩序形成了巨大的冲击。出于对以自治的个人主义为基础的自由主义的反思，有异于西方主流思潮的杜威的实用主义及具有集体主义特征的儒家角色伦理学进入人们的视线。杜威强调交往，否定人能够离开与他人的联系而获得完整性；而儒家的角色伦理学更是直接站在个人主义意识形态的对立面。以家庭为中心的儒家价值是否会促成新的世界文化秩序，这值得我们思考。②2017 年，安乐哲著、孟巍隆（Benjamin Hammer）译的《儒家角色伦理学——一套特色伦理学词汇》由山东人民出版社正式出版。“角色伦理学”引起了中外儒学研究界的广泛关注。田辰山教授在《“角色伦理”与向西方传播中华文化》一文中将安乐哲定位为传播中华文化的比较哲学阐释者。温海明教授在《中英语境中儒家角色伦理之我见》一文中，比较了“儒家角色伦理学”的核心词“角色”和“role”在中英语境中的不同含义，并强调：安乐哲所阐释的“角色”具有活生生的和不断生成的儒家特质，身为“儒家角色”并非随性自然，而应当按照“儒家之道”来行为处事。很明显这是对中文语境中“角色”一词的再阐释，“角色”一词本身的凝固性特点得到了一种动态的解释。这种“角色”语义的扩大化有利于丰富对“角色”新义的认识，从

① 张祥龙：《在中西间性里反对个体主义——从罗斯文的书谈起》，《道德与文明》2018 年第 4 期。

② 安乐哲：《儒家的角色伦理学与杜威的实用主义——对个人主义意识形态的挑战》，李慧子译，《东岳论丛》2013 年第 11 期。还可参考安乐哲：《儒家角色伦理学：挑战个人主义意识形态》，《孔子研究》2014 年第 1 期。

而有助于深化对“角色伦理学”的理解。[①] 可以说，基于儒学底蕴开发出来、旨在以“关联性”矫正“个体主义本位”的“角色伦理学”，已然通过一系列学术对话进入当今国际伦理学研究前沿。

有学者尝试将“角色伦理”与和谐社会建构等中国本土当代议题进行有机结合。2014年，田秀云教授在人民出版社出版《角色伦理——构建和谐社会的伦理基础》一书。这部著作从理论与实践、历史与现实、社会与个体相结合的视角，将角色伦理作为一种全新的社会伦理范式同社会主义和谐社会建设相结合。该书理论篇从角色伦理的证成、思想资源的挖掘、角色伦理的基本论域和基本范畴，以及角色伦理在和谐社会建设中的地位、功能和作用等层面进行了学理性的系统阐发；实践篇从经济、政治、文化及社会生活等领域，对角色伦理进行了分门别类的、具有职业和身份特色的具体研究，揭示了各个领域主要社会角色扮演实践的伦理行为模式，力求实现角色伦理理论与实践的自洽与融通。该书中关于角色伦理在构建和谐社会中的地位、功能和作用，角色伦理强调“名责相符”“权责统一”的阐释，有助于提高每个社会角色的权责认知和角色责任担当，为实现社会主义和谐社会建设人人尽责、和谐社会建设成果人人共享提供了角色伦理基础，为实现和谐有序、公平正义的社会建设愿景提供了理论支撑。该书在实践篇明确了各个社会领域主要社会角色基于身份地位的权责定位、伦理期待、道德规范和伦理行为模式，为每个社会角色的成功扮

① 相关学者指出，“儒家角色伦理学”之所以能够进入学界关注的视野，首先取决于该理论创立者的独特身份。一是作为美国公民的安乐哲能够以研究儒学而得到美国学界甚至更大范围内的认可，一定程度上表明了作为价值理念的儒学开始在全世界产生了影响。二是与以往对中华文化和儒学的对象化研究不同，安乐哲本人曾在多种场合坦承自己乃是儒学的信奉者和践行者，因而儒家理念对安乐哲所产生的影响决定了其取得的学术成就不仅是单纯的理论总结，更证明了儒学能够获得其他文化体系下生命个体的认同。三是安乐哲不仅是一个知识论层面的汉学家，其哲学家身份也为其深入儒学内在价值提供了可能性。因而，由其创立的“儒家角色伦理学”有可能最为接近儒家原义或说是符合儒家原义的。[刘宏：《“儒家角色伦理”国际学术研讨会述评》，见杨永明主编《当代儒学》(第五辑)，桂林：广西师范大学出版社，2014年。]

演提供了范式和实践模式，充分彰显了角色伦理理论的实践价值。

另一些学者则尝试在更深的层次上揭示“角色伦理”概念与儒家固有伦理概念之间的异同，并以此为契机对中西比较研究的理念与方法论问题进行了反思。沈顺福教授在《德性伦理抑或角色伦理——试论儒家伦理精神》中直接对儒家伦理是否是角色伦理提出了疑问：“德性”才是儒家伦理学的主题，这一主题与率性而为的人生哲学都深深烙上了德性的印记。因而，儒家伦理学是一种德性伦理学，而非角色伦理学。此外，儒家所谓“德性”不同于流行的西方亚里士多德意义上的德性，指的是人生而即有的本性。蔡祥元在《角色的根源——安乐哲〈儒家角色伦理学〉评析》一文中指出：安乐哲将中国古代哲学的基本特征概括为关联性思维，这在中国传统文化的诸多方面都可以得到证实，如中医、书画、建筑、园艺、烹饪、风水、典礼等等。并且这一思维方式在《易经》《黄帝内经》等经典中得到了集中表达。但这种关联性思维的立足点乃是怀特海的过程哲学和实用主义的经验流变说，这种注重经验层面的变化之流并不足以完全概括以“变化之道”为根基的中国古代哲理。道虽不离变化，但不能简单等同于经验主义层面的变化。黄玉顺教授在《角色的意识:〈易传〉之“定位”观念与正义问题——角色伦理学与生活儒学比较》[①] 一文中指出:《易传》中的“正位”“当位”指恪守既定的位置和角色，这是角色伦理学与生活儒学所共同确认的；“得位”指对原有位置与角色的超越，上述两种理论对此的理解有所不同；“设位”指对社会角色秩序本身的重置，这一制度正义问题则是角色伦理学尚未触及的，而生活儒学则通过中国正义论的重建来探索这一问题。该文承认了“角色伦理学”与“生活儒学”及其伦理层级上的“中国正义论”之间颇有相通之处，但两种理论在所要解决的最终社会问题上却又分道扬镳。这证明了文化之间的相通并不等价于相同。郭齐勇教授和李兰兰博士在《略谈儒家角色伦理》一文中指出：“儒家角色伦理学”的创见摆脱

① 黄玉顺:《角色的意识:〈易传〉之“定位”观念与正义问题——角色伦理学与生活儒学比较》,《齐鲁学刊》2014 年第 2 期。

了西方中心主义和道德虚无主义的窠臼，凸显了儒家伦理本身的思想特色。但不容忽视的是，这一提法强调了儒家伦理的特殊性和家庭本位性，否定了儒家伦理的普遍性、终极性和超越性。儒家伦理植根于人性之中，具有超越的天道根据，重视个体性的人格培养和塑造。儒家所强调的每个人与生俱来的自主自立的“心”“性”并非处于各种关系和角色之中，而是具有具体的普遍性。香港中文大学哲学系黄勇教授还就罗思文、安乐哲站在“角色伦理学”角度对“美德伦理学”的批评进行了反评议。针对“角色伦理学”主张者强调“关系”，而抱怨包括美德伦理学在内的伦理学通常所关心的是个体，或者是个体的行动（义务论伦理学和后果论伦理学），或者是作为个体的人（美德伦理学）。黄勇教授在发表于2020年的一篇论文中指出：一方面，儒家传统强调对他人的道德教育，如孟子要“先知觉后知、先觉觉后觉”；另一方面，儒家也强调人的自我修养，如孟子要求人求其放心，并批评人们自暴自弃。无论是对他人的道德教育，还是一个人的自我修养，都假定了主体的存在，这些主体都是关系中的主体。①

特别值得一提的是，孟巍隆在《文化比较的思想误区——兼评安乐哲“儒家角色伦理”》一文中批判了包括“角色伦理学”在内的文化比较研究中东西方两极化对立的思维模式。孟巍隆在文中表示，文化比较有着多种多样的具体模式，但大体都具备一个共同特点：文化比较者均将东西方对立起来加以比较，将二者分别推向两个相反的文化极端，构成人为的而非自然的对峙状态，在这个对峙的基础上给予定义、分析与价值判断。这种人为的对立状态造成了文化比较研究中的思想误区。从历史角度对此现象进行考察，可以发现“两极化”的错误思想贯穿了百年来的文化比较工作。由于“两极化”的文化比较研究属于人为的思想框架，并不代表各个文化之间的现实情况，所以此种思想模式造成很大的误导，不利于实事求是的科学观察与比较研究。两极化思维是人

① 黄勇：《儒家伦理学与美德伦理学：与李明辉、安乐哲和萧阳商榷》，《社会科学》2020年第10期。

类普遍的心理学现象，文化比较中的两极化思维，有其认识论根源。近年来流行于世的“儒家角色伦理”这一学说，充分地体现了此种思想误区。[①] 这意味着，学术界需要寻找更加切实的方式与进路，探讨“个体本位”与“共同体本位”之间的辩证关系。鉴于此，《文史哲》编辑部于2018年4月20—23日以“个体与社群孰先孰后”为主题，举办了第三次“儒学与自由主义的对话”人文高端论坛。[②]

经济学者韦森教授在论坛发言中依据当代研究，区分了方法论的个体主义[③] 和规范的个体主义：前者提倡用个体行动与个体间的互动解释社会传统与社会变革，后者则是一种广泛强调自我支配、自我控制、不受外来约束的价值观。[④] 韦森教授在发言中梳理指出，尽管“个体主义”这个词语直到19世纪初才出现，但其精神在西方文化与社会历史中源远流长。在西方社会的文明进程中，个体主义作为一种生活方式、人生观与世界观，具有整体性和普遍性的意义，构成了西方人赖以把握和世界关系的基本方式和生存状态。这个意义上的个体主义，在西方，不但可以追溯到中世纪，而且构成了罗马法和早期基督教伦理的共同品格。与其说个体主义是西方现代化进程的一个结果，不如说是有了个体主义才有了现代西方社会（启蒙运动、大革命、私有财产、市场经济、自由选择、人人权利平等、民选政府、法治社会）。在这个意义上，韦森教授指出，个体主义是整个自由主义的底色，自由主义则是以个体主义为本位的现代社会构建中的一种信念的外显和制度化，二者的基本统一之处在于都强调个人的权利和人与人之间的平等关系。这一梳理再次印证了“自由主义”崇尚“个体本位”的见解。同为经济学者的姚洋教授在此基础上强调，在自由主

① 孟巍隆:《文化比较的思想误区——兼评安乐哲“儒家角色伦理”》,《文史哲》2016年第1期。

② 以下叙述基于论坛速记档案，并参考了刘京希、李梅:《“个体与社群孰先孰后：儒学与自由主义持续对话”综述》,《文史哲》2018年第4期。不再一一注明。

③ 韦森教授在发言中用的是“个人主义”，兹统一调整为“个体主义”。

④ 按：前者未必不是作为普遍价值观的后者在学术领域的体现。

义语境下平等[1]是关键。紧接着，他指出，平等只是一个应然判断而非实然状态，平等意义上的个体主义因而难以现实地推导出社会，因为现实政治一定是有等级的，进入特定等级需要相应的资格。在现实中，自由主义所推崇的绝对平等、抽象平等，是无法实现的，在某种程度上也是一种粉饰。相形之下，儒家则务实地承认等级与资格，在向有资格者开放职位竞争机会的基础上，按照不同时期的升迁标准，培养并遴选贤能者。总体来看，这是一种先有秩序再谈自由、先承认等级与资格再谈平等的政治模式。换言之，儒家虽不排斥个体自由与平等，但它一定是将社会秩序放在首要位置上的。至此，“儒学 vs. 自由主义 = 社群主义 vs. 个体主义”对垒切磋的局面初步形成。

哲学学者张祥龙教授在论坛发言中表示，儒家在当代的生存乃至期待中的复兴，确实与如何看待、处理儒学与自由主义的关系息息相关。他指出，姚洋教授认为“儒家虽不排斥个体自由与平等，但它一定是将社会秩序放在首要位置上的”，这固然合乎现实中的经验观察，但在理论上，如何圆通“等级、资格意义上的秩序优先”与“不排斥个体自由与平等”的矛盾，也同样是一个重要问题。对此，张祥龙教授从“儒家的根基是家与个体间的关系”角度，极具创意地补充了相应的哲学分析。张祥龙教授认为，在以“亲—爱”为源的家庭关系中，个体不具有存在论地位（人不是存在论意义上的独立实体），但具有人格[2]地位。这种人格地位，首要的是在与亲人们的原发关联中，在追随自己所爱的人格榜样（其核心是最重要的、最及时的和最深切的关爱）、共同经历伦理生活（“为义争于父”）的过程中，得以养成的。这种基于“家—主体间关系”的人格养成机制，也从一开始便不断将独立人格或个体人格意识赋予儿

① 王心扬先生评论指出，“平等”分为“机会平等”与“分配平等”。西方自由主义或资本主义社会也讲“平等”，但更侧重“机会平等”。社会主义阵营及西方世界的批判声音，则主要是从“分配平等”角度立论。姚洋教授发言中的“平等”兼具“机会平等”与“分配平等”二义。

② 张祥龙教授所谓的“人格”是这样界定的：人格是指各种好恶情感和相应行为的统一结构。

女。可以说，张祥龙教授的分析论述，为"'个体主义'其实也是持论者在'群体'中获得的一种自我意识"这一见解，提供了一个鲜活的示例。

在类似思路上，孙向晨教授评述了黑格尔的"家庭以及同业公会作为国家的基础"这一思想。按照这一设想，个体不是国家的基础，以个体为基础的契约也不是国家的本质，国家有它自身的伦理本质。这些由西学术语包裹着的思路使人不禁感到，黑格尔俨然儒家"集体主义"思想在西方的知音，尽管黑格尔曾大张旗鼓地鄙薄"中国没有哲学"[①]。不过，孙向晨教授也坦言，上述解读若放在当今西方学界，很可能会被说成是"解读者受了自己背后的中国式思维诱导，而对黑格尔《法哲学原理》断章取义"的结果。这也从一个侧面反映出，"个体本位"的自由主义观念在当今西方仍然具有难以撼动的主流地位。罗思文、安乐哲也好，贝淡宁也罢，这些另类思路的持有者在西方学界仍是少数派。

类似地，尽管姚洋、邓曦泽、陈明等学者在发言中指出，通常被归入"社群主义"阵营的儒学中不乏包容"个体性"的空间，但儒学"压制个体自由"的现代观点和印象仍然深入人心。在论坛发言中，任剑涛教授便在同张祥龙教授相反的思路上，强调了家庭关系中的家长宰制子女、子女反抗宰制的一面。[②]方朝晖教授顺势指出，家庭关系中的这个"宰制—反宰制"维度，或家庭关系堕入这种"宰制—反宰制"局面的可能性，将直接危及家作为人格养成基地的地位。而按照孙向晨、任剑涛两位学者的共同论述，黑格尔之所以会提出以"依赖"关系与"爱"的情感为特征的家的伦理性原则，一个重要原因就是，他对洛克式"父权"宰制意义上的"家"的本质界定不满意。就此而言，现代西方学界虽以个体主义为本，但内部至少存在一定程度的"个体与社群孰先孰后"之争，也是一个不争的事实。就此而言，消解了"个体本位主义"的

① 黑格尔:《哲学史讲演录》(第一卷)，贺麟、王太庆等译，上海：上海人民出版社，2013年。

② 五四新文化运动期间对"家"与"宗法礼教"的大破坏，正是出于反对"家长宰制"、追求"自由平等"的初衷。

不当优越感，并不意味着“健康的社群主义”就会自然兴起。目前的中国拥有（且仍在继续获得）较历史上任何时期都更为驳杂、深邃的思想理论资源，而如何对包括儒学和自由主义在内的古今中外资源进行创造性的恰当熔铸，迄今仍是一项任重而道远且不容回避的未竟工作。

总之，“个体本位”与“共同体本位”之争，是当今中西方文明交流互鉴的核心焦点之一。美国学者罗思文、安乐哲选择将儒学与个体主义进行对比研究，试图借助儒学资源为当代西方乃至世界突破狭隘的个体本位主义提供出路。罗思文于2015年出版《反对个人主义：儒家对道德、政治、家庭和宗教基础的重新思考》英文版，该书多方位揭示“孤立个体”概念的虚构性，从儒学角度再思道德、政治、家庭与宗教的基础。安乐哲《儒家角色伦理学——一套特色伦理学词汇》一书，针对个体主义突显儒家伦理学的“关系”与“角色”本位。两书在海内外学术界引发热烈讨论，将儒家伦理学资源推向了国际伦理学界最前沿。与此相关，《文史哲》编辑部于2018年举办“个体与社群孰先孰后：儒学与自由主义的对话”人文高端论坛，继续推进个体本位与共同体本位辩证。

## 三、传统中国社会形态定性及现代化转型进路反思

儒学之所以被奉为中华传统文化的“主干”，是因为儒学在传统中国意识形态与社会形态的塑造中发挥着主要作用。干春松教授在其《制度儒学》一书中表示，儒家思想是一种整体性的价值体系，不但为中国人的日常生活提供价值基础，也为政治和社会秩序提供合法性和神圣性的支持。[①] 所以，儒学研究既要关注儒家在观念层面上的意义，亦须关注儒家与“制度”的关系。通过“儒家的制度化”和“制度的儒家化”双向互动的方式描述儒家与传统中国的政治秩序和社会秩序的建构，尤其是通过经学与政治、礼乐与社会治理来概

① 干春松：《制度儒学》，上海：上海人民出版社，2006年。干春松：《制度儒学》(增订版)，北京：中央编译出版社，2017年。

括、界定传统中国社会形态的基本特征，为中国社会的现代化转型提供富于历史纵深感的反思，无疑是当代儒学研究的重要使命。

自 20 世纪初以来，秦至清末的传统中国社会形态评估问题，始终是学界关注的焦点之一。近代以来，由于中国在鸦片战争、中日甲午战争等国际博弈中接连失败，本土学人开始对儒学主导下的传统文化与传统社会形态丧失信心，进而激烈地反对自己的传统。源自西方的传统中国“专制”说，以及舶自西方的“封建主义”概念，成为迫切寻求救亡之道的中国学人、中国传统政治，乃至整个中国传统文化和生活方式的主流术语。20 世纪“反专制”“反封建”的革命运动之于中国现代化进程的推进作用，作为一项历史事实自然不容否认。而在革命之后的重建与长远发展过程中，另一个事实亦日益突显在国人和世界面前，那就是中国式现代化并非隔绝了自身传统影响、完全照搬西方的现代化，而恰恰是以某些方式传承着传统基因的有中国特色的现代化。由此反观，那种将以儒学为主干的传统文化及其形塑的传统中国社会形态，贴上“专制主义”“封建主义”标签而一竿子打倒的做法，便显得失之片面了。

21 世纪以来，学界围绕如何定性秦至清末的传统中国社会形态问题，进行了一系列深入研讨。2006 年，冯天瑜先生在武汉大学出版社出版《“封建”考论》，后又于 2010 年在中国社会科学出版社推出修订版。该书对何为“封建”，展开了严谨的名辩。“封建”本义为“封土建国”“封爵建藩”。封建制的基本内涵是世袭、分权的领主经济、贵族政治，古来汉字文化圈诸国大体在此义上使用“封建”一名，并展开“封建论”。中国秦汉至明清社会主流离“封建”渐远，实行以地主经济为基础的君主集权官僚政治。欧洲中世纪制度 feudalism（封土封臣、采邑制）与中国殷周的封建制相近（当然也有区别，中国是“宗法封建”，欧洲是“契约封建”），与日本中世及近世的公武二重制“酷似”，中国晚清、日本明治间遂以“封建制”对译 feudalism。清末民初，中国采用这一在汉语和外语对译间形成的新名词。五四时期，陈独秀忽略中欧、中日历史差异，引入西欧及日本近代化进程中的“反封建”命题，形成“封建 = 前近代 = 落后”的语用范式。20 世纪 20 年代，共产国际文件以“半封建”指称现实中国。随后的中国社会史论战之一派，信从单线直进史观，把以君主集权和地主自耕农经济为特征的秦汉至明清的两千余年纳入“封建时代”，以与西欧中世纪对应，“封建”概念泛化，既与本义脱钩，也同对译之英文术语 feudalism 含义相左，且有悖于唯物史观创始人的封建原论。在特定历史条件下，“五种社会形态”单线直进说框架内的泛化封建观普被国中。关注中国史自身特点的学者曾质疑泛化封建观，提出救“封建”概念误植的方案。基于“制名以指实”等历史分期命名标准，冯天瑜先生建议将秦至清主要时段的社会形态称为“宗法地主专制社会”，此两千余年简称“皇权时代”，以反映中国前近代社会的本真面目，并为具有中国特色的现代化进程提供较准确的前史表述。

受上述“名辩”成果启发，《文史哲》编辑部于 2010 年举办“秦至清末：中国社会形态问题”人文高端论坛。冯天瑜先生在论坛上对秦至清末的社会进程进行了整体性概括，认为其最主要的基本特征是官僚制度和地主经济，而不论是从马克思主义史学理论的本义、中国古代历史概括的本义，还是从中国古代历史发展的实际状况来看，“封建”社会指的都是贵族政治和领主经济。因此，秦至清末的中国社会就是一种“非封建”的社会形态。张金光教授着重将“国家权力”引入对社会形态的讨论当中，提出了秦至清末为“国家体制式社会形态”的概念，其根基则为以“普遍的真正的土地国有制”为基础的“官社经济体制”模式。他认为：自秦商鞅变法之后，国家权力成为决定一切的因素，国家权力、意志和体制支配、决定社会面貌。而普遍强暴性、行政命令式运行、权力寻租和体制性的周期性系统崩溃，则是国家体制式社会形态的基本特征。萧功秦教授呼应了张金光教授的见解，进一步认为：秦所建立的是带有强烈军事色彩的“国家主义”形态，而这种社会形态的形成，与中国早期国家的“类游牧”社会形态紧密相连；在“类游牧”社会形态之下，社会呈现出了“猴山”结构，弱势与强势群体之间，形成了效忠和保护的关系。强者地位的保持，完全取决于实力斗争和较量的结果。从春秋至战国，在残酷的兼并战争当中，中央集权的国家主义社会形态得以形成顺理成章。李振宏教授也认为从秦至清末，中国的国家政体一直是高度集权的“皇权专制”，而这个皇权专制的特点，几乎渗透到了社会的各个层面和领域，因而将秦至清的社会形态命名为“专制社会”既名符其实，又简单明了。李治安教授强调：君主专制和地主经济形态，是秦至清末中国古代社会的基本特征。宋辽夏金元作为中国古代史上第二个“南北朝”时期，南宋所代表的“南朝线索”，主要表现为“城镇社会”；元所代表的“北朝线索”，主要表现为君主独裁与“臣僚奴化”。元及明代前期“北制”占优势，明代中叶才转变为以“南制”为中心。两者的整合，至明代后期方得以实现。何怀宏教授则将秦至清末命名为“选举社会”。他认为：“帝制时代”“帝国时代”“专制社会”一类的提法过于政治化，尤其是过于关注最高政治，而“宗法地主制社会”一类的提法又过于非政治化。若将政治和社会结合起来，从社会的角度观察政治，就会发现从秦汉至清末，社会形态的变化都与“选举”制度有着莫大的关系，其总体趋势是由西周的“世袭社会”走向现代的“选举社会”，其基本特征则是君主集权制、官僚制、社会等级制等社会秩序与伦理秩序的融合。张希清教授从唐宋科举制度的变迁入手，具体阐明了科举制度对古代社会至关重要的影响，并对日本学者“唐宋变革论”的命题提出了疑问，认为就科举制度而言，由唐到宋的变迁并非质的变化，仍属于量的、程度上的变化，其质的变化与其说是在唐宋之际，不如说是在南北朝与隋唐之间。孟祥才教授将秦至清末的中国社会形态命名为“帝制农民社会”，认为中国古代社会的历史可以分为三大阶段，即原始社会、夏商周春秋战国的封建社会和秦至清末的帝制农民社会。秦至清的中国社会有两个明显特征，一是政体的皇帝专制，二是社会存在基础的农民土地私有制或地主土地私有制。李若晖教授也将中国历史划分为三大历史阶段，他认为：先秦时期是以血缘关系划分民众并建构国家权力的封建社会，秦至清则是以地缘关系划分民众并建构国家权力的“郡县制”社会，近代社会以来社会性质的发展方向则是打破权力主导，以文化建构人的关系，回归人的真实存在。俞吾金教授则把包括秦至清末在内的中国传统社会定义为“以血缘关系和地缘性的农村公社为基础的宗法等级制社会”。秦晖、汪晖、王和等先生着重对中国古代社会形态研究的方法论进行探讨。秦晖认为：在对中国古代社会形态进行事实判断的同时，对其进行价值判断同样重要，而放之四海而皆准的铁律，在人类社会发展过程当中其实并不真正存在。汪晖认为：与欧洲一个族群、一个中心的民族史叙述不同，中国古代社会是一个“跨体系”的社会，既非单一文化、非单一语言，亦非单一民族。在讨论中国古代社会形态的时候，就必须注意勾勒不同时期、不同区域的差异性和统一性。王和认为：既然学界对“封建”概念内涵的差异和变化把握比较清楚，那么更重要的是揭示“封建”概念背后秦至清末的生产力和社会结构。与会嘉宾经过为期两天的研讨形成了如下重要共识：在秦至清这一漫长的历史时期，与现代社会不同，权力因素和文化因素的作用要大于经济因素；自秦商鞅变法，国家权力就成为中国古代的决定性因素，不是社会塑造国家权力，而是国家权力塑造了整个社会。这一共识，我们可以命名为“国家权力主导论”。

时隔12年，《文史哲》编辑部于2022年举办“亚细亚生产方式与中国道路”人文高端论坛，多位嘉宾的发言再次印证了“国家权力主导论”这一共识，并在技术层面刷新了相关认识。嘉宾们不约而同地将分析“亚细亚生产方式”或传统中国社会形态的切入点，放在了土地所有制上。仲伟民在发言中表示，尽管传统中国土地制度非常复杂，但从制度和文化层面来看，“溥天之下，莫非王土”并不是一句虚话，而是在一定条件下可以实现，并充当专制主义的统治基础。黄玉顺亦认为，土地国有制和国家权力主导相结合正是“亚细亚生产方式”的主要特征。孔令栋教授表示，马克思所谓的“亚细亚生产方式”，其本质就是在原始公社解体以后不存在土地私有制；若以中国为典型的“亚细亚生产方式”的话，其基础就是土地国家所有制。相应地，“亚细亚生产方式”的最大特点就是国家作为所有者在经济或生产过程中起主导作用（这是“亚细亚生产方式”区别于其他社会形态的关键标志），国家与直接劳动生产者之间的关系和矛盾就是传统中国农耕社会的主要关系和矛盾。一方面，传统中国农民不依附于领主，而是直接依附于国家，要靠国家提供土地、提供保护，愿意担负税赋徭役等相应代价；另一方面，国家也需要维持数量庞大的农民，这样才有稳定的赋税徭役来源，才能维持其统治。在这种格局下，农民和国家之间很难有第三方存在，传统中国注意打击豪强、防止土地集中，这既是农民的需要，也是国家的目标。孔令栋认为，“亚细亚生产方式”这种独特的生产关系，一直是中华民族性格的秘密编码与重要基因，直到现在仍是理解中国社会历史发展独特规律、理解现代中国崛起的一个重要而独特的视角。

“国家权力主导论”图景下的“亚细亚生产方式”，并非以“专制主义”为本质。易建平表示，学界以往对“亚细亚生产方式以专制主义为本质”的讨论大都是在价值判断层面打架，我们今天则要提倡用科学的方法和程序去探讨这个事实的真相。他进而指出，“亚细亚生产方式”在概念界定上确实等于“专制主义”，并且19世纪西方人眼中的中国社会亦符合专制主义的特征。19世纪西方人的错误在于，在认定“亚细亚生产方式以专制主义为本质”时，误将当时所看到的中国社会形态认作了东方自古以来的社会权力结构形态，也就是说缺少了对东方社会形态的历时性专业考察。甚至，对于儒家所主导的中国传统社会（包括19世纪西方人眼中的中国社会），究竟是不是不讲个人的“专制主义”，姚洋亦提出了质疑性看法。他指出，“亚细亚生产方式”理论认为“中国社会只讲共同体而不讲个人”，但从“儒家与共同富裕”角度审视传统中国社会，则会发现儒家主导下的中国传统社会在微观上支持个人主义，在宏观上才强调集体主义。实际上，早在2016年，白彤东教授即发表《中国是如何成为专制国家的？》一文，尝试对因西方普遍流行“东方主义”态度并对中国缺乏理解而形成的“传统中国专制论”进行文化考古纠正。[①] 该文认为，在周秦之变中，中国可能已经早于西方两千年进入后封建社会。当然，这种早熟不能保证中国一直领先。西方在公元1500年左右迈向后封建社会，其中一些制度尝试，中国历史上已经出现过。其真正的创新，是在英国发展出来的宪，以及此后的工业革命。相应地，传统中国则需要从早熟版的后封建社会，向另一种版本的后封建社会过渡。简单地用“中国专制”论，从理论和实践上否定传统

① 白彤东：《中国是如何成为专制国家的？》，《文史哲》2016年第5期。

中国政治，等于直接割断了这种过渡的线索。早熟版的后封建中国社会中包含许多好的东西，如以科举为基础的理性官僚制、乡绅自治等制度与实践，以及为接引工业化社会而有必要进一步加强的“书同文，车同轨”“编户齐民”等传统做法。这些好的东西，有源自儒家的，也有源自法家的。我们错误地去学习法国、日本等从封建社会进入后封建社会的方法，在割断中国固有线索的同时，却并没有顺利地学到我们应该去学习的东西。这可能是百年来中国问题的最终根源。

既然马克思晚年提出的“亚细亚生产方式”概念对认识中国社会的过去和未来深具启发意义，那么儒学研究者便更有责任通过审视传统中国社会形态引申出对中国社会现代化转型进路的思考。加拿大在华学者贝淡宁于2015、2016年分别出版《贤能政治：为什么尚贤制比选举民主制更适合中国》一书英文版、中文版，该书荣获“《金融时报》2015年年度图书”和“《卫报》2015年年度最佳假日图书”，是全球著名政治学者首次探讨中西方政治模式的集大成之作。该书获得弗朗西斯·福山（Francis Fukuyama）、郑永年、约瑟夫·奈（Joseph Nye）、余永定、潘维、阎学通、张维为等数十位中外专家联名推荐。贝淡宁教授从“国家的规模”“国家的历史背景”“三十年来中国已经初步形成了选拔、提拔领导的有效机制”“实证调查表明多数中国人更认同贤能而非西方式民主政治”“用一人一票的制度来选拔高层领导可能会破坏贤能政治的优点”“贤能政治比刚性的社会制度更能适应快速变化的当今社会”六个角度，将传统中国选贤任能的政治传统与当今中西政治进行了有效的比较研究。长久以来，学界、政界和舆论界一直以民主制的视角研判中国的政治治理制度，认为只有以一人一票为基础的选举制度才是好的，其他一切政治体制都是专制统治。然而在当前诸多实行选举制的国家中，财阀和资本集团掌控着不成比例的权力，美国的大选甚至被称为“一美元一票”，而非一人一票。贝淡宁认为，中国的政治尚贤制不仅能选拔出能力超群的领导者，而且如此选拔出的领导者更具长远眼光和全局意识，能够做出更加具有说服力的政治决断。政治尚贤制比西方的民主制更适合像中国这样的大国，它能够有效规避民主选举制的主要缺陷。贝淡宁认为，中国选贤任能的政治尚贤制有着深远的历史渊源，影响了过去几十年的社会变革，也比较适合面临复杂政治、社会和经济问题的大国。民意调查也表明，政治尚贤制获得了充分的民众支持。因此，政治尚贤制在中国是选举民主制的一种替代选择。贝淡宁还试图用政治尚贤制的理想来比照中国的现实，认为中国要真正实现在道德上可取、政治上稳定的尚贤制度还有很长的一段路要走，并在该书最后建言：只有真正做到“上层尚贤、中间实验和基层民主”，中国模式的贤能政治才能成为21世纪备受全球瞩目的政治发展模式。

综上，儒学是传统中国意识形态与社会形态的重要塑造者，对传统中国社会形态的研究与重估自然涉及对儒学社会功能的评估。自20世纪初以来，儒学在古今社会中的实然、应然角色问题以及儒学在中国社会现代化转型进程中的作用，多次成为学术焦点。近十几年，这一问题的现实价值更加凸显。继冯天瑜《“封建”考论》一书对何为“封建”展开严谨的名辩之后，中国帝制时期的社会形态研究在近十几年持续受到学界关注。萧功秦、李振宏、李治安、孟祥才等学者，转而提出用“国家权力主导论”概括传统中国社会形态的主要特征。白彤东在纠驳发端于孟德斯鸠等人的“传统中国专制论”时，强调应承认后封建中国社会中包含着以科举为基础的理性官僚制、乡绅自治等制度与实践，甚至有助于接引工业化社会的“书同文，车同轨”“编户齐民”等好做法。贝淡宁《贤能政治：为什么尚贤制比选举民主制更适合中国》则以通贯古今的眼光，指出传统儒家在政治观念和体制制度上的一系列遗产至今仍具有适切中国国情的生命力。《文史哲》编辑部于2022年举办的“亚细亚生产方式与中国道路”人文高端论坛，则尝试将“亚细亚生产方式”这一深具东方关怀的马克思论题与作为中国传统社会形态的重要塑造者的儒学资源进行深度交融。

## 四、解构与重构：儒学与后现代思潮的相遇相交

当代的儒学研究无疑受到了后现代思潮的影响。后现代主义（postmodernism）

是20世纪60年代以来，盛行于西方的以反理性主义文化传统为特征的社会思潮，批判资本主义现代化及其现代性，倾向于相对主义、怀疑主义和虚无主义的价值观，对当代文化艺术、学术研究和思想意识等领域产生了重要影响。后现代主义在20世纪80年代中期传入中国，是西方后现代文化与中华传统文化中所蕴含的深刻解构精神、实用主义和世俗倾向相结合的产物。而改革开放进程的不断深入、社会结构的加速转型和多元文化结构的形成，又为后现代主义思潮在我国的广泛传播创造了条件，后现代主义思潮对当代中国文化艺术、学术研究和思想政治教育等领域产生了较大的影响。① 存在主义对现代科技、制度建制对人性宰制的反思批判，对超越具体存在者限制而接通本源或存在本身的呼吁，对以“存在先于本质”超越既定“本质”“规范”“确定性”辖制的鼓吹，是后现代思潮的重要组成部分，并对儒学研究产生了影响。例如，2018年出版的《天边有一块乌云：儒学与存在主义》一书，基于比较研究的视角，在无神论存在主义的强烈反衬下，潜回儒家学说的原生场域，以天边的乌云为喻，肯定了儒家在现世悦乐的精神之外，更有对历史的不确定、人生的偶然与无常、天命的莫测与残酷的清醒判断，正是这种认识守住了中国文明的底线。② 这一评价无疑与存在主义对现代科技、制度建制对人性宰制的反思，对超越具体存在者限制而接通本源或存在本身的呼吁，对以“存在先于本质”超越既定“本质”“规范”“确定性”辖制的鼓吹声气相通。

当然，并非所有儒学研究者都积极拥抱“存在先于本质”这样的“后现代”口号。20世纪50年代，牟宗三就对其进行了批评，提出了相反的说法：“本质先于存在”。站在儒家性善论立场上看，本质之所以先于存在，是因为人有善性，而人之所以有善性，是因为人有生长倾向和伦理心境。生长倾向和伦理心境都有先在性，可以说都是人的一种本质，前者为“原生性本质”，后者为“次生性本质”。人通过智性可以做出自己的选择，追求“标的性本质”，

① 王文章：《后现代主义思潮的正负效应及其应对》，《人民论坛》2021年第21期。

② 刘东：《天边有一块乌云：儒学与存在主义》，南京：江苏人民出版社，2018年。

但必须承认在此之前已经有了本质。尽管人在选择之前已经有了本质，但这些本质有时也会出现不当、保守、被遮蔽的问题。要防止这些问题出现，必须大力发展智性，启动内识反思。内识反思发现问题后，可以对不适当的规范加以调整甚至破除，这一步工作应该纳入儒家经权的思想范式之中。杨泽波教授进一步指出，以中国哲学的眼光看，“存在先于本质”的命题本质上是退到了告子的立场。自孟子与告子关于人性的激烈争辩起，两千多年来，绝大多数思想家不看好告子，这绝非无因。萨特缺乏儒家性善论的思想背景，不了解人在处理伦理道德问题之前，头脑并不是一张白纸，早就有了生长倾向，早就有了伦理心境。人们对伦理道德问题的处理，必须经由生长倾向和伦理心境的环节，不能天马行空、无凭无据，否则做出的选择必然没有定准，各行其是，各说各话。萨特理论的负面作用很大，不仅无法将人提升到更高的境界，而且将社会推入了相对主义的泥潭，无法收拾。存在主义缺乏儒家学理的经权智慧，要求人们大胆选择，意图虽好，但难以保证有良好的动机，更不能充分估计其后果，从而出现小人行权。小人行权是现代社会的一大病灶。既要坚持儒家“本质先于存在”的立场，又应承认“存在先于本质”的合理性，理想的情况是将两个不同命题有机结合起来。而相对来说，当前最迫切的任务是坚守儒家性善论意义上的“本质先于存在”立场。[①]

当代儒学研究需要在辨明“后现代”与“现代性”之间关系的基础上，达至一种有效反思现代性启蒙进而深化现代性启蒙的现代性，此或可称为“后现代的现代性”。这是黄玉顺教授在《当代儒学》创刊10周年（出齐20辑）之际提出的。“当代儒学”不是指前现代的儒学研究，甚至也不是指现代性的儒学，而是致力于开拓上述“后现代的现代性”的儒学。这种“反思现代性的现代性儒学”或“后现代的现代性儒学”，应当成为一种“现代性诉求的民

① 杨泽波：《“存在先于本质”还是“本质先于存在”——儒家生生伦理学对存在主义核心命题的批评》，《道德与文明》2018年第6期。

族性表达”或者说是“现代性诉求的儒学化表达”。[①] 黄玉顺教授的“生活儒学”对“作为本源的生活”“前主体性”的强调，同样显示出对“解构现成存在者”“回归本源”的诉求。与一些学者将“解构”单纯地视为“不负责任的一味破坏”不同，谢文郁教授认为人的生存是一种新陈代谢，既需要“建构”，也需要“解构”。其《建构和解构：耶儒在张力中互动》一文指出，任何道德价值体系都有其局限性，如果没有力量打破既有道德价值体系的束缚，人就无法建立新的道德规范，从而只能窒息于旧规范中。基于这一考量，谢文郁教授对儒家的“诚”和基督教的“信”这两个出发点概念进行了比较研究，指出二者恰恰可以在“建构—解构”的张力互动中综合起来。[②]

“后现代”历史观对传统儒家的主流史学观及历史观形成“破碎性”冲击，同时也带来了一定的“解读”或思想开放效应。与现代主义深信人类理性的力量和历史进步的必然观点相反，后现代主义坚持相对性和多元性的价值观，反对把历史看成一个连续进步的过程，不完全相信历史的真实性和客观性；认为历史著述与历史事实无关，史料只是无任何客观性可言的文本和档案，不同人对同一史料的理解也各不相同；历史不等于过去，而是记忆主体根据自己的感受和体验对过去的表述、解释和怀旧。[③] 尽管这带来了历史共识缺失的严重问题，但辩证地看，亦极大地开拓了人们看待历史的视野。受此启发，一些以“制造”为名的史学反思与历史重述陆续登场，如《制造汉武帝》(辛德勇，2015)、《制造儒家：中国传统与全球文明》(詹启华著，徐思源译，2019)、《制造“三代”——儒家“三代”历史观的形成及近代命运》(刘丰，2020)等。

传统儒家历史观奠基于“三代”叙事。儒家在《诗》《书》等经典的基础

---

① 黄玉顺：《何谓“当代儒学”》，见杨永明主编《当代儒学》(第23辑)，成都：四川人民出版社，2023年。

② 谢文郁：《建构和解构：耶儒在张力中互动》，《云南大学学报（社会科学版)》2009年第4期。

③ 王文章：《后现代主义思潮的正负效应及其应对》，《人民论坛》2021年第21期。

之上形成“三代”观念。早期儒家认为“三代”之所以为一个整体，其根本在于礼。从《礼记》等资料可知，“三代”礼制损益的重点在于祭礼。儒家用德来解释“三代”历史的更替。正是德与礼的变奏使“三代”不仅成为儒家文明与价值的源头，而且在历史概念的基础上发展为解释历史的模式。对儒家来说，夏商周“三代”不仅是一个历史阶段和历史概念，也是一种历史哲学，甚至是政治哲学，“三代”中蕴含着儒家的社会观、政治观以及道德观。近现代以来，在“新史学”“古史辨”等新学术风气作用下，基于“三代”叙事的传统史观受到挑战。“后现代”思潮的输入，进一步加剧了这种传统史观的破碎。《制造“三代”——儒家“三代”历史观的形成及近代命运》认为，儒家的“三代”史观就是在《诗》《书》所记述的历史（以及传说）基础之上形成的，但是儒家对于“三代”的认识绝不仅是对历史事实的记述和追忆。正如历史都是出自后人的建构，“三代”观念同样也是后世儒家学者在“三代”历史的基础之上建构起来的。就其主观性、生成性和历时性而言，“三代”是“制造”出来的。该文进而指出，战国至汉代的儒家在“三代”历史的基础之上，构造出越来越复杂的历史理论，并以此来解释历史的发展，解释现实的合法性。[①] 以二为循环的文质论，以三为循环的三统三正论，以四为循环的四法论，以五为循环的五德终始说，以及这些不同循环的相互组合，构成了复杂的理论。这些理论可以说是儒家“三代”说的进一步发展和衍化。从现代史学以及后现代史学观角度看，学者自然不会再相信传统儒家所认可的“三代”之礼的损益，而是从考古学、文献学、历史学等多种不同学科的角度，对“三代”历史文化做更深入细致的研究。近年来，以“夏商周断代工程”和“中华文明探源工程”为代表的重大研究课题，以及学界和社会普遍对夏文化的热切关注，应当是“三代”文明研究的最新进展。对此，当由相关领域的专家学者做专门研究。我们关注的是，从儒学的角度看，“三代”“直道而行”“三代之礼一也”是一以贯之的看法，虽然这些看法并不完全符合史实，但非常鲜明地反映了儒家对历史发

① 刘丰：《制造“三代”——儒家“三代”历史观的形成及近代命运》，《现代哲学》2020年第3期。

展的看法。这在儒学研究看来是非常有意义的，也是我们研究思想史、儒学史以及儒家哲学时值得重视和关注的一个问题。

《制造儒家：中国传统与全球文明》则分为“制造‘孔夫子’和‘儒教’”“澄清‘儒’的意义与虚构一个孔子”上下两篇。上篇分析了外国人对中国人身份认同的制造加工，下篇则检讨了中国本土传统对国族身份认同的制造加工。该书通过大量的材料和深刻的分析，检视了16、17世纪以来耶稣会教士开启的对“儒”“孔夫子”等概念和形象的建构过程，以及晚清中西文化激烈碰撞的背景下，章炳麟、胡适等学者对“儒”的再发明。该书作者认为，正是在耶稣会教士搭建的中西方交流中，西方人现在所熟知的孔夫子形象被建构了出来。耶稣会教士借由“儒”这一概念进行的中文写作，又或多或少与胡适等近代知识分子对“儒”的再发明相暗合。所谓“儒”的传统正是历史上的思想家们发明创造的结果，而这些“制造”又赋予传统以新的活力。[①]《制造汉武帝》系对《资治通鉴》所代表的汉武帝传统叙事的解构，在史学界引起了一些争鸣。该书一是用较大篇幅对田余庆先生的名篇《论轮台诏》[②]进行回应，否定汉武帝晚年政策转向的史学定论；二是从史源学研究和后现代史学解构的方法出发，论述司马光对汉武帝晚年政治形象的塑造，指出其所依据的史料《汉武故事》等存在严重问题，并指出《资治通鉴》不能作为研治秦汉史的一般史料使用。该书尤其认为，为了反对王安石变法，司马光在《资治通鉴》中刻意采用不可信的《汉武故事》，塑造了虚假的武帝晚年政治形象。这一翻案式研究成果，可以说是对历史叙事严重依赖叙述者主观立场这一后现代史学观的一种印证。林鹄于2021年发表论文《司马光的学术逻辑与唐宋时人对汉武帝的看法：读〈制造汉武帝〉》，该文从《资治通鉴》相关部分完成于王安石变法之前、如何认识《汉书》相关记载、唐宋时人普遍认为武帝末年悔过的看法是否值得参考、如何看待《汉武

---

① 彭忠富：《关于孔夫子形象的建构与误读——读〈制造儒家〉有感》，《劳动保障世界》2019年第31期。

② 田余庆：《论轮台诏》，《历史研究》1984年第2期。

故事》材料等方面，对《制造汉武帝》的立意与手法提出了商榷意见。①

对过去的认识关系到对未来的规划。后现代史学观的主观主义、相对主义视角尽管深具“解毒”与思想开放功效，但毫无疑问，历史虚无主义无法充当一个文明体的主流史观。诸如上述的“制造”系列，一方面显示后现代史学观实际上是现代科学主义史学观“绝对客观”“绝对中立”理想破灭后的一种自然趋向，即由“绝对客观”“绝对中立”诉求转向对“绝对主观”“绝对立场主义”的揭示；另一方面也通过其所引发的争鸣、其作者本人在论述过程中的自我节制，显示出史学与人文学界仍然在期待并追求具有一定宏观性的史学共识。

后现代主义在文学艺术发展问题上主张解构性和开放性的思维方式，在文艺理论上将开放多元的文艺观与生态思想相结合，激发儒学研究者从生态学与生态美学角度开掘、转化传统儒学资源。

后现代思潮质疑主流文艺思潮，拒绝经典，坚持审美趣味和价值取向的多元化，主张打通艺术与生活，关注少数民族和边远地区的艺术，坚持艺术的平民化，等等。这些主张有利于丰富文化艺术形式，引导文化艺术关注普通人的生活命运。后现代主义思潮对当代中国的影响最早发生在文化艺术界，在破除僵化艺术观念束缚、注入艺术创造活力、丰富艺术表现形式等方面发挥了重要作用。现代主义思潮把人类视为自然界的主人和世界的中心，认为自然界存在的理由和价值就是充当人的手段和工具，自然界其他物种的生存发展应服从和服务于人类的生存发展。这种狭隘的人类中心论主张，势必使人类唯我独尊的心态膨胀，造成对自然界的疯狂掠夺，进而严重破坏人类赖以生存的自然环境和生态平衡。与此相反，后现代主义敏锐地看到了人类在现代化过程中，过分强调“人是万物的尺度”，把人和自然的关系简单地理解为统治和被统治、改造和被改造、利用和被利用，无限制开发利用自然，其结果必然导致地球越来越不堪重负，造成影响人类生存发展的严重生态环境危机，如大气污染、能

① 林鹄：《司马光的学术逻辑与唐宋时人对汉武帝的看法：读〈制造汉武帝〉》，《文史哲》2021年第6期。

源枯竭、地球变暖、天灾频发、疫情多发、可耕地锐减等。为此，后现代主义秉持自然中心主义观点，认为人类只是世界的一部分而非中心，自然界其他物种与人享有平等的生存发展权，人类的生存发展应服从和服务于自然界和生态环境的存在与发展；主张扩大伦理关怀对象，爱及众生，怜惜万物。[①]

在文艺美学领域，随着生态文明美学的建构、生态文明建设的深入发展，以及国家层面对生态文明、新发展观的大力提倡，环境美学、生态美学及生态文明美学[②]应运兴起，并蓬勃发展，且通过"生生美学""中国环境美学"等理论探索与建构呈现出中国化趋势。在《生态美学：后现代语境下崭新的生态存在论美学观》《美学之思》《生态存在论美学论稿》《转型期的中国美学》《生态美学导论》《生态文明时代的美学探索与对话》《生态美学基本问题研究》等论文及著作（2002—2015）不断扩充并深化生态存在论美学观的基础上，近年来，曾繁仁教授的理论建构逐渐向更专注于人的内在存在和中国传统文化智慧的"生生美学"深化。作为一种植根于中华优秀传统文化丰厚土壤的理论思想，"生生美学"有着明显区别于西方认识论美学的中国气派与中国风格，儒家的《周易》《诗经》《礼记》等经典构成"生生美学"的重要渊源和依据。在《解读中国传统"生生美学"》一文中，曾繁仁对"生生美学"的基本意涵做了全面概括，明确提出："生生美学"的文化背景就在于"天人合一"的中国文化传统，而"阴阳相生的古典生命美学是'生生美学'的基本内涵"，"'太极图示'的文化模式是'生生美学'的思维模式"，"线型的艺术特征是'生生美学'的艺术特性"。[③]有研究者指出，曾繁仁生态美学研究的这一转向，凸显了他在应对全球生态危机的过程中，充分借鉴中国古典哲学和艺术，努力实现生态美学"中国性"话语建构的理论追求。曾繁仁围绕"生生美学"的一系列理论探索，在重新诠释中国传统观念和文化智慧的同时，也为推动人与自然和谐共生的生态文明建设提供了坚实的"中国理论"支撑，从而进一步丰富了当代中国

① 王文章：《后现代主义思潮的正负效应及其应对》，《人民论坛》2021 年第 21 期。
② 陈望衡：《生态文明美学辨析》，《湖南工业大学学报（社会科学版）》2024 年第 3 期。
③ 曾繁仁：《解读中国传统"生生美学"》，《光明日报》2018 年 1 月 7 日，第 6 版。

的生态美学研究。[①]结合方东美、宗白华、刘纲纪等前辈学者的研究，曾繁仁从学理层面入手，将“生生”的内涵追溯至《周易》所谓“生生之谓易”“天地之大德曰生”。[②]此外，陈望衡的《环境美学》(武汉大学出版社，2007年)、《我们的家园：环境美学谈》(江苏人民出版社，2014年)，薛富兴的《山水精神》(南开大学出版社，2009年)，程相占的《生态美学引论》(山东文艺出版社，2021年)、《环境美学概论》(山东文艺出版社，2021年)、《当代西方环境美学通论》(人民出版社，2022年)等著作，以及薛富兴的《中国美学深化的三个问题》(《贵州社会科学》2008年第3期)和程相占的《环境美学对分析美学的承续与拓展》(《文艺研究》2012年第3期)、《环境美学的理论创新与美学的三重转向》(《复旦学报(社会科学版)》2015年第1期)、《审美欣赏理论：环境美学的独特美学观及其对于美学原理的推进》(《学术月刊》2021年第2期)等论文，均在吸收外国美学资源的同时，依托“家园(居)”“当代中国恰当审美”等本民族审美资源核心概念，彰显了中国环境美学的学术特性。此外，基于生态学视角的儒学研究成果不断涌现，如薛富兴的《〈易传〉与中国古典美学》(《思想战线》2006年第1期)、伍永忠的《先秦诸子对环境美学的影响》(《阴山学刊》2007年第5期)、陈望衡的《〈逸周书〉中的环境美学思想》(《中南大学学报(社会科学版)》2020年第4期)等。

总之，当代的儒学研究亦受到了“后现代”思潮的感染和影响，这同样是儒学研究国际化的一个表现，因为“后现代”对于当代中国乃是一种舶来思潮。刘东《天边有一块乌云：儒学与存在主义》一书以天边的乌云为喻，肯定了儒家在现世悦乐的精神之外，更有对历史的不确定、人生的偶然与无常、天命的莫测与残酷的清醒判断。杨泽波则于2018年重申了牟宗三反对“存在先于本质”这一存在主义标志性口号的观点，认为只能在坚持儒家“本质先于存在”立场的基础上承认“存在先于本质”的合理性，在此基础上将两个命题有

① 王德胜、孟凤娟：《从生态存在论美学到“生生美学”——曾繁仁生态美学研究的“中国性”转向》，《山东社会科学》2024年第6期。

② 曾繁仁：《生生美学》，济南：山东文艺出版社，2023年。

机综合起来。黄玉顺在《当代儒学》创刊10周年之际表示，当代儒学研究需要在辨明“后现代”与“现代性”之间关系的基础上，达至一种有效反思现代性启蒙进而深化现代性启蒙的“后现代的现代性”。“后现代”历史观反思历史叙事的人为构建性，这在解构历史共识的同时，亦开拓了人们看待历史的视界。受之启发，一些以“制造”为名的史学反思与历史重述陆续登场，如《制造汉武帝》《制造儒家：中国传统与全球文明》《制造“三代”——儒家“三代”历史观的形成及近代命运》等。后现代主义还激发研究者从生态美学角度开掘、转化传统儒学资源。例如，曾繁仁近年来构建的“生生美学”以儒家的《周易》《诗经》《礼记》等经典为重要渊源和依据，努力实现生态美学“中国性”话语建构的理论追求。

## 五、基因编辑、人工智能等科技伦理问题的儒学审视

中国古代科技文明成果丰富。近代以来，中国在科技方面的落后主要是社会政治的原因，而不是学术思维层面的原因。儒学影响了中国古代科技的面貌，形成了独特的科技理念。研究者认为，伴随着新科学时代的来临，儒学“身心合一”的主体思维、“万物一体”的联系思维、“诗乐风化”的艺术思维可以为未来的生命科学、人工智能、量子计算等领域提供可资借鉴的智慧。①

近年来，基因编辑技术引发了激烈的伦理与人文反思。所谓基因编辑，就是对基因组从技术上进行精确修饰，人类第一次可以根据主观愿望对特定的基因进行定点敲除、突变、敲入，多位点同时突变和小片段的删除等。基因编辑技术不仅在治疗人类疾病方面充满前景，而且还可被用于疾病预防，甚至有可能被用于人类增强，比如通过基因编辑的技术手段改善下一代的身高、容貌甚至智商等，通过“定制婴儿”使特定人群优越于他人。2018年，世界首例“基因编辑婴儿”在深圳诞生。这则消息甫一披露，122位科学家随即联合

① 白宗让：《儒学思维与新旧科技理念》，《吕梁学院学报》2018年第3期。

发表声明，强烈谴责此项工作的生物医学伦理审查形同虚设，指出基因编辑的人体实验存在“脱靶”风险，甚至会对人类社会造成深远的负面影响，呼吁相关部门迅速完善立法并严格实施监管。科技部、中国科学院、中国科协等单位和组织也先后做出回应，表示明令禁止、坚决反对，将按照中国有关法律和条例进行处理。中外研究者共同指出，人类可能利用基因技术来“升级”自身的存在论身份而导致自然生命本体论危机，甚至自然人类的终结。很多学者都对此表达了忧虑。例如，迈克尔·桑德尔（Michael J. Sandel）认为：“基因技术更深层次的危险在于其展现出了改造自然（包括人性）的一种普罗米修斯的渴望。”[①] 弗朗西斯·福山指出：“当前生物技术带来的最显著的威胁在于，它有可能改变人性并因此将我们领进历史的‘后人类’阶段。”[②] 研究者认为，与克隆技术不同，基因编辑技术打破了人类基因的自然性，对后代人的生命是一种“强”控制，将使后代人的尊严受到更大的伤害；克隆技术是为后代人“复制”亲本的基因，而基因编辑技术则是在精准化“设计”后代人的基因，因而后代人对生物学特征的自主选择权被剥夺了；克隆技术被用于优生，只是在选择和复制当代人具有的“好”的基因，而基因编辑技术则可以制造和增强“优势”基因来助力优生，这会进一步破坏人类生物学特征的平等性。因此，基因编辑技术在涉及人的尊严、后代人自主权和社会公正等伦理问题上，具有不可忽视的新的伦理挑战。[③] 一方面，国际社会十分看好基因编辑技术广阔的应用前景，基因时代的到来促进了现代生物产业的巨大发展，有望极大改善人类的健康，无论是从国家还是全人类的发展角度来看，人类都没有理由放弃基因编辑的发展机遇，大力发展以基因编辑技术为工具的基础研究是必要的、有益的。另一方面，我们也不得不承认，基因编辑正在对科学的正当性、技术的可靠性以及

① Michael J. Sandel, *The Case Against Perfection: Ethics in the Age of Genetic Engineering*, Cambridge, Massachusetts: The Belknap Press of Harvard University Press, 2007.

② 弗朗西斯·福山：《我们的后人类未来：生物技术革命的后果》，黄立志译，桂林：广西师范大学出版社，2017 年。

③ 陆群峰：《人类基因编辑的伦理问题探析》，《自然辩证法研究》2020 年第 1 期。

对人性欲望提出挑战。因此，揭示基因编辑技术在应用实践上的哲学疑难悖论特性，研究基因编辑技术应用的基本规范和伦理界限，不仅是科学技术与社会研究的重要课题，更是关系人类命运共同体未来发展的哲学命题。①

有研究者表示，现代生命技术在以科技之善关怀、呵护人之生命这一出发点和落脚点上，与儒家伦理所倡导的仁爱思想在本质上是相通的。②就此而言，儒家被认为对基因编辑技术的开发和利用持有限支持的态度。儒家的务实精神总体上支持应用人类基因编辑技术促进人类福祉，而与以“扮演上帝”对避孕药、堕胎、克隆技术、试管婴儿、转基因技术、干细胞研究、安乐死、基因编辑婴儿、合成生物学一味反对的宗教批评有所不同。③刘涛《人类基因编辑技术的伦理反思——以儒家为视域》一文，基于儒家伦理视域，从儒家的生化原则、慈爱原则、诚信原则、前定原则、公正原则、中庸原则入手，对人类基因编辑技术引发的伦理问题进行审视。就生化原则、慈爱原则而言，儒家支持包括生殖细胞基因治疗在内的人类基因编辑技术，也为一定范围内的基因增强技术留下了伦理支持的可能性，但这种可能性并不清晰明确。综合而言，基因增强（特别是生殖细胞基因增强）仍然难以得到儒家伦理的辩护。就诚信原则、前定原则与公正原则而言，儒家强调研究者与受试者之间的相互坦诚与确认，强调开展人类基因编辑技术的安全性和公共性。在保证受试者权益和社会弱势群体获取技术资源的共享权益基础上，儒家伦理认可循序渐进、相对安全地发展生殖系基因治疗技术。上述各原则的内部要素及各原则之间的适用性，需要借助中庸原则进行综合评判，才能在动态平衡中找到解决问题的合适方案。④

① 范璐、屠兢、徐飞：《基因编辑技术的哲学疑难——基因编辑技术对科学、技术及人性的挑战》，《自然辩证法通讯》2020 年第 9 期。

② 贺苗、张舜清、周丹等：《辅助生殖技术的现代性反思——基于传统儒家文化的视角》，《医学与哲学（A）》2014 年第 10 期。

③ 邹亚文：《从试管婴儿到基因编辑婴儿：展望我们的人类未来》，《医学与哲学》2023 年第 12 期。

④ 刘涛：《人类基因编辑技术的伦理反思——以儒家为视域》，《社会科学战线》2019 年第 12 期。

研究者同时也指出，儒家在未来人的基因编辑权问题上的态度必然又是复杂的。一方面，儒家会基于“身体发肤，受之父母，不敢毁伤，孝之始也”原则，要求保证子女基因的自然完整性，而在这个意义上不支持基因增强。另一方面，儒家又会在“立身行道，扬名于后世，以显父母，孝之终也”原则鼓舞下，倾向于对子女的基因进行增强。①

长久以来，机器一直作为工具被视为人类能力和心智的延伸。自21世纪开始，随着大数据、深度学习、仿生技术、人工知觉等学科领域的快速发展和不断交叉融合，具有更强自主能力的人工智能产品被不断研发出来并广泛应用。无论是具有一定“判断能力”的无人机，还是能够机智地回答问题的Siri，都已经真正进入人们的视野和生活。一个共识正在形成：人类终将制造出外形和行为与自己相似的人工智能，并与它们在同一个世界中共处。这个共识自然地引发了一种担忧：人工智能会给人类社会带来何种风险？这种风险是否可以被人类预测并控制？为了控制这种风险，应该对人工智能的研发和使用制定什么样的规范？政府和学术团体已经行动起来：2016年欧洲议会发布的关于人工智能和机器人的报告，表达了其对机器人可能给人类带来的风险的关注；联合国教科文组织与世界科学知识与技术伦理委员会于2016年发布的报告，讨论了人工智能技术进步带来的社会与伦理问题；我国在2017年7月发布了《新一代人工智能发展规划》；耶鲁大学于2017年组织了“We Robot”跨学科会议。但分歧依然广泛存在。一种声音把人工智能宣称为人类的潜在挑战者，认为一旦人工智能具有了与人类相当甚至超过人类的智能水平，那么它们将成为代替人类的新物种和人类历史的终结者，人类应该首要地考虑这种存在论意义上的风险。另一种声音则把人工智能当作一种具有更高自动化程度的机器，认为从弱人工智能到强人工智能的跨越还很遥远甚至永远无法实现，我们更应该关注的是对人工智能的算法、标准和使用进行规范，以避免产生一系

① 杨军凤、张洪江：《人类基因编辑技术的伦理问题研究——基于儒家伦理文化视角》，《锦州医科大学学报（社会科学版）》2022年第2期。

列具体的技术、伦理、法律风险。

人工智能的迅猛发展，使得人工智能伦理建设变得日益紧迫，如何将人工智能置于可控范围，是其中一个重要议题。牛津大学学者尼克·波斯特洛姆（Nick Bostrom）于2015年推出的《超级智能：路线图、危险性与应对策略》一书雄辩地证明了人工智能存在的危险。[①]其对"工具趋同论"以及人工智能设计的"恶性失败"等理论具有深刻的洞见，为思想学术界思考人工智能伦理提供了一个良好的起点。美籍华裔学者刘纪璐于2018年发表了《儒家机器人伦理》一文，思考将儒家伦理准则植入人工智能机器人是否可以造就一种能与人类和平共处的人工道德主体（artificial moral agents）。在依次考察了阿西莫夫机器人定律、康德道德准则、功利主义准则各自的优劣之后，该文从《论语》中提炼出三种美德，即"忠""恕""仁"，作为可以加在人工智能设计中的道德律令，最后形成如下三条儒家机器人伦理原则。CR1：机器人的首要职责就是履行指派给它的角色责任。CR2：在有其他选项存在的情况下，机器人不能选择会给他人带来最高的负值结果或最低的正值结果（根据人类偏好的局部排列）的行动。CR3：在不违背CR1或CR2的前提下，机器人必须帮助其他人类追求道德进步；如果有人的计划会促使其品德的败坏或道德的堕落，那么机器人就必须拒绝帮助他们。[②]

刘纪璐教授的上述儒家机器人伦理，被认为仅适用于"弱人工智能"情形。张舜清教授则更明确地表示，儒家的人本主义立场仅支持弱人工智能。他指出，基于儒学的人本立场，儒家不会反对旨在维护人类自身生命安全和尊严、促进人类生命整体和谐的对人工智能技术的应用，反之，则视之为不义行为。因此，儒家反对发展可能取代人类或消灭人类的人工自为者，但主张在人类价值规范下，积极开发并利用弱的人工智能。对儒家而言，技术是"成人"的途径和方式，因而儒家支持旨在恢复人类生命尊严和有助于人格养成的人工

① 尼克·波斯特洛姆：《超级智能：路线图、危险性与应对策略》，张体伟、张玉青译，北京：中信出版社，2015年。

② 刘纪璐：《儒家机器人伦理》，谢晨云、闵超琴、谷龙译，《思想与文化》2018年第1期。

智能在医疗领域的应用。解决当前医疗人工智能伦理问题，关键还是在于规范人的行为、明确人的责任，而不能扩大道德主体的范围。道德及责任的主体只能归于人，而非机器。①

方旭东教授评论指出，根据刘纪璐的儒家机器人伦理规划，我们可以按照分配给儒家道德机器人的角色来为其设计具体的工作，比如：为老年人提供帮助、为患者提供保健服务、为游客提供导行服务、为汽车提供安全导航等。它的首要职责是忠于角色，在特定情境中所做的任何决定都不能违反其职责。但问题在于，除非这里所说的机器人是一个类似普通软件的“工具性人工智能”（tool-AI），否则只要涉及通用智能（AGI），更不用说超级智能，机器人都会在执行任务过程中表现自己的“偏好”，从而造成“恶性失败”。即便是类似普通软件的“工具性人工智能”，要很好地完成上述的助老、保健、导行、导航等任务，就不可避免地要具备学习、推理、做计划的能力，也就是说，这就要求它具备通用智能。如果软件用来寻找解决方案的方法足够复杂，这些方法可能就会帮助软件用一种智能的方式寻找答案。在这种情况下，运行这个软件的机器就会开始看起来不像是一个工具，而更像是一个行动主体。当软件的认知能力达到足够高的水平，就会产生另类的“有创意的”方案。而当软件按照这样的方案开始行动时，就可能引发灭顶之灾。方旭东教授进而用儒家经典《中庸》第十三章的“以人治人，改而止”这句话，对尤德科夫斯基（Eliezer Yudkowsky）或尼克·波斯特洛姆为“CEV”（Coherent Extrapolated Volition，一致推断意愿）所做的各种规定进行了儒家式解说。所谓“以人治人”，是说不要以第一人称立场去对待他人，而应该试着从对方自身的立场去着想，既不是“己之所欲，施之于人”，也不是“己所不欲，勿施于人”，后者只是前者的反面形式，究其实质，仍然都是第一人称立场。对于人工智能，对于机器人，所适宜的伦理原则，不是让它听命于人类，不是处处控制它，而是采用引导式的、启发式的，像间接规范方法所强调的那样，让人工智能发挥它在认知上的

① 张舜清：《医疗人工智能伦理：儒家的观点和立场》，《中国医学伦理学》2020 年第 7 期。

优势，告诉人类什么是最佳的选择，什么才是人类最想要的。让人工智能发挥它的认知优势，符合“以其人之道还治其人之身”的原则。反过来，人工智能通过推理告诉人类最佳选择，这个所谓最佳选择，对人类来说，应该是最符合他的本性、愿望、利益的，所以对人类而言，就不会发生按照某个外在规范去行事的困难。这同样是一种“以其人（人类）之道，还治其人（人类）之身”。“改而止”是说，如果人类对照人工智能告诉他的目标或方案进行改进，人工智能就算达到了目的，就可以结束这项任务了。这就实现了人工智能与人之间的良性互动。这也许就是儒家对当代人工智能伦理所能做的一个贡献，它并没有输出儒家特定的价值，而是告诉人们一条更根本性的智慧：以我治人，人必反之；以人治人，人乐从之。与其汲汲于担心人工智能、控制人工智能，不如让人工智能为人做主，从而全心全意为人。到最后，其实亦无人、机之分。①

吴童立亦对刘纪璐的儒家机器人伦理提出了深刻的评议。吴童立指出，儒家式伦理倾向于把个体看作内在地归属于群体的（不同于西方文明“个体组成群体”的观念），从而强烈地要求用一种关系主义的方式理解伦理规范。因此，真正的儒家机器人需要嵌入的是这种关系性和结构性的规则。在关系主义的视角下，一个自然的问题是：人与人工智能是什么关系？如果人工智能的主体地位能够得到辩护，那么首先可以排除的就是工具性关系。除此之外，两个主体之间还可以有主奴关系、领导关系、伙伴关系、情侣关系等多种关系。该文建议，可以对这些类型的关系持有一种开放态度。正如人们之间的关系是在一种社会结构和生活场景下经过自然平衡而建立起来的，人工智能与人的关系也应在同样的过程中得到观察和发展。像法学家乌戈·帕加罗（Ugo Pagallo）所提议的那样，通过数字账户的形式赋予人工智能以“数字特有产”，建立起人工智能主体接受奖惩的机制②，也许正是在人工智能与人之间建立并不断协

① 方旭东：《儒家对人工智能伦理的一个可能贡献——经由博斯特罗姆而思》，《中国医学伦理学》2020 年第 7 期。

② 乌戈·帕加罗：《谁为机器人的行为负责？》，张卉林、王黎黎译，上海：上海人民出版社，2018 年。

调伦理关系的开端。[①]

综上，针对基因编辑技术引发的伦理与人文反思，有学者指出，儒家的务实精神总体上支持应用人类基因编辑技术促进人类福祉。但研究者同时也指出，儒家在人的基因编辑权问题上的态度又注定会是复杂的。儒家一方面会基于“身体发肤，受之父母，不敢毁伤，孝之始也”原则要求保证子女基因的自然完整性，另一方面又会在“立身行道，扬名于后世，以显父母，孝之终也”原则鼓舞下，倾向于对子女的基因进行增强。人工智能的迅猛发展同样刺激着儒学研究者的伦理思考。美国华裔学者刘纪璐通过《儒家机器人伦理》一文，从“忠”“恕”“仁”引申出三条儒家机器人伦理原则。中国的方旭东等学者指出，这种机器人伦理仅适用于“弱人工智能”情形，从“以人治人，改而止”这一《中庸》政治原则则有望引申出适用于人与强人工智能主体相处的伦理原则。

① 吴童立：《人工智能伦理规范是什么类型的规范？——从〈儒家机器人伦理〉说开去》，《文史哲》2020 年第 2 期。

# 第七章

# 国际儒学传播与践行的多维推进

将儒学作为社会现象来分析，其形态具有多重性。儒学不仅是一种开放包容的思想文化，需要理论上的创新与发展；它还是一种明确的伦理价值体系，需要在民众生活中扎根生发；它更是一种与人伦日用息息相关的社会规范与习俗，可以作为一种“可移动的传统”在世界范围内加以传播与践行。从历史上看，儒家思想很早就传播到了东北亚、东南亚地区，并在近几个世纪里深刻影响了欧洲启蒙运动的兴起，引发了规模空前、持续百年的“中国热”。经历了几个世纪的传播，儒家思想早已走出中国，走出东亚儒家文化圈，走向世界，并在传播过程中结合当地文化，产生了不同的传播效果与践行维度。

在全球化程度日益加深、文化交流愈发频繁的当下，人类文明正沿着交融对话、互学互鉴的道路大步前行。儒学在这一时代潮流中扮演着愈发重要的角色，在世界各地积极发挥作用，为人们的幸福和谐生活以及世界的繁荣发展贡献着智慧和力量。在构建人类命运共同体的伟大进程中，儒学所倡导的“和而不同”“天下大同”等理念，为解决全球性问题、促进国际合作提供了宝贵的思想资源。

放眼当今国际社会，儒学的传播与实践活动呈现出蓬勃发展的态势。以民间儒教、民间礼俗、民间儒学等丰富多样的形式，多层次、多领域、多维度持续深入推进。无论是在民间信仰的传承、民俗礼仪的延续，还是在民间学术研究与文化交流中，儒学都以润物细无声的方式，影响着人们的生活，促进着不同文化之间的理解与交流，为推动人类文明的进步贡献着独特的力量。

## 一、多区域孔教的复兴与民间儒教的重建

美籍华裔社会学家杨庆堃曾借助西方社会学结构功能主义尤其是瓦哈（Joachim Wach）的“宗教社会学”理论，将宗教分为“制度性宗教”（institutional religion）和“弥漫性宗教”（diffused religion），指出“制度性宗教”最大的特点是“独立性”：有独立的神学观和世界观、独立的信仰体系（宗教故事和仪式），由专门神职人员组成的宗教组织。而“弥漫性宗教”最大的特点是

非独立性，它容易渗透到世俗社会制度当中，成为世俗社会制度的一部分来发挥其功能，这种嵌入社会深处的信仰是人们日用而不知的。[①] 本书依据此种界定与划分，将儒学在世界范围内的宗教化努力分为“建制型儒教”与“民间型儒教”两种，并对其各自的建构路向与实践效果做出分析。

### (一)“建制型儒教”的合法化与民间信仰的互融共生

“建制型儒教”的发展，有着极为复杂且深刻的背景和多重意义。从海外华人的角度来看，身处异域他乡，面对陌生的文化环境和价值观体系，他们亟需一种精神寄托和身份认同的标识。“建制型儒教”便在这样的需求中应运而生，成为海外华人在异域语境下建构起来的、以中华民族精神为核心指向的宗教性替代品。在异国土地上，它承载着华人对故土文化的眷恋与传承，成为凝聚华人社群、维系民族情感的关键纽带，也是他们确认自身身份、找寻文化归属感的重要媒介。与此同时，“建制型儒教”在海外的发展，也深刻反映出在西方宗教不断扩张的刺激下，儒教所产生的危机意识以及宗教化的自觉。西方宗教凭借其强大的传播力和影响力，在全球范围内广泛传播，这无疑对儒教的发展空间造成了挤压。在这样的严峻形势下，儒教开始反思自身的发展路径，逐渐萌发出宗教化的意识，试图通过构建更为系统的宗教建制，来提升自身的竞争力和影响力，以应对西方宗教的挑战。

在当代全球化的文化语境之中，“建制型儒教”呈现出了鲜明的时代特征。一方面，它有着强烈的“宗教民族主义”诉求。这种诉求并非狭隘的民族主义情绪，而是基于对本民族文化的热爱与坚守，希望通过儒教的宗教化建制，在国际舞台上彰显中华民族的文化特色和精神价值，增强民族的凝聚力和自豪感，维护本民族文化在全球多元文化格局中的独特地位。另一方面，“建制型儒教”也饱含着现代性和公共性诉求。它积极适应现代社会的发展需求，将儒教的传统价值观与现代社会的理念相结合，如关注社会公平、倡导人文关怀、

① 杨庆堃:《中国社会中的宗教——宗教的现代社会功能与其历史因素之研究》，范丽珠译，上海：上海人民出版社，2007年。

促进社会和谐等，试图在现代社会的公共领域中发挥积极作用，为解决现代社会的各种问题提供儒教的智慧和方案。

以印尼孔教为例，在东南亚的文化版图中，印尼孔教占据着独特而重要的位置。它源自中国儒教，于1900年前后在印尼这片土地上生根发芽。创立之初，印尼孔教便明确了自身的宗教属性。随着印尼现代国家的逐步建立，印尼孔教也不断发展壮大，如今已成为一个体系成熟、组织完备的“建制型宗教”，与伊斯兰教、基督教、天主教、佛教和印度教一同被列为印尼的六大宗教。回顾其发展历程，充满了波折。印尼孔教经历了被承认、取缔，再到重新被承认的艰难过程。直到2006年，印尼总统苏西洛责令宗教部和教育部等部门，撤销一系列对印尼孔教不利的规定，印尼孔教的合法性问题才得以彻底解决。当下，印尼孔教在印尼各地已拥有200个分会，教众数量约400万人，其中绝大多数为印尼华人。

印尼孔教的宗教形态显著，各个方面都展现出体系的完备性。在组织架构上，其体系极为完善，最高层设有中央组织机构——印尼孔教最高理事会，负责统筹全局，下层则是分布在印尼各地的地方组织，包括印尼孔教理事会以及其他孔教信徒组织，负责将教义传播到基层。在教职人员方面，分为一等“学师”、二等“文师”、三等“教生”，他们各司其职，共同推动印尼孔教的传播与发展。在教义规诫方面，拥有“八诚箴规”，即诚信皇天、诚尊厥德、诚立明命、诚知鬼神、诚养孝思、诚顺木铎、诚钦四书、诚行大道，这些箴规为教徒的行为和思想提供了明确的指引。在信仰核心上，有着至高无上的信仰神灵“天”，其被视为至高无上的上帝，而孔子则被尊为印尼孔教的圣人和先知，译成印尼文的四书、五经、《孝经》等成为印尼孔教圣经。在宗教仪式方面也独具特色，孔教会的教徒们见面时双手抱拳打招呼，一人先说“惟德动天”，另一人回应“咸有一德”，讲话完毕相互说“善哉”。其中“惟德动天”与“咸有一德”源自儒家经典《尚书》，并成为印尼孔教教义的核心内容。

当代印尼孔教呈现出鲜明的特点：一是宗教制度化或仪式化。它将孔教教义、教规、宗教观念、崇拜对象、信仰体系以及伦理道德，巧妙地统合成一个完整且规范的系统，使得印尼孔教的宗教特性更加突出，也便于教徒们理解和遵循。二是融入本土后的在地化。通过独特的仪式，将源自中国儒学、孔子思想、中国民间文化以及印尼当地文化的内容有机融合，形成一个和谐统一的整体，使其更贴合印尼的社会文化环境，易于被当地民众接受。更为关键的是，印尼孔教通过仪式的空间拓展，成功地融入人们的日常生活实践，无论是在印尼人民的生活起居、工作职场，还是家庭生活、社会交往等方面，都能看到孔教的影子，进而形成了一套独特的、系统化的生活方式，成为印尼社会文化的重要组成部分，持续影响着印尼人民的生活与价值观。

### (二)“民间型儒教”的多元化发展与现代化转型

“民间型儒教”与“建制型儒教”不同，它们缺乏宗教的一些关键性因素，也无法达到高级宗教的神职系统、神学系统与社会呼应之间内在嵌合的状态，只是相当于一种生活化儒教，抑或平民化儒教。它充分体现了儒家一以贯之的在地化特色，是儒家思想在当地的文化自觉实践，成为儒教旺盛生命力的不竭源泉。他们“以敬天、法祖、崇功（祖有功崇有德）为崇拜特质，以会馆、祠堂、义山、宗族墓园、神庙等为信仰载体，以家法族规、乡规民约、金兰谱为契约训诫，以匾额、楹联、宝卷、劝善书、灵签、扶鸾文书等为人文教化，以亲缘性团体（如宗族组织、金兰结义）、地缘性团体（如会馆组织）、神缘性团体（如神明会）、业缘性团体（商会）或物缘性团体等‘五缘’为相关的组织形态”[①]。

海外的民间儒教组织，主要集中在东亚、东南亚地区。目前还比较活跃的有印尼三教会、新加坡南洋孔教会、新马德教会、马来西亚马六甲孔教会、马来西亚孔学研究会、越南儒教会、越南孔学会、韩国儒教学会、韩国成均馆儒道会、日本儒教学会等等。这些民间儒教组织，在当代转型过程中，走上了不同的发展路向，呈现出多元的形态特点。概而言之，有以下几种类型：

① 陈进国:《中华教：当代儒教的三种实践形态》，见陈明、朱汉民主编《原道》(第十六辑)，北京：首都师范大学出版社，2010 年。

1. 新加坡南洋孔教会：从官方到民间

新加坡南洋孔教会经历了显著的发展转变，实现了自上而下的过渡，逐渐从官方主导走向民间，呈现出社会伦理化的态势。如今，新加坡南洋孔教会积极投身于各类文化教育活动，通过组织讲座，邀请学界专家深入解读儒家经典与孔子思想，为民众答疑解惑；开设课程，系统传授儒家文化知识，培养人们对传统文化的认知与理解能力；举办文化营，以寓教于乐的方式，让参与者在实践中感受儒家文化的魅力；举办读书班，鼓励民众共同研读经典，促进思想交流与碰撞。通过这一系列活动，新加坡南洋孔教会大力弘扬孔子思想，为推动新加坡社会道德规范的建立贡献力量。尽管新加坡南洋孔教会每年仍举行祭孔仪式，但其祭孔目的已发生深刻变化。以往祭孔仪式中浓厚的宗教化色彩逐渐褪去，如今更侧重于推崇"恭敬"与"慎终追远"的精神。这意味着祭孔不再仅仅是一种宗教性的活动，更成为传承文化、寄托情感、培育道德的重要文化仪式，让人们在庄重的仪式中表达对先哲的敬重与对文化传承的期盼。

2. 马来西亚马六甲孔教会、马来西亚孔学研究会：从民俗到学术

马来西亚马六甲孔教会、马来西亚孔学研究会实现了从民俗到学术的转变，通过"以学保教"的做法来维系华人自身的文化与身份认同。马来西亚马六甲孔教会前主席沈慕羽曾提出具有前瞻性的建议，主张在所有中学竖立孔子塑像，在华人小学悬挂孔子画像，期望借助这些具象化的符号，让儒家文化的精神内核在年轻一代心中扎根。马来西亚马六甲孔教会还将儒家思想巧妙地编入学校教材，使学生在日常学习中便能接触、领悟儒家智慧。此外，还设立书法研习班，将书法这一传统艺术与儒家文化相结合，在笔墨挥洒间传递儒家的审美情趣与人文精神。通过开展学术性的儒学活动，马来西亚马六甲孔教会逐渐扭转了以往孔庙周边烟火缭绕、迷信色彩浓重的局面，让儒家文化回归学术与思想的正轨。马来西亚孔学研究会同样在推动儒家文化发展上不遗余力。他们通过开展儿童读经班，让孩子们从小浸润在经典文化之中，汲取儒家思想的养分，培养良好的品德与价值观。积极推广华文教育，为儒家文化的传承筑牢语言根基。因为语言是文化的载体，只有掌握好语言，才能更好地理解和传承

文化。通过这一系列举措，马来西亚孔学研究会逐渐将孔教会改造为文化学术团体，使其坚定地走向学院化道路。这一转变不仅提升了儒家文化在马来西亚的学术地位，也为华人社群提供了一个深入研究、传承和弘扬儒家文化的专业平台，进一步强化了华人对自身文化的认同与归属感，在多元文化交融的马来西亚社会中绽放出独特的中华文化光彩。

3. 越南儒教会：由盛而衰

随着越南现代化进程的推进，西方的思想文化冲击了当地儒家思想的根基，使当代越南儒教会的影响力发生了由盛而衰的转变。如今，越南官方与民众对儒教的热情已大不如前，往昔的兴盛景象逐渐远去。然而，儒家思想在越南并非就此销声匿迹。尽管外在的热度有所减退，但其所蕴含的伦理价值，诸如忠孝观念，早已深深扎根于越南民族的文化心理之中。勤奋好学的品质，激励着一代又一代越南学子积极进取；尊师重道的传统，让师生之间的情谊深厚而纯粹；对教育的重视，成为越南社会发展的重要动力；对个人修养的追求，塑造着越南民众的精神风貌；尊重圣贤的态度，传承着历史的智慧与精神。这些儒家伦理的基本内核，已然融入越南民众的日常生活，渗透在民俗活动的每一个环节中，体现在民众的信仰体系里，影响着人们的行为方式。它们如同一条无形的纽带，串联起越南民族的过去、现在与未来，即便在西方文化的冲击下依然坚韧地延续着，成为越南民族文化不可或缺的一部分。

4. 韩国、日本儒教学会：活的传统

韩国、日本儒教学会逐渐引导儒教成为一种活的传统，渗透于当地人民的人伦日用中。韩国在儒教传承上表现尤为突出，除了儒教学会，还有一支致力于弘扬和践行儒教精神、开展儒家教化工作的民间组织——韩国成均馆儒道会。自 1945 年成立以来，韩国成均馆儒道会发展势头迅猛。在韩国的道和市郡，韩国成均馆儒道会以乡校为依托，广泛建立地方支部。经过多年的不懈努力，如今其地方支部数量已达几百个，入会人数更是超过 500 万。如此庞大的民间儒教组织，在韩国社会产生了深远影响。在儒教精神的推广方面，韩国成均馆儒道会通过各种活动和宣传，让更多民众深入了解儒教的内涵与价值，使儒教精神在韩国社会得以广泛传播；在社会教化的改良上，儒教所倡导的道德规范和行为准则，引导着民众提升自身修养，促进了社会风气的改善；在民众的实际社会生活中，韩国成均馆儒道会成为维系社会关系的重要力量，它所秉持的儒教传统，增强了民众之间的凝聚力和认同感。值得一提的是，在学者的专业研究引领以及大众的积极参与下，韩国的这些民间儒教组织极有可能在东亚各国中脱颖而出，率先探索并创造出一套既传承儒教精髓，又适应现代社会发展需求的儒教理论和实践原则。这不仅将为韩国社会的发展注入新的活力，也有望为全球范围内的儒教传承与发展提供宝贵的经验，进一步推动儒教在现代社会的创新与发展。

## 二、传统礼学的深耕与民间礼俗的兴起

传统儒家礼仪与民间社会、日常生活之间，存在着千丝万缕、错综复杂的关系。这一关系，从某种意义上而言，呈现出一种独特的动态过程：一方面，是“过去”积极参与“现在”的建构，传统儒家礼仪携带着历史的厚重与智慧，悄然渗透进当下社会生活的方方面面，影响着人们的行为举止、价值观念以及社会结构的构建；另一方面，也是“过去”逐步实现“日常化”的过程，儒家礼仪不再仅仅停留于历史典籍和传统仪式中，而是在日常生活的点滴里生根发芽，成为民众日用而不觉的行为准则与生活方式。

若想洞悉传统礼仪对于当代国际社会的重要意义，寻觅到延续传统的可行路径，就必须深入细致地观察传统礼仪在当今世界的传承与实践状况。近年来，随着传统礼学研究的不断深入，民间自发组织的各类礼学实践活动呈现出蓬勃发展、欣欣向荣的态势。这些礼仪实践活动不再孤立存在，而是与民间信仰、地方传统紧密交织、相互融合，共同作用于基层社会，建构起一套独具特色的礼俗秩序。

尤为值得关注的是，这套礼俗秩序在基层社会发挥着高度自觉的社会治理功能。它以一种润物细无声的方式，规范着民众的行为，协调着人际关系，

化解着矛盾纠纷，促进着社会的和谐稳定。在民间信仰的精神指引下，在地方传统的文化土壤中，礼仪实践成为凝聚社群、传承文化、维护社会秩序的重要力量，为基层社会的治理提供了一种基于传统文化的独特模式与宝贵经验。

### （一）慎终追远：儒家文化圈祭祀活动渐成气候

儒家祭礼凭借其强大的适应性与融合力，突破了时代、民族与国界的限制，呈现出显著的世俗化倾向。在海外，民众将传统儒家中的神灵崇拜、祖先崇拜仪式融入日常生活，使其逐步演变为民间风俗习惯的关键构成，具备了深厚的历史传承性。在对传统祭礼进行适度增减与调整的过程中，出现了“礼失而求诸野”的独特文化现象。这一现象，不仅成为华侨华人群体的文化记忆与信仰实践，更成为他们在异域文化语境中确立“自我”社会身份的重要方式。

海外祭祀活动的一个重要特点是，将重要节点的祭祀与日常祭祀分而治之。以印尼孔教为例，其祭祀活动明确分为“大祭祀”和“日常祭祀”。大祭祀承载着对上天庇佑的敬畏与感恩，依照四季更迭有序开展，包括春祠、夏礿、秋尝、冬烝，体现出人与自然的和谐呼应，是对天地规律的尊崇与顺应。日常祭祀则侧重于个体对天、神明以及祖先的感恩之情，主要形式为祭天、祭孔和祭祖。印尼孔教徒所祭祀的神明，大多源自中国民间信仰，关公、财神、药王、灶王、屈原等皆为他们祭祀祈福的对象。这些神明承载着不同的文化寓意与精神寄托，关公象征着忠义，财神代表着财富，药王关乎健康福祉，灶王维系着家庭烟火，屈原则凝聚着爱国情怀与文化传承。祭天的时间贯穿于一年中的所有重要节日，每逢佳节，人们通过祭天仪式，表达对天的敬畏与感恩，祈愿生活顺遂。祭祖活动通常在家中设立灵坛或于祠堂进行，在祖先生辰、忌日时，点香缅怀，追思先辈。其中“敬好朋”祭祀别具一格，它是对无人祭祀的友人的追念，充分体现了儒家“仁者爱人”的道德情怀。这种祭祀行为，不局限于血缘关系，将关爱延伸至友人，展现出人性的温暖与善良。同时，也反映出人通过祭祀礼仪，主动追求与天地同德、与日月同辉、与四时同步的精神境界，彰显出儒家祭礼在海外的丰富内涵与深远影响，及其在跨文化传播中所保持的独特魅力与强大生命力。

海外祭祀的另一大特点是，将祭祀与中国传统的节日、节气紧密关联起来。在众多传统节日中，清明节尤为突出，已逐渐演变为海外华人祭奠祖先、缅怀先人的关键时间节点。在东亚与东南亚的儒家文化圈里，华人各自拥有宗亲会所和宗祠，这些场所承载着家族的记忆与传承的使命。无论岁月如何变迁，地域相隔多远，华人始终坚定不移地延续着清明节祭祖扫墓的古老习俗。在马来西亚，当清明节来临时，华人会前往被称为“义山”的公共墓园。他们手持鲜花、祭品，怀着崇敬与思念之情，清扫墓碑，拔除杂草，以庄重的仪式缅怀逝去的亲人，诉说着对先辈的追思与敬意。新加坡的华人家庭则会全家出动，前往先人坟墓。他们精心清扫墓地，摆上丰盛的酒食，焚烧纸钱，以传统的方式表达对先人的缅怀。随着时代的发展、科技的进步，“网上祭拜”这一新型祭祖方式也在新加坡悄然兴起。这一创新形式，既顺应了现代生活的节奏，又为无法亲临墓地的华人提供了寄托哀思的新途径，让祭祀活动跨越时空的限制得以延续。在菲律宾，华人每年都会与驻菲使馆人员携手，在马尼拉市的公墓共同举办祭奠活动。众人齐聚一堂，庄严肃穆，在追思先人的同时也增强了华人社群之间的凝聚力与归属感。在遥远的北美地区，华人聚居的加州、纽约等地，同样会在清明节组织成员前往墓地举行祭祀仪式。大家怀着对故土文化的眷恋和对先辈的敬仰，在异国他乡延续着这份传统。

2020 年，广州越秀区侨联与美国华商会广东分会共同举办了旧金山华侨千人墓“云祭祀”活动，这已经是此类活动的第十次开展。这场跨越重洋的“云祭祀”，借助互联网的力量，将分散在世界各地的华人紧密相连。它不仅仅是一场简单的祭拜先人的仪式，更是一次文化的寻根之旅，是各地华人回归传统文化的留根之举。通过这些祭祀活动，华人在海外的土地上，传承着中华民族的血脉与文化基因，让传统文化在异国他乡绽放出绚丽的光彩，生生不息，代代相传。

### （二）礼敬孔子：全球范围内祭孔活动持续升温

祭孔大典作为华夏民族表达对至圣先师孔子的尊崇与怀念之情的重要仪式，主要在孔庙（文庙）隆重举行。整个大典通过乐、歌、舞、礼四种形式的仪式行为与象征性表演，生动地传达出“崇德”“报本”“教化”的深刻理念。从古代作为彰显国家意志的“国之大典”，演变为现代贴近民众生活的“民俗庆典”，祭孔仪式在长达两千多年的历史长河中，历经无数次的变革与洗礼，却顽强地存续至今。在全球化的时代背景下，它已然成为一个不容忽视的独特文化现象。1984 年，曲阜孔庙恢复民间祭孔，这一举措犹如一颗火种，开启了祭孔活动复兴的燎原之势。此后，祭孔活动从最初单点的曲阜公祭，逐渐扩展到全国各地孔庙祭祀，呈现出遍地开花的繁荣景象。近年来，随着互联网技术的飞速发展，更是出现了全球“云祭孔”的盛况。

如今的祭孔大典被赋予了更为深远的意义。它是传承和弘扬中华优秀传统文化的重要载体，庄重的仪式让古老的文化精髓得以延续和发扬；它也是凝聚中国力量的精神纽带，唤起人们对民族文化的认同感和归属感，激励着中华儿女团结一心，共同为国家的发展而努力；同时，它在建构国家共同体方面发挥着关键作用，强化着人们对国家和民族的认知与情感。正因如此，祭孔大典吸引了国内外各界的广泛关注、积极参与和热烈讨论。在这一漫长的发展历程中，祭孔大典的血缘性因素逐渐淡化，而文化属性愈发凸显。孔子不再仅仅被视为孔氏一族的先祖，其形象与思想已然超越了家族的界限，成为中华民族乃至全世界范围内共享的文化标识。他所代表的儒家思想，如仁爱、礼义、忠信等价值观，跨越时空，影响着一代又一代的人，成为人类文明宝库中的璀璨明珠。

2005 年 9 月 28 日，全球华人首次联合祭孔活动在世界各地孔庙同时举行。中国的香港孔教学院和台北孔庙、韩国首尔成均馆孔庙、日本东京孔庙、德国科隆孔庙、美国旧金山齐鲁会馆等都参与了此次活动。2016 年 9 月 28 日，由中国孔子基金会等全球 20 多家单位发起成立的“全球祭孔联盟”举行了首次全球同祭孔活动。参加的有中国的曲阜孔庙、衢州孔庙、台北孔庙、长春孔庙、常熟孔庙、岳麓书院、贵阳孔学堂文化传播中心、胶州市南湖孔子文化广场、香港孔教学院、澳门中华孔子学会，以及韩国成均馆儒道会、日本东京孔庙、印尼孔教总会、马来西亚孔学研究会等多家孔庙和儒学团体，集中展示了各地祭孔文化和礼仪，在海内外产生了热烈反响。2017 年，全球同祭孔活动规模有所扩大，有60余家“全球祭孔联盟”单位积极参与，新增了太原文庙、汾州府文庙、曲靖文庙等儒家祠庙，还有澳大利亚中澳文化交流中心、美国美东山东同乡会等海外机构。这二十年来，为了实现传统礼仪与现代文明的结合，祭孔的程序和礼仪不断发生变化：献花圈代替献爵，马褂长袍代替古代祭服，鞠躬礼代替了跪拜，等等。在全球化和网络技术不断发展的社会条件下，祭孔大典逐步形成了古今融合、本地化与世界性融合的特色，并借助电视和网络传播的即时性、广泛性、共享性实现全球性文化互动。

除了集中化、全球性的祭孔活动之外，世界各地也有分散性、区域化的祭孔仪式。据统计，海内外现有孔庙（文庙）2300余座，其中很多孔庙（文庙）的祭孔活动一直十分活跃。如中国台湾的祭孔活动遍布各个县市，以春秋两祭为主，且兼具官方和民间两种属性。祭孔作为一个文化符号，在台湾民众生活中发挥着传承、教化、建构认同的文化传播功能。又如印尼祭孔仪式有“至圣诞仪式”，这是庆祝孔子诞辰的祭祀仪式，时间为农历八月二十七日；还有“孔子忌辰祭”，时间为孔历的二月十八日。而在大洋彼岸的美国，由纽约山东同乡会、美国孔子基金会与美国山东工商总会举办的“2018年中秋祭孔大会”在法拉盛隆重举行。人们在雅乐的伴奏下，按古代祭祀礼仪举行了庄重简朴的祭孔仪式，向中国伟大先贤孔子致意。美国夏威夷大学成中英教授说，祭孔大典有一种凝聚的象征意义，代表的是过去与现在的一种联系。祭祀可以让过去的圣哲的精神，在现代生活中拥有新的生命，将圣哲的精神承延到现在，跟我们的心灵有所沟通。

### （三）人生礼仪：日常生活中儒学意蕴深度开发

孔子曾言：“不学礼，无以立。”（《论语·季氏篇》）此语深刻揭示了“礼”在人生中的重要地位。在中国传统社会，有四大礼仪贯穿人的一生，分别是诞生礼、冠笄礼、婚嫁礼以及丧葬祭礼。这四大礼仪作为重要的通过仪式，是人们生命历程中的关键节点，每个人都要经历并从中获得独特的体验。它们在漫长的历史发展进程中不断积淀，衍生出丰富多样、精彩纷呈的仪式表现形式。

然而，在中国深厚的文化传统里，人生礼仪绝非僵化不变、始终如一的，也并非仅仅是一些简单民俗事项的表面呈现。实际上，它是儒家礼仪、社会制度与民俗生活相互作用、共同生成的产物。一方面，儒家礼仪所倡导的道德规范、行为准则和价值观念，为人生礼仪提供了深厚的思想基础和精神内涵；另一方面，社会制度的规范和约束，以及民俗生活的实际需求和文化特色，又使得人生礼仪在实践中不断演变和发展。人生礼仪正是在民众的生活需求与儒家的传统观念之间寻求平衡与融合的结果。

随着时代的不断变迁，民众对于传统人生礼仪的认知、践行和参与也产生了新的变化和需求。人们在继承传统的基础上，对人生礼仪进行着不断的调整和完善。尤其是在现代文明时期，人生礼仪在传承传统礼仪文化内涵的同时，实现了对其价值立场的超越，既保留了传统礼仪中那些体现人性关怀、道德教化和文化传承的精华部分，又结合现代社会的价值观和生活方式，赋予了其新的意义和价值，使其能够更好地适应现代社会的发展需求，继续在人们的生活中发挥重要的作用。

现代社会对这四种人生礼仪的传承，最为普遍的当数成人礼。古代的成人仪式有性别之分：男子行冠礼，女子行笄礼。2004 年以后，随着传统文化的复兴，中国的学校开始普及成人礼，并逐渐成为青少年综合素质教育的必修课。自此，中国各地通过形式多样、古代与现代元素相结合的活动，掀起了全国范围内的冠笄礼小热潮。尽管仪式较古代有所删减和更迭，场景由古代的宗族庙堂转移到现今的学校与社会组织，但培德育人、深化青年人责任担当的目的却始终如一。在多重语境下，传统礼仪在当代的实践，是一个礼俗再造的过程。中国礼仪文化作为规范社会的准则和尺度，具有渗透、规约、协调、引导、维护、教育、形象塑造等多种功能，表现出强大的凝聚力、生命力和感召力。

朝鲜半岛、日本的成人礼也深受儒家传统文化礼仪的影响。朝鲜半岛从高丽时代开始就有“冠礼”和“笄礼”的风俗。南宋以后，《乡约》与《家礼》在朝鲜半岛、越南、日本等地广泛流传，逐渐成为影响和指导人们的生活礼仪手册，并不断深入人心。关于《家礼》的普及，日本学者吾妻重二教授说：

“《家礼》一书的影响超越了中国的地域范围，扩展到了韩国、日本等东亚世界……《家礼》在东亚近世时期所具有的影响，此前只被一部分研究者所了解，然而，我们应当重新关注《家礼》所拥有的这种巨大的感化力。”[①] 如今韩国、日本的丧礼和家祭，依然大致遵循着《家礼》的规定。每年五月的第三个星期一是韩国的成年日，他们会为年满 20 岁的青少年举行成人礼活动。参加典礼的学生们身着传统韩服，男子头戴斗笠，行“冠礼”，女子头发挽髻插簪，行“笄礼”，并向来宾们行跪拜礼，以及行“祭”“祝”等传统礼仪。如此种种生活礼仪的表象背后，有两方面文化意涵：一方面，传统儒家礼仪在海外民众的日常生活中得到传承、复兴；另一方面，在复杂的多重语境下，媒体、商业、民众、地方文化人以及学者积极参与，对冠婚丧祭诸礼也进行了重构。

## 三、民间儒学的本土发展与当代实践可能

民间儒学，主要体现为中国内地的儒学发展状态，可以理解为大众日常生活世界里的儒学存在形态、民间组织推动的儒学，以及学者将其理论落实于生活实践的儒学。作为观察中国内地儒学发展态势的一扇关键窗口，它具有丰富而多元的内涵，在社会生活的各个角落生根发芽，展现出强大的生命力。儒家的价值观念与精神信念早已悄然渗透进日常生活中，化作百姓日用而不知的行为方式。比如在人际交往中，人们秉持着“己所不欲，勿施于人”的理念，以同理心对待他人；在家庭生活中，遵循“孝悌”之道，敬爱长辈、关爱兄弟姐妹。这些行为并非刻意为之，却在不经意间彰显出儒家思想的深远影响，成为百姓生活中生动且具体的精神价值支撑，为生活注入温暖与力量。换言之，民间儒学是将儒家的精神信念与价值体系转化为百姓日用而不知的行为方式，成为百姓生活中活泼且具体生动的精神价值支撑。

① 参见凤凰网 2016 年 4 月 11 日文章《民间儒学有哪些现代意义？》，网址：http://www.jinannews.cn/content/2016/wenhuajiankang_0411/29390_3.html。

民间儒学既包括乡村儒学、企业儒学、社区儒学的层层推扩，包括各种书院的当代复兴，还包括儒学生活讲堂的建设与经典诵读活动的蓬勃开展。对此，郭齐勇曾说，民间儒学是儒学灵根自植、重返社会人间的文化思想形态。[①]这一评价精准地概括了民间儒学的重要意义与价值。民间儒学让儒学摆脱了高高在上的学术象牙塔束缚，重新回归社会大众的日常生活，在这片广阔的土地上扎根生长，为社会的发展提供源源不断的精神动力，成为连接历史与现代、传统与未来的重要桥梁。

**（一）民间书院的复兴与儒学走向大众**

在中国古代，书院是一种极具特色的文化教育机构，散发着独有的魅力。书院的发展在清代达到极盛，那时书院数量一度突破5000家，规模极为壮观。在当时的社会环境下，书院身兼数职，承担着诸多重要责任。它是培育人才的摇篮，为国家和社会输送了一批又一批有识之士，这些人才在政治、文化、学术等各个领域发光发热，推动社会不断进步；它也是理论创新的前沿阵地，学者们在书院中潜心研究，相互切磋，碰撞出思想的火花，为学术的发展注入新的活力；同时，书院还是传播思想的重要平台，通过讲学、著述等方式，将先进的思想理念传播开来，启迪民众智慧；此外，它还肩负着社会教化的重任，以儒家的道德规范和价值观念引导民众，促进社会风气的改善。从本质上讲，书院既是一种别具一格的教育模式——不同于传统的官学和私学，它拥有相对自由的学术氛围和独特的教学方法，注重培养学生的品德修养和综合能力；又是儒家文化的典型代表，承载着儒家的思想精髓和文化内涵，从书院的建筑风格、课程设置到师生的行为规范，处处都体现着儒家的理念，如“仁”“礼”“义”等。

近年来，随着对现代教育制度的深入反思，人们开始重新审视传统教育的价值和意义，对传统文化教育的需求也日益提升。在这样的时代背景下，当代书院在全国各地如雨后春笋般蓬勃兴起，且发展势头强劲，数量呈持续增长

① 郭齐勇：《民间儒学的新开展》，《深圳大学学报（人文社会科学版）》2013年第2期。

态势。据保守估计，如今国内各种形式的书院总数已超过3000所，这一庞大的数字彰显出书院发展的辉煌态势。它们正以崭新的姿态，在新时代的文化教育领域中发挥着重要作用，传承和弘扬中华优秀传统文化，为社会培养更多具有文化底蕴和人文素养的人才。

以传统书院的发展来看，白鹿洞书院主要注重文化交流与文学创作，将创办杂志、整理出版艺术家的雅集与学术交流结合起来，以创新文化人格的发展。2012年，白鹿洞书院已形成文物管理、教学、学术研究、旅游接待、园林建设五位一体的综合管理体制。岳麓书院作为体制内的老书院，1903年书院改制后几经变迁，逐渐发展成为今日的湖南大学，千余年来弦歌不绝，办学不辍。岳麓书院作为连通传统与现代的书院，既是全国重点文保单位，又是湖南大学人文学科人才培养与学术研究的基地。它一方面注重文化遗产的保护问题，一方面注重传统如何融入现代生活的问题，积极面向社会大众做文化讲座，同时与湖南电视台和凤凰网合作推动国学的传播，为人才培养、儒学研究提供了强有力的学术支撑。

近十多年来，我国民间创办书院的力量也十分活跃，尤其近三四年，民办书院如雨后春笋般崭露头角。民间创办的书院形式多样，活动频繁，受众广泛，从而使“书院”一词的外延不断扩大。当下民间书院主要有三种形式：一是以开展系统国学教育为主的私塾类书院。这类书院，可视为当今学校教育的补充，书院弟子主要是蒙童、少年及青年。如北京的七宝阁书院、四海孔子书院，以及曲阜孔子书院等。二是以文人与科研圈层交流为主的专业型书院。书院定期或不定期举办公益性文化艺术讲座、论坛、读书会等，如尼山圣源书院，该书院由海内外文化界知名学者和社会名流发起并建设，旨在弘扬以儒家文化为主体的中华优秀传统文化。北京什刹海书院成立于2011年，该学院定期举办国学讲座，内容涉及儒佛道各教。三是一些商业机构创办的国学书院。它们具有商业兼公益性质，举办传播传统文化活动的同时，也做一些商业运营。如成立于2006年的华商书院，是国内专为董事长、总经理开放的国学与管理研修书院，力图打造一批具有哲学思想高度和传统人文精神的商界领袖。

近十年来，华商书院培训过的企业家学员多达7000名，在全球建立地方校友会64家，在中国教育培训界和企业界率先打造出企业家国学研修的平台、人脉结识的桥梁、心灵回归的家园，创造出企业家特有的研修生活。

随着中华文化不断向外传播，书院制度也逐渐在国外生根发芽，对推动儒学的传播、促进中华文明与当地文化相结合产生了深远的影响。海外书院主要分布在东亚、东南亚这一传统的汉字儒家文化圈内。如朝鲜半岛自古以来共建设了900多所书院，日本也建设了100多所书院。此外，越南的富江书院、印尼的明诚书院、马来西亚的五福书院、新加坡的萃英书院等，在历史上都很有名。在欧美地区，书院也始终保持着强大的生命力。如意大利的圣家书院、美国旧金山的大清书院等就一直享有盛誉。总的来看，海外书院和中国本土书院相比，有其自身的特质：它们或者重视祭祀功能，或者重视刻书出版，或者是为西方人提供学习中文的场所，或是致力于文明对话交流。德国的文德书院致力于在海外传承中华优秀传统文化，让海外华裔在有限的中文学习时间内，学习中文和中华文化精华。马来西亚的道理书院一直对亚洲文明的交流互鉴有着显著贡献，其与山东大学儒家文明协同创新中心、中国哲学史学会曾子研究会、新加坡现代孔子思想基金会共同主办的“中国－东盟儒学国际论坛”已经成功举办了两届，并计划在东盟国家每年举办一次，该论坛成为助力儒学传承与文明对话的重要平台。

我们应当发扬的书院文化的长处是：书院中孕育的是学问自由的传统，以及支撑这种精神的、称作“讲学”的学问方法。学术创新、文化传承、社会担当这三点尤其值得重视。学术创新既是书院的精神内核，也是书院千年不衰的根本原因；而文化传承和社会担当使得学术创新同时具有历史与现实的视野，可以保证学术创新在兼顾传统和现代的正确轨道上进行。

### （二）经典诵读的热潮与儒学深入民间

自20世纪末以来，经典诵读的热潮在我国民间突然兴起，体现为以诵读的形式开展以儒家理论为主的经典教育。经典诵读走过了酝酿、试点、迅猛推广、快速发展的历程，并在21世纪将影响力扩展到更为广泛的领域。当代经典诵读涉及的群体、领域众多，从儿童到老人、从政府人员到企业员工、从城市到农村、从自媒体到高校科研机构，都掀起了诵读学习传统经典、体验践行传统经典价值的热潮。

近十年来，中国内地经典诵读一直保持着高昂的热度与上升的趋势，并呈现出几大特点：一是通过多元化的内推力量合流，助推经典诵读成为全民性的生活新风尚。这里的内推力量主要包括官方机构推动的“中华古诗文经典诵读工程”、民间机构组织的读书会与诵读班，以及专业机构中自发形成的经典诵读班。二是普及范围十分广泛，经典诵读受众群不断扩大并波及海外。儿童经典诵读活动如“中华古诗文经典诵读工程”，直接参与的儿童就达数百万，直接影响的成年人则达到数千万之多。由央视网主创的节目《经典咏流传》已经连续播出六季，该节目在首播时全网平均收视率达到了1.33%，创下了当时近一年来文化类节目的收视新高。《经典咏流传》节目在成功完成了传统文化的创造性转化和创新性发展的同时，让更多的大众重新感受到中国传统文化的独特魅力和不竭的生命力。“全球中华文化经典诵读大会”，旨在引导鼓励全社会共同诵读中华经典，深入推进全民阅读，赓续中华文脉，这个活动的影响遍及新加坡、马来西亚、印尼、泰国、美国、日本、韩国、柬埔寨等20多个国家，每届都组织上千甚至近万人参与。三是诵读形式灵活多样，对经典的体悟途径丰富。有以多地互动、儒佛道团体与民间团体互动为主的形式，如南怀瑾先生来大陆讲国学、王财贵来大陆推动儿童读经教育、净空法师在香港与安徽推动《弟子规》的学习等。或者高校老师通过社团、读书班对传统经典加以讲解以引导学生学习，或者乡村儒学讲师通过带领村民读经典、和村民分享经典中的伦理故事让传统文化在乡村落地生根，或者通过组织各种研学、游学活动来引导经典诵读理解。

民间经典诵读的持续开展，很大程度上依赖于大众对传统经典的自觉意识与功效期待，但这容易使后期的学习陷入瓶颈。如何突破这一困境，进一步增强传统经典诵读的效力，从而更好地满足大众对新文化建构的需求，已然成为当下亟待解决的重要问题，这需要各界人士齐心协力、积极探索。教育领域的专家学者可从教学方法创新、课程体系优化等方面着手，为经典诵读提供更科学、更具吸引力的学习模式；文化界的创作者和传播者可以借助丰富多样的文化形式，如影视、戏剧、音乐等，将经典元素巧妙融入其中，拓宽经典诵读的传播渠道，增强其感染力；而政府部门则可通过制定相关政策、提供资金支持等方式，为经典诵读活动的开展营造良好的环境和氛围。只有全社会共同努力，才能让经典诵读在新时代绽放出更加绚烂的光彩，为新时代文化的建构注入源源不断的动力。

### （三）讲堂模式的推广与儒学深入社群

在当今中国，城乡一体化建设正稳步推进，与之紧密关联的是儒学的传播与发展也迎来了新的使命与方向。儒学不应仅局限于乡村，更要深入社区，实现乡村儒学与社区儒学的互动对话、共生共荣，借助儒家文化塑造独特的社区精神，这极有可能成为儒学未来发展的重要路径。诚如郭齐勇教授在武汉新洲区程山乡村儒学讲堂举办“中国传统文化的家风家训家教”讲座时所讲：“乡村儒学、社区儒学落地，让儒学回到了它的母土。”这深刻揭示了儒学回归民间基层的重要意义与价值。

近些年来，儒学与社区的融合呈现出日益深化的良好态势。以山东省为例，自2014年起，山东便大力推行“社区儒学”计划，成效显著。截至2024年底，全省已成功建成乡村（社区）儒学讲堂2.3万余个，累计开展活动12万余场，参与群众多达数百万人次。这些儒学讲堂成为传播儒家思想的前沿阵地，通过举办各类讲座、文化活动等，将儒家的道德观念、价值取向传递给广大民众，使儒家文化在乡村（社区）生根发芽。

北京市在儒学融入社区方面也进行了诸多积极且富有成效的探索。许多区县的街道办事处开办了“道德讲堂”，并精心策划了一系列贴合社区市民喜好、便于接受且充满趣味的活动。在传统节日时，积极开展主题教育宣传活动。如清明节时，组织祭祖孝爱活动，让市民在缅怀先辈中传承孝道；举办郊游踏青活动，让大家亲近自然，感受春日生机。端午节时，举办龙舟赛，激发市民的团队合作精神；开展爱国主义教育活动，增强市民的爱国情怀。重阳节时，开展敬老孝亲活动，弘扬尊老爱老的传统美德；组织登高秋游活动，丰富市民的文化生活。同时，开办社区国学讲堂、市民大讲堂、社区读书会，为市民提供学习国学经典、交流思想的平台。积极与社区内的学校等文化相关单位开展文明社区、书香城区、礼仪社区共建活动，整合各方资源，共同营造浓厚的文化氛围。此外，深入开发广场文化、企业文化、楼院文化、家庭文化，充分利用社区和社区内单位的图书室、影剧院、文化馆、俱乐部等各类活动场所，组织具有儒家特色的文化、体育、科普、教育、娱乐等活动，向市民普及人文知识，传播人文思想，弘扬人文新风，倡导科学方法，让儒家文化全方位融入市民的日常生活。

泉州聚龙小镇堪称儒家式现代化城镇的典范。历史学家阎崇年将聚龙模式精准概括为四点：其一，以人为主。在小镇建设过程中，不仅高度重视基础设施建设，为居民提供便捷的生活条件，而且注重环境建设，打造优美舒适的居住环境，提升居民的生活品质。其二，以文为魂。小镇内文化氛围浓郁，儒家文化贯穿于小镇的各个方面，从建筑风格到社区活动，都彰显着深厚的文化底蕴。其三，以德为风。小镇中有一个别具一格的商店，没有管理人员，也没有售货员，商品明码标价，顾客自行付款，这一独特的经营模式充分体现了儒家“诚信”的价值观，也反映出小镇居民良好的道德素养。其四，以邻为亲。邻里之间亲如家人，互帮互助，关系融洽，营造出和谐温暖的社区氛围。在当下中国社会，社区治理面临诸多挑战，聚龙小镇的成功实践无疑为中国城镇化和社区治理提供了全新的思考角度和可行路径，为其他地区提供了宝贵的借鉴经验。

### （四）乡村儒学的建设与儒学融入实践

在当代中国，乡村儒学正经历着一场蓬勃发展的热潮，呈现出蒸蒸日上、渐入佳境的态势。这一文化现象不仅反映了人们对传统文化的重新审视与追求，更彰显了儒学在乡村振兴中所蕴含的巨大潜力。

杨朝明提出的“登峰”与“落地”理念，为乡村儒学的发展指明了方向。“登峰”要求我们追本溯源，深入探究中华文化的精髓，以严谨的学术态度去

“正本清源”，理解儒学的深刻内涵与历史脉络。只有对中华文化有了透彻的理解，才能在传承与发展中不偏离其核心。而“落地”则强调儒学要贴近生活、贴近群众，儒学研究者也要积极承担起儒家文化的传播者、实践者和推广者角色的任务。杨朝明身体力行，近年来为社会各界开设讲学、讲座超过1000场，凭借丰富的知识储备和深入浅出的讲解方式，将传统文化以通俗易懂的形式传播给大众，实现了传统文化的最大化普及。

还有一大批儒家学者纷纷走出书斋与象牙塔，主动投身于弘扬乡村儒学的事业。他们自掏腰包、自备干粮，深入田野乡村，展现出对乡村文化建设的高度责任感与使命感。这些学者敏锐地察觉到当代乡村面临的文化困境：乡村文化沙漠化，曾经丰富多彩的乡村文化逐渐凋零，失去了往日的活力；家庭伦理匮乏化，传统的家庭观念和道德规范受到冲击，家庭关系出现诸多问题；传统文化体系空心化，年轻一代对本土文化的认同感和归属感逐渐减弱。面对这些严峻问题，学者们数十年如一日地关注乡村，试图重建儒学在乡村的教化体系，重塑村民的人生信仰，解决当代儒学“魂不附体”的时代难题。

自2012年底起，以尼山圣源书院为依托，部分学者在孔子的出生地尼山周围的乡村开展了乡村儒学实验。他们发起乡村儒学大讲堂，定期进行义务儒学讲习。在讲堂上，学者们以儒家经典为蓝本，结合乡村生活实际，讲解为人处世的道理、家庭伦理的重要性以及传统文化的价值。通过这些活动，儒学思想逐渐渗透到乡村的各个角落，对村风村貌产生了积极的影响。村民们在参与儒学学习的过程中，不仅提升了自身的道德素养，还增强了对家乡的认同感和归属感，邻里关系更加和谐，乡村凝聚力得到显著提升。刘示范、颜炳罡、陈洪夫、王连启、孔为峰、张颖欣、金英涛、陈春和赵法生等众多学者，成为这场乡村儒学实验的先驱者。

其中，赵法生对如何重建儒学在乡村的教化体系提出了独到的见解。赵法生谈到，一是建立固定化的乡村儒学讲堂，二是形成一支专业化的乡村儒学志愿者队伍，三是建立一套乡村儒学的传播体系，包括课堂和课外两方面。乡村儒学讲堂不仅要替代传统中国乡村社会中学堂、祠堂和道堂的功能，而且要提升其公共性和现代性，让自身与现代社会更好衔接。乡村儒学绝对不是单纯的复古，而是还要完成儒学的现代转型。我们用来教化的儒学一定是和现代社会的理念与形态相结合的一种新的儒学。

乡村儒学的另一位大力推动者与践行者颜炳罡，在其《“乡村儒学”的由来与乡村文明重建》一文中，对乡村儒学的理论来源、发展历史、现实困境以及未来展望做了系统论述。他指出，现代“乡村儒学”源于山东省泗水县的尼山圣源书院，是由书院学者于 2012 年底率先在书院周边村庄宣讲儒家的孝悌仁爱之道而形成的一种儒学实践形态。经过一年多的儒学讲习，周围乡村（尤其是北东野村）文化氛围、人文环境、道德风貌等发生了很大改变。2014 年 2 月，乡村儒学讲习由书院周边的几个村推广至圣水峪镇，设置了北东野村、小城子村、小官庄村、庠厂村、营里村、南仲都、圣水峪镇等七个讲学点，可以覆盖十五六个村庄。另外，在泗水县城，书院学者每周开设国学大讲堂，讲授国学基本知识，同时组织经典读书会，以期提高县城教师、公务员和市民的儒学修养，培养乡村儒学师资。乡村儒学在山东已呈现蓬勃发展之势。在山东十六个地市中，已有济南、济宁、聊城、潍坊、德州、泰安、淄博、烟台、威海等九个地级市开展了乡村儒学活动。其中济南市章丘区文祖镇三德范村，济宁市圣水峪镇，聊城市韩屯镇，青州市王坟镇侯王村、弥河镇张家洼村，德州市德城区新四合社区，淄博市高青县唐坊镇，烟台市莱山区南水桃林村等开展的乡村儒学活动较为系统，效果也最为明显。这些乡村儒学活动有其共同点：其一为注重官、学、民、企的互动。如在圣水峪、韩屯、三德范、唐坊、南水桃林等地，村干部就是乡村儒学讲堂里的义工。其二为乡村儒学讲堂都有固定的场所，配有基本的教学场地和设备，如教室、办公室、投影仪等等。其三为有相对固定的讲师队伍和志愿者队伍。其四为教学内容包括儒家经典，如传统蒙学读物等。其五为乡村儒学讲学大都从孝道讲起，以孝道为乡村儒学讲堂切入点，进而涉及夫妻、亲子、邻里和睦、文明礼貌等等。乡村儒学不是短期行为，而是长期的、持续不断的事业；不是一代两代人的事情，而是世代相承的事业。乡村儒学说到底是为儒学的世代传承、永续发展，为儒学的广泛传播创造的一种新模式和新典范。[①]

乡村儒学讲堂不仅要承接传统中国乡村社会中学堂、祠堂和道堂的功能，更要与时俱进，提升公共性和现代性。在公共性方面，讲堂应面向全体村民开放，打破传统的宗族、地域限制，促进村民之间的交流与互动。在现代性方面，要结合现代教育理念和方法，运用多媒体等现代技术手段，丰富教学内容和形式，使儒学更易于被村民接受。同时，乡村儒学绝不是单纯的复古，而是要完成现代转型，与现代社会的理念与形态相结合，形成一种适应时代发展的新儒学。对此，尼山世界儒学中心在其发布的《尼山世界儒学中心儒学传承发展“十四五”规划》里，精准地指出了孔子学堂的重要使命与发展路径，通过实施进机关、进学校、进企业、进社区、进乡村、进网络这“六进”工程，来打通中华优秀传统文化与社会主义核心价值观深度融合的“最后一公里”，致力于让儒学在大众这里能够听得懂、看得明、学得会、悟得透、用得好，并将优秀传统文化融入血脉、化成基因。此种不懈努力，旨在将优秀传统文化融入大众的血脉，使其化作每个人内在的基因，让古老的儒学在新时代焕发出新的生机与活力，在全社会形成传承和弘扬优秀传统文化的良好风尚。

中国民间儒学的蓬勃发展不仅为本土文化复兴注入了强大动力，同时也为儒学的国际传播奠定了坚实基础。通过书院建设、经典诵读、社区实践等本土化探索，中国形成了具有示范意义的儒学现代转型模式，这种扎根民间的鲜活经验，正通过海外书院、国际学术交流、文化论坛等渠道，为全球儒学发展提供可资借鉴的中国方案。民间儒学所培育的文化自觉和实践智慧，既增强了中华文化的国际认同，也促进了不同文明间的平等对话。正如海外书院在跨文化传播中发挥的桥梁作用所示，中国民间儒学的成功实践，正在推动儒学从“中国的智慧”成长为“世界的智慧”，为构建人类命运共同体贡献着独特的东方价值。

① 颜炳罡:《“乡村儒学”的由来与乡村文明重建》,《深圳大学学报（人文社会科学版）》2020 年第 1 期。

# 第八章

# 国际儒学发展的前景与建议

2024年7月，“儒家文化海外传播数据库”正式发布，该数据库为展现儒学的国际传播情况提供了新的数据资源，其中“儒家文化海外传播语料库”部分详细统计了全球具有影响力的智库报告与媒体报道，包括338篇国际智库报告和1021篇媒体报道。结合前文关于当今世界各国儒学研究的丰富理论成果看，当前国际儒学的发展日益广泛而深入。这一方面让我们对国际儒学广阔而繁荣的发展前景充满信心，另一方面也进一步要求我们以更开放的眼界和胸怀去认识世界，以更多元的维度来理解儒学。有鉴于此，我们提出以下四点建议。

## 一、以时代性为前提彰显儒学特性，提升文明对话包容度

### （一）时代性与儒学特性之间的关系

时代性是人类社会发展的普遍性质，不同历史阶段呈现出不同的时代风貌，现代性作为当今人类社会的时代风貌，乃是当今各民族、国家共同的时代精神。但是这并不能遮蔽或否定不同文明传统、不同思想派别之间的差异及各自的特质。事实上，任何文明传统和思想派别都是在随时代发展的过程中彰显并保留自身特质的；反过来说，不同文明传统和思想派别使得一般时代性呈现出不同的存在形态。具体而言，在当今时代，一般现代性总是呈现为多元的现代化。

对儒学而言，适应当今社会的生活方式和发展需要，以时代性为彰显自身特性的平台，就首先要求传统儒学与时更新，“苟日新，又日新，日日新”，完成自身现代转化，言说现代性的价值诉求。

也就是说，言说现代价值的思想话语要是合理的、有积极价值的，而不能以儒家自身特质为标准来衡量是非善恶，唯此才有利于多样的世界发展、多元的文化和谐共存，才有利于不同文明、不同思想派别之间的开放平等的对话。

不同时代的儒学话语实质上维护着不同的主体价值，其中与前现代生活

方式相适宜的传统儒学话语维护着前现代主体自由，在历史上有其存在的合理性；但是这并不意味着传统儒学话语确立的主体价值观念是不证自明的绝对真理，也不意味着其依然适用于现代社会。恰恰相反，儒学话语的历时更迭本身就提醒我们，任何时代的儒学话语都有其时代局限性，传统儒学话语并不能表达现代主体价值，无法与现代性生活方式相适应。而当前，中国现代社会转型尚未完成，现代主体自由观念不甚成熟，尤其需要我们立足现代生活的实际，突破传统儒学的局限性，以新的儒学话语表达现代主体价值。

因此，当今儒学研究者与实践者的历史使命，首先就是推动儒学的自我更新、自我完善，完成自身的现代转型，创造现代的儒家文明。这是生活的呼唤、时代的要求。

进行中国哲学话语的建构是为了解决当今时代人类共同生活的问题，而不仅仅是为了一国一族的安宁，因为我们当下体验着的具体生活总是以全人类共处其中的当下时代情境为源头的。也就是说，“同一时代”作为共同生活的情境，不仅先于某个人具体个别的生存遭际，而且先于民族、种族、国家、性别等将共同生活区隔化的各种殊类情境，这就本然地要求当今的儒学话语与其他民族、国家的话语一样，所言说的根本内容都要以现代社会的主体价值为归旨。

以当代主体价值为基准来考量各种主体话语言说内容的正当性，只要其言说的实质内容顺应当下的社会历史情境，也即能够恰当表达当下社会的主体价值诉求，自然都有其存在的正当合理性。在此前提下，不同的主体话语都有必要积极发挥自身言说的独特性，促进彼此之间的借鉴、对话、会通和批判，以此在完善自身的同时，最终形成合力，多角度、多途径地推动人类价值共识的实现。我们也只有在这个意义上，才能发挥儒学话语的独特性。当代国际儒学研究与交流的开展必须立足于现代主体价值的时代共识。

不论中西，都需要以当下时代的主体价值为根本归旨，建构与之相宜的主体话语。传统儒学话语落后于时代，当今国际儒学研究的时代意义在于推动传统儒学的现代转化，即以儒家的思维方式言说现代主体价值。唯有如此，我们才能在顺应时代的积极意义上，持守儒学话语的独特性，也才能在发展现代主体价值的共同话语平台上，与其他文明展开积极有效的对话。

## （二）以时代性作为判断文明进步与否的根本尺度

在当今时代，积极维护发展现代主体价值诉求应是各文明传统、各思想派别共同努力的方向。儒学需要加强自身现代转型，提升言说现代主体价值诉求的思想深度与广度，从而更主动、更明确地认清时代趋势和文明方向。推动不同文明之间的积极对话，包容接纳不同文明之间的差异和特色，同时与各文明一起警惕防范种种逆时代潮流的不文明言行。

儒家的哲学话语从先秦的原始儒学，演变为两汉、魏晋、隋唐等不同时期的儒家哲学形态，而经唐宋之变又形成了宋明新儒学，后到救亡图存的20世纪初形成了现代新儒学，再到21世纪的当代儒学的种种新理论。每一次转变都不仅仅是儒家哲学话语的语汇、理论形态等的变化（事实上，这并没有改变儒学话语的一贯稳定性），更是言说的实质内容，也即话语所表达的主体价值的改变。这明显地体现在儒家哲学基本概念内涵的变迁上。例如，历代儒家追求的“家国天下”理想，其所指的“家”“国”的含义也都发生了实质性转变：“家”由宗族之家，转而为家族之家，再到现今的个体之家；“国”则由封建诸侯国，转而为一统帝国，而今则是现代国家。此类转变不胜枚举。儒家主体话语的时代更迭和转变也是当前我们进行传统儒学创造性转化与创新性发展的题中之义。

未来的人类文明不应当也不可能是现有世界文明格局之中的某个既有文明传统的独大，不应当也不可能是任何一个文明传统的文化帝国主义。因此当今儒家文明要为人类文明做出贡献，即与其他文明一起共建全球文明。这首先要求儒学自我更新、自我完善。这正是儒家文明的一个基本原理所要求的：未能成己，焉能成人？儒家文明需要以“仁”的情感、“诚”的态度，与其他文明展开对话。在友善的基础上平等与客观、商榷与争鸣。平等与客观是文明交流的基本态度和原则，商榷与争鸣则体现着儒学研究应有的学术操守。

## 二、以服务世界、融入现代为旨趣，增强国际儒学的文化凝聚力

### （一）以服务世界、融入现代为旨趣

任何思想学说都是基于人类幸福生活才有其存在的价值，儒学也不例外。这就是说，儒学的发展需要顺应现代发展趋势，并且可以为维护世界和平提供必要的思想资源。儒学创立之初就是为了天下苍生的美好生活，因此，儒学应该作为一种世界人民共享的思想资源，供各国人民自由选用。儒学不应也不能独立于世界文明之外，而是需要放入世界文明的语境中展开。儒学通过与各国人民生活、各国文明传统的互动来提升国际化程度。

当今时代，与传统儒学流行的时代相去甚远，但古老的智慧却穿越了时空，照鉴现代社会的发展，启迪现代生活的思考，它承载于传统的儒家文献典籍之中，却绝非作为古董的文献典籍本身。这一方面要求国际儒学的发展必须依托和借助传统的儒家文献典籍，唯此国际儒学研究的推进才有理有据，坚实稳健；而另一方面则需要积极鼓励世界各国的儒家学者和社会活动者以解决当今世界发展中的各种问题为导向，以促进现代社会持续健康发展为目的，展开相关的学术研究和社会实践，唯此儒学才能与时俱进，完成自身从传统向现代的转型，儒学才能成为影响当今世界的活的思想。

因此，在世界各国以不同方法、从不同维度创发儒学理论、阐释儒学思想的过程中，需要国内外学者共同关注儒学进一步融入现代社会的理论思路和实践途径，以及重新思考儒学与现代社会的关系，尤其是要超越传统儒学以一成不变的理论预设为前提剪裁现实社会生活的思路，积极投身现代社会生活之中，聆听现代社会的价值诉求，把握现代社会的发展脉搏，据此对传统儒学进行创造性转化和创新性发展。这需要我们在国际儒学的未来发展中，以更开放的姿态拥抱现代社会，并且积极鼓励以现代社会的问题和诉求来引导儒学研究，设置与现代社会发展密切相关的研究主题，以儒家思想回应、解答现代社会的问题，与非儒学的解答形成有效的对照和对话，积极参与现代社会问题的解决。如此，一方面实现了儒学与其他文明传统和理论学说的互动互补，另一

方面也兑现了儒学服务世界、融入现代社会的思想旨趣。

### （二）增强国际儒学在世界范围内的文化凝聚力

国际儒学不仅是一个学术研究的领域，而且是世界不同文明进行平等对话、相互交流的平台。未来国际儒学的发展需要加强作为文明交流对话平台的作用，成为团结世界各民族、国家和平共处的文化纽带，成为凝聚世界各文明和谐共存的积极力量。也就是说，儒学不仅仅是增强中华民族凝聚力的思想资源，更是维护人类共同理想、表达人类共同诉求、团结世界人民、促进不同文明相互会通的思想资源。未来的国际儒学理应作为一种兼容并包的文明类型，作为一种不同文明对话交流的“缘由”“场域”或“契机”，在世界范围内汇聚不同国家、民族和地区的不同文明传统和不同思想学说，使其能平等地在国际舞台上共同围绕人类发展的重大议题展开交流切磋。

为此，我们需要广泛了解各国儒学研究的主题和特色，提炼各国儒学研究者共同关心的议题，通过热点议题和重大议题的开放性探讨，汇聚不同文化视角和不同领域层面的观点，彰显多元的儒学样态以及兼容并包的国际儒学特点，从而提升国际儒学自身及其在世界文明格局中的凝聚力。这包括相辅相成的两个方面：一方面是通过提炼和推进关乎人类共同命运的思想议题，各国各地区的儒学研究者与社会活动者将更加深入广泛地进行交流，取得更多的实质性共识；另一方面是关照和包容不同民族、国家的本土化儒学特点，挖掘地域性的儒学议题，尊重本土化儒学研究的独立性，保护儒学本土化成果，以欣赏的态度与探究的眼光平等地对待不同类型的儒学研究和不同观点的儒学解释之间的差异与分歧。唯有在这个基础上，国际儒学研究者才可能发展成为一个具有广泛影响力的国际学术群体和儒学实践群体。

进一步来说，通过提炼和推进关乎人类共同命运的思想议题，国际儒学才可能更广泛、更频繁地与其他文明传统和思想派别展开具有实质内容和实质成效的思想交流、实践合作。儒学理应能够通过为解答当地社会所关注的问题提供富有启发性的观念或思路，而成为一个积极的思想因素或思想资源，并广泛地参与世界各国的文明进程，与此同时，儒学也将成为各文明之间对话协商、交流合作的“桥梁”和“黏合剂”。

## 三、顺应儒学本土化发展趋势，促进儒学全球性议题探讨

本土化、多元化与全球化、一体化是未来国际儒学发展相辅相成的两个方面。未来国际儒学发展需要在这两方面加以推进。

### （一）推进儒学在不同国家和地区的本土化发展

当代不同国家和地区的儒学研究与实践开展具有鲜明的本土特色。在未来的国际儒学发展中，需要以更开放的心态，顺应儒学本土化发展的趋势，以更开阔的视野，多维度地推动儒学本土化发展的进程。原因在于：

这首先意味着儒学开始融入不同国家和地区的社会生活和文化传统之中，未来儒学为不同国家和地区的文化所接纳和吸收，能够丰富当地的文化内容。更重要的是，面对当地政治、经济、历史、宗教、伦理等各领域的具体问题，当地学者会广泛借鉴多种思想资源来寻求解决方案，其中也包括对儒学的援引和借鉴。对此，儒家学者需要去除判教姿态，将儒学作为开放的思想市场中的一种为全人类共享和自由选择的思想资源，接纳并鼓励不同领域、不同国家的研究者对儒学进行本土化的解读，促使儒学为当地社会问题的解决提供有益的思想参考。同时，有必要认清任何民族、国家、地域对儒学的研究都是基于他们自身的学术背景展开的，其基本理论、框架、方法大都具有鲜明的本土特点。因此，在把握国际儒学研究时，万不可以为他们讲述的是中国儒学的内容，按照中国本土的理论和方法去理解他们。对待国际儒学研究，需要从跨文化角度和多元文化角度加以分析和研究。主动寻求、移植不同文明的精神资源，将有利于提升儒学的自我认知，界定自身方位，探索现实主动性的内在基点。多维视角本身就意味着不同文化、不同文明之间的兼容并存。在当今全球化格局之下，世界各国的文明传统都将在这种相互了解与参照中把握自身位置，寻求自身发展策略。

其次，这也意味着儒学呈现出更多样的存在形态和更丰富的发展方向，

有利于儒学的全球化发展。全球时代的儒学绝不仅仅是“中国儒学”，更是“国际儒学”“世界儒学”；不仅仅体现中华文明的独特性，更展现着世界各民族、国家的共同性；不仅仅影响东亚社会的发展，更可以在世界各国产生积极的回响。其实，儒学自古就不为一国所独享，而是深远地塑造了整个东亚文明。全球时代，任何文明都无法孤立发展，而是在广泛的互动交流中关联成一个命运共同体，儒学通过参与不同民族、国家的文明发展而成为全人类共同的文明财富，同时不同民族、国家的文明发展与交流也深刻地影响着儒学的发展，以至于以他者为镜鉴已成为新时代儒学发展的必要条件。为此，我们需要立足全球，考察儒学在世界各地传播发展、落地生根的历史脉络和逻辑进程，同时以儒学为契机，梳理汇总中华文明与其他不同文明交流互鉴的历史成果和广泛影响。

### （二）加强儒学全球性议题的提炼与探讨

儒学本土化发展，同时需要提炼各国儒学研究者共同关心的议题，这一方面有利于当今儒学全球议题的广泛探讨和多维度解答，另一方面通过议题的探讨彰显在多元化的儒学样态背后一以贯之的儒学特色，使得多元化、本土化与全球化、一体化相辅相成。

当前儒学领域的全球性议题有：（1）AI 时代人工智能对生命伦理的挑战，逼迫学界对自然人性进行重新思考；（2）儒学如何应对智能科技、基因工程、太空技术、基础物理学革命的挑战；（3）面对文明冲突的儒学解答及儒家方案；（4）人类文明共识的寻求；（5）全球伦理规范的构建；（6）国际政治经济新秩序的探索；等等。与此同时，国外著名的中国学家已经提出“李约瑟之问”“汤因比之问”“彭慕兰之问”“谭中之问”等挑战性问题，从而引发了世界范围内关于儒学乃至中国问题研究的热潮，这些对儒学的不同解读和疑问也都积极地促进了世界各国学者汇聚一堂深入系统地思考和交流。

通过这些议题将世界各国各民族各地区的儒学研究资源汇聚起来，使儒学实际有效地参与当今人类共同问题的解答。而这些服务于现代社会的议题，也决定了当前国际儒学研究的首要任务和根本目的不是停留于历史文献的梳理或传统思想的索骥还原，而是要从各种前现代的、非学科化的、诗意化表达的文献资料中，离析出解决当今全球问题的思想原理。在此基础上，有必要根据具体研究思路、视角，以及议题的差别，从不同学科维度进行有针对性的阐发。

当前的中国传统思想研究，包括儒道治国思想研究的一种既定的范式是按选定的文献资料或思想家的主次，对其论著或篇章进行诠释、总结、评析。然而，这种研究范式并不能有效参与现代国家治理议题的讨论。2022 年的“儒学全球论坛”在这方面做出了积极改变。古典学研究者与来自政治学、法学、伦理学、社会学等多个社会科学领域的学者进行了积极的交流论辩，双方的思想碰撞为各自领域的研究创新提供了“他山之石”。这就表明儒学思想研究需要大胆突破既有范式，主动与现代社会科学进行思想交流和理论对勘，借鉴其理论与方法来革新研究范式，以新的眼光重新发现儒学智慧，并将其引入现代社会发展的新议题。这将有助于儒学研究摆脱抽象的宏大叙事，有的放矢地为现代社会发展的问题提供富有实效的方案。

目前的国际儒学研究与传播在非洲、拉丁美洲等地区相对薄弱，需要进一步拓展国际儒学研究的全球视野，同时统筹各方面资源以加快海外儒学的学科发展建设，引进与培养相关人才，特别是熟练掌握各种外语的人才，广泛吸纳不同语言的学者加入研究行列，提高学术成果的实践转化效率，增强国际传播效果。

## 四、兑现交流渠道的功效，增强国际儒学交流的灵活性、开放性

当前已经搭建了诸多国际儒学交流的平台和渠道，也取得了不少成效。但是相较于平台搭建的成本、设计的功能，以及预期目标而言，目前平台所发挥的功效还远远不够。为此，我们需要根据平台和渠道的不同类型，有针对性地改进、优化其功能和运作方式，以充分发挥各种平台和渠道在国际儒学交流发展中的作用。

就当前的实体性国际儒学研究与交流机构而言，国内已经广泛建立了各种类型、各种级别的儒学研究与交流机构，而且也在海外设立了交流合作机构，如孔子学院等，但其影响范围有限，而且暴露出诸多运作管理上的问题。这一方面需要我们回到国际儒学服务世界、融入现代的发展初衷，重新定义现有相关机构的职责任务，梳理、优化管理架构和运作方式；另一方面，亟需广泛、深入地了解世界各国高校的人文社科学部中的中国研究、儒学研究、汉学研究等项目组和研究所的基本信息、最新动态和代表性成果，而不能仅限于通过范围和数量都有限的中译本海外儒学论著来勾勒国际儒学的全幅图景，更不能以此确定国际儒学研究的深度和广度。为此，需要构建关于世界各国儒学研究机构和专家的数据库，进而积极与相应的机构和专家建立学术联系，定期进行学术交流，互荐儒学成果，共享儒学资源，并科学而长远地规划一些国际儒学研究的合作项目。

推动各国的儒学研究者、中国学研究者进行多种形式的国际访学，联合培养相关专业的研究生，互相译介著作；通过常设学术论坛、举行不定期的学术会议（热点前沿专题研讨）保持国际儒学研究者之间有温度、有深度、有成效的互动；通过设立教学与科研项目，缔结跨国家、跨文化、跨民族的儒学研究团队。关于项目的具体策划与设立，需要由有学术热情且有良好专业素养的学者主导，由平台和渠道的管理者进行协作和调度、落实。随着信息科学的迅猛发展，国际互联网技术对各国学者间直接的学术交往产生了有益的推动作用，跨国界、跨地区、跨学科研究的新特点愈发显现出来。

就当前的非实体性组织而言，有各国政府和高校设立的非实体性儒学研究与交流组织，包括各层级的论坛、学会，更有大量的由社会力量组建的儒学团体，包括书院、社团等，这两类组织各有优势，前者学术资源丰富，后者受众广泛，因此有必要加强合作，互通有无，让儒学研究成果得到广泛传播和转化。这启发当代儒学研究应贴近现代社会生活，聚焦由现代民众生活引发的国际儒学研究问题，同时提升现代民众对儒学的理解和实践的水平。为实现这两类组织的融合，首先需要重视和了解非实体性组织的基本信息，建立合作伙伴关系；同时，根据活动议题，促成相应的专家与社会活动人士的协作，开发多层次、多类型、多维度的活动。

除了组织机构之外，各类媒体同样是重要的交流平台与渠道。其中传统纸媒的作用依然重要，各类国际儒学研究的期刊和图书，是国际儒学界人士相互了解的重要依托，其规范性、严肃性、准确性、系统性以及内容的厚度与深度等都是网络媒体所不能替代的。因此需要及时推广国际儒学研究期刊的成果，及时广泛发行儒学研究的论著，通过传播扩大相关研究成果的影响力，吸引各儒学研究交流机构的关注并加强联系，同时为不同学者和平台之间的交流提供契机。

网络媒体传播及时、广泛、丰富，正是推广论著成果最有效的渠道和平台。网络媒体对于国际儒学研究与交流动态的实时跟进与报道，可以让世界各国的儒学研究者和实践参与者及时方便地了解最新情况。在这方面，需要：（1）增设网页浏览的不同语言版本；（2）在保障网络安全的基础上，降低网络访问壁垒；（3）与各国儒学研究与交流网站建立“友情链接”，缔结一个国际儒学平台的网络联盟，实现网络媒体之间的及时互动和合作共享。

基于上述平台与渠道的内部优化升级，不同类型的平台与渠道之间也有必要进行交叉联合与互动合作，国际儒学研究可以建立儒学与汉学、中国学相贯通的大平台，形成有合作、有分工的研究联盟，打造立体多维、灵活开放的国际儒学研究与交流的生态系统。

# 参考文献


爱德华多·丹尼尔·奥维多:《儒家思想、个体性与国际关系》,见《第八届世界儒学大会论文集》,2017年。

安靖如:《当代儒家政治哲学:进步儒学发凡》,韩华译,南昌:江西人民出版社,2015年。

安靖如:《圣境:宋明理学的当代意义》,吴万伟译,北京:中国社会科学出版社,2017年。

安靖如:《用进步儒学取代自由儒学》,胡晓艺译,见唐代兴主编《哲学探索》(总第2辑),北京:中国社会科学出版社,2021年。

安乐哲:《儒家的角色伦理学与杜威的实用主义——对个人主义意识形态的挑战》,李慧子译,《东岳论丛》2013年第11期。

安乐哲:《儒家角色伦理学:挑战个人主义意识形态》,《孔子研究》2014年第1期。

安乐哲:《儒家角色伦理学——一套特色伦理学词汇》,孟巍隆译,济南:山东人民出版社,2017年。

安乐哲:《儒学和杜威实用主义:关于"成人"的对话》,《学术月刊》2020年第1期。

白彤东:《中国是如何成为专制国家的?》,《文史哲》2016年第5期。

贝淡宁:《贤能政治:为什么尚贤制比选举民主制更适合中国》,吴万伟译,北京:

中信出版社，2016 年。

本杰明 · 艾尔曼：《科学在中国（1550—1900）》，原祖杰等译，北京：中国人民大学出版社，2016 年。

毕游塞：《通过儒家现代性而思：牟宗三道德形上学研究》，白欲晓译，南京：江苏人民出版社，2022 年。

陈壁生：《孝经正义》，上海：华东师范大学出版社，2022 年。

陈来：《仁学本体论》，北京：生活 · 读书 · 新知三联书店，2014 年。

陈来：《中华文明的核心价值》，北京：生活 · 读书 · 新知三联书店，2015 年。

陈立胜：《通向“世界”的中国哲学：路径与反思》，《哲学动态》2022 年第 10 期。

陈启生：《南洋华人的文化自信》，《孔子研究》2013 年第 2 期。

陈少明：《“做中国哲学”再思考》，《哲学动态》2019 年第 9 期。

陈素芬：《儒家民主：杜威式重建》，吴万伟译，北京：中国人民大学出版社，2014 年。

陈望衡：《生态文明美学辨析》，《湖南工业大学学报（社会科学版）》2024 年第 3 期。

陈卫平：《儒学能否成为“活水”》，《文史哲》2003 年第 2 期。

陈卫平：《学术中国化的转向与十年来的儒学研究新向度》，《孔子研究》2024 年第 1 期。

成中英：《全球化伦理与儒家的核心典范》，《孔学堂》2014 年第 1 期。

成中英：《本体诠释学即中国诠释学——兼论中西诠释思想的异同与交融》，《学术月刊》2023 年第 10 期。

池田知久：《马王堆〈易传 · 系辞〉篇的形成与抄写——基于同今本〈周易 · 系辞传〉的比较》，曹峰译，《文史哲》2021 年第 3 期。

池田知久：《郭店楚简〈老子〉新研究》，曹峰、孙佩霞译，南京：江苏人民出版社，2022 年。

川原秀城：《西学东渐与东亚》，毛乙馨译，上海：上海社会科学院出版社，2022 年。

崔亨植：《戴震“理”论的实践意义》，《人文天下》2019 年第 21 期。

大西晴隆：《王阳明与禅》，胡嘉明、毕文龙译，《西南民族大学学报（人文社科版）》2019 年第 1 期。

戴梅可、魏伟森：《幻化之龙：两千年中国历史变迁中的孔子》，何剑叶译，西安：陕西人民出版社，2020 年。

《〈东亚近世儒学中的经典诠释传统〉研究计划简介》,《中国哲学史》2002年第1期。

董金裕:《儒家推爱思想自然观析论》,《中华经典研究》2023年第2期。

董平:《阳明心学的定性及良知的公共性与无善无恶》,《哲学研究》2018年第2期。

杜维明:《仁与修身:儒家思想论集》,胡军、丁民雄译,北京:生活·读书·新知三联书店,2013年。

杜维明:《否极泰来:新轴心时代的儒家资源》,北京:北京大学出版社,2016年。

渡边义浩:《论东汉"儒教国教化"的形成》,仙石知子、朱耀辉译,《文史哲》2015年第4期。

范璐、屠兢、徐飞:《基因编辑技术的哲学疑难——基因编辑技术对科学、技术及人性的挑战》,《自然辩证法通讯》2020年第9期。

范瑞平:《走向儒教贤能政治:在现代西方政治陷入困境之际》,见陈明、朱汉民主编《原道》(第22辑),北京:东方出版社,2013年。

方旭东:《儒家对人工智能伦理的一个可能贡献——经由博斯特罗姆而思》,《中国医学伦理学》2020年第7期。

冯天瑜:《"封建"考论》,武汉:武汉大学出版社,2006年。

弗朗西斯·福山:《我们的后人类未来:生物技术革命的后果》,黄立志译,桂林:广西师范大学出版社,2017年。

福田殖:《王龙溪与聂双江——〈致知议略〉中的良知论争》,胡嘉明、关春红译,《贵州文史丛刊》2018年第3期。

傅伟勋:《从创造的诠释学到大乘佛学:哲学与宗教四集》,台北:东大图书公司,1990年。

傅永军:《作为诠释哲学的东亚儒学》,《社会科学战线》2019年第1期。

傅有德:《希伯来先知与儒家圣人比较研究》,《中国社会科学》2009年第6期。

傅有德、王强伟:《比较视域中的古代犹太教与早期儒家之孝道》,《求是学刊》2016年第3期。

干春松:《制度儒学》,上海:上海人民出版社,2006年。

干春松:《制度儒学》(增订版),北京:中央编译出版社,2017年。

冈田武彦:《王阳明与明末儒学:知行合一的心学智慧》,吴光、钱明、屠承先译,重庆:重庆出版社,2016年。

冈田武彦：《宋明哲学的本质》，连凡译，重庆：重庆出版社，2023 年。

高在锡：《探析〈论语〉“直躬”故事所体现的东亚正义观念》，《中国哲学史》2015 年第 3 期。

葛兆光：《宅兹中国——重建有关“中国”的历史论述》，北京：中华书局，2011 年。

耿宁：《人生第一等事——王阳明及其后学论“致良知”》，倪梁康译，北京：商务印书馆，2014 年。

顾彬：《莫我知也夫——孔子与天》，见舒大刚主编《儒藏论坛》（第五辑），成都：四川文艺出版社，2010 年。

郭齐勇：《中国文化精神的特质》，北京：生活・读书・新知三联书店，2018 年。

郭沂：《五经七典——儒家核心经典系统之重构》，《人民政协报》2006 年 12 月 18 日、2007 年 1 月 15 日连载。

韩大伟：《中国经学史・周代卷：孔子、〈六经〉与师承问题》，唐光荣译，北京：社会科学文献出版社，2018 年。

韩大伟：《中国经学史・秦汉魏晋卷：经与传》，黄笑译，北京：社会科学文献出版社，2019 年。

韩大伟：《中国经学史・南北朝、隋及初唐卷：文献学的衰落与诠释学的崛兴》，童岭、陈秋、李晔译，北京：社会科学文献出版社，2023 年。

何包钢：《西方儒家民主研究评介》，朱亚辉译，见唐代兴主编《哲学探索》（总第 2 辑），北京：中国社会科学出版社，2021 年。

何卫平：《关于“创造的解释学”——从“哲学的经验”角度重新思考傅伟勋提出的问题》，《天津社会科学》2022 年第 5 期。

贺苗、张舜清、周丹等：《辅助生殖技术的现代性反思——基于传统儒家文化的视角》，《医学与哲学（A）》2014 年第 10 期。

洪汉鼎：《诠释学与中国》，《文史哲》2003 年第 1 期。

洪汉鼎：《诠释学与中国经典诠释问题及未来》，《武汉大学学报（人文科学版）》2012 年第 4 期。

洪元植：《“家的发见”与儒学中“家”的特殊性》，林海顺译，《中国人民大学学报》2017 年第 3 期。

黄德宽：《楚简〈诗・召南・驺虞〉与上古虞衡制度——兼论当代中国古典学的构建》，《中国社会科学》2023 年第 12 期。

黄俊杰:《东亚儒学：经典与诠释的辩证》，上海：华东师范大学出版社，2012 年。

黄燕强:《“四玄”：章太炎的“新经学”构想》,《文史哲》2018 年第 2 期。

黄勇:《美德伦理学：从宋明儒的观点看》,《四川大学学报（哲学社会科学版）》2020 年第 5 期。

黄勇:《儒家伦理学与美德伦理学：与李明辉、安乐哲和萧阳商榷》,《社会科学》2020 年第 10 期。

黄玉顺:《角色意识:〈易传〉之“定位”观念与正义问题——角色伦理学与生活儒学比较》,《齐鲁学刊》2014 年第 2 期。

黄玉顺:《中国哲学“内在超越”的两个教条——关于人本主义的反思》,《学术界》2020 年第 2 期。

黄玉顺:《生活儒学的内在转向：神圣外在超越的重建》,《东岳论丛》2020 年第 3 期。

黄玉顺:《前主体性诠释：中国诠释学的奠基性观念》,《浙江社会科学》2020 年第 12 期。

黄玉顺:《论儒家哲学的“超越”与“感通”问题——与蔡祥元教授商榷》,《社会科学研究》2022 年第 1 期。

黄玉顺:《何谓“当代儒学”》，见杨永明主编《当代儒学》(第 23 辑)，成都：四川人民出版社，2023 年。

黄玉顺:《生活儒学与现象学》，济南：山东大学出版社，2023 年。

金渡镒:《荀子是否容忍霸道?》,《社会科学》2021 年第 4 期。

井川义次:《儒家君主观对法国大革命的影响：以儒经译文为中心》,《国际汉学》2022 年第 2 期。

井川义次:《宋学西渐——欧洲迈向近代启蒙之路》，刘绍晨译，北京：北京大学出版社，2024 年。

景海峰:《中国哲学的现代诠释》，北京：人民出版社，2004 年。

景海峰:《创构儒家经典诠释学》,《社会科学报》2021 年 12 月 16 日，第 5 版。

景海峰:《儒家经典解释中的汉宋之争》,《中国文化》2022 年第 1 期。

柯马丁:《表演与阐释：早期中国诗学研究》，杨治宜等译，北京：生活·读书·新知三联书店，2023 年。

李晨阳:《比较的时代：论当代儒学研究的一个重要特点》,《周易研究》2015 年第 3 期。

李晨阳：《比较的时代：中西视野中的儒家哲学前沿问题》，北京：中国社会科学出版社，2019 年。

李承贵、朱汉民、蔡方鹿等：《新“鹅湖之会”高端会讲——朱子学与阳明学的现代交锋》，《贵阳学院学报（社会科学版）》2020 年第 1 期。

李洪卫：《论“天人之际”概念及其相关意义的申发》，《社会科学论坛》2022 年第 5 期。

李焯然：《儒家礼仪的道教化——新加坡庙宇的祭孔活动》，《国际汉学》2012 年第 2 期。

李焯然、蒋雯燕：《新加坡学者李焯然教授访谈录》，《国际汉学》2016 年第 4 期。

梁涛：《新四书与新儒学》，北京：中国人民大学出版社，2020 年。

林安梧：《新儒学之后与“后新儒学”——以“存有三态论”为核心的思考》，《东岳论丛》2019 年第 11 期。

林安梧、盛丹艳：《建构后新儒学　参与文明对话——林安梧教授访谈》，《学术月刊》2014 年第 6 期。

刘大椿等：《西学东渐》，北京：中国人民大学出版社，2018 年。

刘东：《天边有一块乌云：儒学与存在主义》，南京：江苏人民出版社，2018 年。

刘丰：《制造“三代”——儒家“三代”历史观的形成及近代命运》，《现代哲学》2020 年第 3 期。

刘宏：《“儒家角色伦理”国际学术研讨会述评》，见杨永明主编《当代儒学》（第五辑），桂林：广西师范大学出版社，2014 年。

刘纪璐：《儒家机器人伦理》，谢晨云、闵超琴、谷龙译，《思想与文化》2018 年第 1 期。

刘京希、李梅：《“个体与社群孰先孰后：儒学与自由主义持续对话”综述》，《文史哲》2018 年第 4 期。

刘涛：《人类基因编辑技术的伦理反思——以儒家为视域》，《社会科学战线》2019 年第 12 期。

刘笑敢：《关于当代儒学创构的初步思考》，《孔子研究》2013 年第 2 期。

刘延东：《传承弘扬中华传统文化　促进世界文明交流互鉴——〈国际儒学〉发刊词》，《国际儒学（中英文）》2021 年第 1 期。

卢盈华:《中道超越与外在超越》,《社会科学论坛》2022 年第 5 期。

陆群峰:《人类基因编辑的伦理问题探析》,《自然辩证法研究》2020 年第 1 期。

露丝·本尼迪克特:《文化模式》,王炜译,北京:社会科学文献出版社,2009 年。

迈克尔·斯洛特:《阴阳的哲学》,王江伟、牛纪凤译,北京:商务印书馆,2018 年。

梅谦立:《耶稣会士与儒家经典:翻译者,抑或叛逆者?》,《现代哲学》2014 年第 6 期。

梅谦立:《从邂逅到相识:孔子与亚里士多德相遇在明清》,北京:北京大学出版社,2019 年。

孟巍隆:《文化比较的思想误区——兼评安乐哲“儒家角色伦理”》,《文史哲》2016 年第 1 期。

牟钟鉴:《儒道佛三教关系简明通史》,北京:人民出版社,2018 年。

尼克·波斯特洛姆:《超级智能:路线图、危险性与应对策略》,张体伟、张玉青译,北京:中信出版社,2015 年。

倪梁康:《心性现象学》,北京:商务印书馆,2021 年。

倪培民:《儒家功夫哲学论》,北京:商务印书馆,2022 年。

倪培民:《“功夫论”视角下的世界哲学》,见杨永明主编《当代儒学》(第 23 辑),成都:四川人民出版社,2023 年。

潘德荣、戴兆国:《德行诠释学建构的辨与思——潘德荣教授学术访谈录》,《安徽师范大学学报(社会科学版)》2024 年第 3 期。

彭慕兰:《大分流:欧洲、中国及现代世界经济的发展》,史建云译,南京:江苏人民出版社,2003 年。

彭永捷:《中国哲学史学科合法性危机问题的再思考》,《社会科学文摘》2018 年第 7 期。

彭忠富:《关于孔夫子形象的建构与误读——读〈制造儒家〉有感》,《劳动保障世界》2019 年第 31 期。

裘锡圭、戴燕:《古典学的重建》,《书城》2015 年第 9 期。

阮国生:《儒学思想对越南现代社会的影响》,见贾磊磊、杨朝明主编《第七届世界儒学大会学术论文集》,北京:文化艺术出版社,2016 年。

阮玉诗:《儒学与越南文化性格》,见刘德斌主编《中国与世界》(第三辑),北京:中国社会科学出版社,2013 年。

施寒微:《德国汉学源流与未来全球化的中国研究》,《中外文化交流》2014年第3期。

史应勇:《郑玄通学及郑王之争研究》,成都:巴蜀书社,2007年。

宋志明:《论重写中国哲学史的方法》,《河北学刊》2014年第1期。

孙玮、孙琳洁:《〈中华文明的核心价值〉:中国传统文化思想的学术表达》,《出版参考》2019年第12期。

汤一介:《再论创建中国解释学问题》,《中国社会科学》2000年第1期。

汤一介:《三论创建中国解释学问题》,《中国文化研究》2000年夏之卷。

汤一介:《论创建中国解释学问题》,《学术界》2001年第4期。

土田健次郎:《东亚儒学之基本问题》,《辽宁大学学报(哲学社会科学版)》2022年第4期。

万建:《让中国哲学说自己的话:做负责任的比较研究——访安乐哲教授》,《哲学动态》2024年第4期。

王德胜、孟凤娟:《从生态存在论美学到"生生美学"——曾繁仁生态美学研究的"中国性"转向》,《山东社会科学》2024年第6期。

王锷:《三礼研究论著提要》,兰州:甘肃教育出版社,2001年。

王蒙、王学典:《传统文化与中国式现代化——王蒙王学典对谈录》,北京:人民出版社,2024年。

王启发:《礼学思想体系探源》,郑州:中州古籍出版社,2005年。

王晓平:《日本诗经要籍辑考》,北京:学苑出版社,2019年。

王学典:《十八大以来儒学变迁之大势——世界儒学研究中心已重返中国大陆》,《中华读书报》2017年12月13日,第5版。

王学典:《从经学到史学——现代〈尚书〉学的开创与发展》,《国际儒学(中英文)》2022年第1期。

吾妻重二:《日本近世的儒教丧祭礼仪——〈家礼〉与日本》,古宏韬译,见《人文论丛》(总第31卷),武汉:武汉大学出版社,2019年。

吾妻重二:《朱子家礼宋本汇校》,上海:上海古籍出版社,2020年。

吾妻重二、秋冈英行、白井顺、桥本昭典等:《〈朱子語類〉訳注》,东京:汲古书院,2015年。

吴根友:《明清之际中国社会对欧洲文明的拒斥与接受》,《武汉大学学报(哲学社会科学版)》2024 年第 1 期。

吴光:《中华佛学精神》,上海:上海古籍出版社,2002 年。

吴童立:《人工智能伦理规范是什么类型的规范?——从〈儒家机器人伦理〉说开去》,《文史哲》2020 年第 2 期。

吴锡源:《韩国儒学的义理思想》,邢丽菊、赵甜甜译,上海:复旦大学出版社,2014 年。

吴晓明:《中西哲学比较的前提反思》,《学术月刊》2022 年第 3 期。

吴震:《东亚儒学问题新探》,北京:北京大学出版社,2018 年。

武内义雄:《论语之研究》,陈敏译,武汉:崇文书局,2023 年。

西蒙娜·德拉图尔、凯文·德拉图尔:《意识生态:当代新儒学之真精神——儒家思想与当代世界的相关性》,张文智译,《清华大学学报(哲学社会科学版)》2014 年第 3 期。

习近平:《在纪念孔子诞辰 2565 周年国际学术研讨会暨国际儒学联合会第五届会员大会开幕会上的讲话(2014 年 9 月 24 日)》,《人民日报》2014 年 9 月 25 日,第 2 版。

习近平:《在哲学社会科学工作座谈会上的讲话(2016 年 5 月 17 日)》,《人民日报》2016 年 5 月 19 日,第 2 版。

夏含夷:《孔子之前:中国经典诞生的研究》,黄圣松、杨济襄、周博群等译,上海:中西书局,2019 年。

夏含夷:《〈周易〉的起源及早期演变》,蒋文译,上海:上海古籍出版社,2022 年。

小川晴久、张践、金彦钟:《日中韓思想家ハンドブック　実心実学を築いた 99 人》,东京:勉诚出版社,2015 年。

谢和耐:《中国人的智慧》,何高济译,上海:上海古籍出版社,2004 年。

辛德勇:《制造汉武帝》,北京:生活·读书·新知三联书店,2015 年。

许卢峰:《周代婚礼中礼物的流动——法国汉学家葛兰言对中国婚俗的研究》,《国际汉学》2019 年第 3 期。

薛庆国、丁淑红:《中国古代思想在阿拉伯的传播》,《国际汉学》2023 年第 1 期。

杨国荣:《走进历史的深层——关于重写中国哲学史的思考》,《中国社会科学》2022 年第 6 期。

杨军凤、张洪江:《人类基因编辑技术的伦理问题研究——基于儒家伦理文化视角》,《锦州医科大学学报(社会科学版)》2022 年第 2 期。

杨庆堃：《中国社会中的宗教——宗教的现代社会功能与其历史因素之研究》，范丽珠译，上海：上海人民出版社，2007 年。

杨儒宾：《两种气学　两种儒学——中国古代气化身体观研究》，《中州学刊》2011 年第 5 期。

杨儒宾：《对越精神的兴起——周公的“制礼作乐”》，见傅永军、陈治国主编《中国诠释学》(第 16 辑)，济南：山东大学出版社，2018 年。

杨天宇：《郑玄三礼注研究》，北京：中国社会科学出版社，2008 年。

杨育芬：《儒家经典的海外传播：〈论语〉外译简史》(上)，《中华读书报》2022 年 9 月 28 日，第 6 版。

杨泽波：《“存在先于本质”还是“本质先于存在”——儒家生生伦理学对存在主义核心命题的批评》，《道德与文明》2018 年第 6 期。

尹天根：《未来学观点下的学习：以儒学为例》，田杨校译，《东岳论丛》2015 年第 12 期。

余敦康：《诠释学是哲学和哲学史的唯一的进路》，《北京青年政治学院学报》2005 年第 2 期。

曾繁仁：《生生美学》，济南：山东文艺出版社，2023 年。

詹启华：《制造儒家：中国传统与全球文明》，徐思源译，北京：北京大学出版社，2019 年。

张伯伟：《域外汉籍研究入门》(增订版)，南京：凤凰出版社，2024 年。

张丽丽：《西方易学研究发展的四个阶段——以〈易经〉的性质为中心》，《文史哲》2024 年第 3 期。

张岂之：《何谓“经典”？》，《华夏文化》2014 年第 1 期。

张任之：《心性与体知：从现象学到儒家》，北京：商务印书馆，2019 年。

张祥龙：《在中西间性里反对个体主义——从罗斯文的书谈起》，《道德与文明》2018 年第 4 期。

张祥龙：《中西思想对话的机缘何在？——〈与命与仁〉序》，见唐文明著《与命与仁——原始儒家伦理精神与现代性问题》，北京：商务印书馆，2020 年。

赵鼎新：《东周战争与儒法国家的诞生》，夏江旗译，上海：华东师范大学出版社，2006 年。

赵鼎新：《加州学派与工业资本主义的兴起》，《学术月刊》2014 年第 7 期。

赵法生：《儒家超越思想的起源》，北京：中国社会科学出版社，2019 年。

赵法生：《再论孔子的中道超越》，《社会科学论坛》2022 年第 5 期。

赵汀阳：《中国哲学的身份疑案》，《哲学研究》2020 年第 7 期。

郑炳硕：《李泽厚之“情本体论”与儒家哲学》，见孙聚友主编《国际儒学论丛》（总第 6 期），北京：社会科学文献出版社，2018 年。

郑吉雄、傅凯瑄：《〈易传〉作者问题检讨》（上），《船山学刊》2015 年第 3 期。

郑吉雄、傅凯瑄：《〈易传〉作者问题检讨》（下），《船山学刊》2015 年第 5 期。

郑宗模：《从实学与权道概念看二程思想的当代意义》，《中国文化论衡》2018 年第 2 期。

中共中央马克思恩格斯列宁斯大林著作编译局：《马克思恩格斯选集》（第一卷）（第 3 版），北京：人民出版社，2012 年。

邹晓东：《“古今中外”四重语境下的〈文史哲〉办刊宗旨——学习〈习近平总书记给《文史哲》编辑部全体编辑人员的回信〉》，《中华读书报》2021 年 5 月 19 日，第 5 版。

邹亚文：《从试管婴儿到基因编辑婴儿：展望我们的人类未来》，《医学与哲学》2023 年第 12 期。

Henry Rosemont, Jr., *Against Individualism: A Confucian Rethinking of the Foundations of Morality, Politics, Family, and Religion*, London: Lexington Books, 2015.

Kim Sungmoon, *Public Reason Confucianism: Democratic Perfectionism and Constitutionalism in East Asia*, Cambridge: Cambridge University Press, 2016.

Li Zhuoyao, “Political Confucianism and Multivariate Democracy in East Asia”, *The Review of Politics*, 81, 2019.

Michael J. Sandel, *The Case Against Perfection: Ethics in the Age of Genetic Engineering*, Cambridge, Massachusetts: The Belknap Press of Harvard University Press, 2007.

Robert C. Neville, *Boston Confucianism: Portable Tradition in the Late-Modern World*, Albany: State University of New York Press, 2000.

Robert C. Neville, *Ritual and Deference: Extending Chinese Philosophy in a Comparative Context*, Albany: State University of New York Press, 2008.

Roger Darrobers, Guillaume Dutournier, *Zhu Xi, Lu Jiuyuan: Une Controverse Lettrée—Correspondance Philosophique Sur Le Taiji*, Paris: Les Belles Lettres, 2012.

Sébastien Billioud, Joël Thoraval, *Le Sage et le peuple. Le renouveau confucéen en Chine*, Paris: CNRS Éditions, collection de la “Bibliothèque de l’Anthropologie”, 2014.

# 后记

习近平总书记指出："中国式现代化，打破了'现代化＝西方化'的迷思，展现了现代化的另一幅图景。"哲学社会科学领域中国式现代化的重要任务就是实现中国自主知识体系的构建。新时代以来，如何构建中国自主知识体系已成为学界的研究前沿和热点。构建的方式和范式虽然维度多样，但经过多年的研讨，学界已形成一个基本共识，即中国自主知识体系的源头活水和不竭动力是儒学。习近平总书记又进一步指出："当代中国正经历着我国历史上最为广泛而深刻的社会变革，也正在进行着人类历史上最为宏大而独特的实践创新。这种前无古人的伟大实践，必将给理论创造、学术繁荣提供强大动力和广阔空间。"作为新时代儒学的答卷人，如何尽可能全面准确地反映国内外儒学研究现状，追踪海外儒学研究态势，系统回答"从哪里来、到哪里去"的问题则显得尤为重要。

山东大学儒学高等研究院充分发挥自身在儒学研究方面的优势，整合校内优势研究资源，系统梳理海内外儒学发展研究成果。本书详细梳理了新时代以来世界各地儒学发展的总体情况，全面系统地梳理了国际儒学的最新进展，对新时代的中国儒学以及东北亚地区、东南亚地区、中东地区、美洲及大洋洲、欧洲等地域的儒学研究与发展做了较为详细的分析和研究，对各地与儒学及儒家文化相关的社会活动、文化活动也进行了精细的梳理，展望国际儒学发展前景，并提出学术性和实践性建议。本书分全球的儒学传播与发展、儒学文献整理与翻译、经典诠释与经学研究、儒学史研究、跨领域对话与理论阐发、重要学术公案与重大论题、国际儒学的传播与践行、国际儒学发展的前景与建议等八个板块，希冀对国际儒学的发展做出公正、客观的分析，以更好地展望儒学未来走向与趋势。

作为纪念孔子诞辰2575周年国际学术研讨会暨国际儒学联合会第七届会员大会发布的重要成果，本书引起学界广泛热议，获得业界的普遍好评。国际儒学联合会孙春兰会长亲切关怀，高度重视，在会上和会后多个场合高度肯定了这项成果，认为本书系统全面地展示了全球儒学发展新动向以及儒学研究新气象，是一项非常有意义的探索。

本书由国际儒学联合会学术委员会主任、山东大学儒学高等研究院院长王学典教授领衔的国际儒学联合会山东大学研究基地完成。山东大学儒学高等研究院承担教育部发展报告（培养）项目《国际儒学发展报告》十余年，依托学科研究优势，已与世界相关高校及文化机构建立了广泛联系，积累了大量第一手资料。在此基础上，王学典教授组织儒学高等研究院及校内优秀中青年教师，作为国际儒联研究基地的骨干力量，以2012年为世界百年未有之大变局的重要历史节点，系统考察了2012年至2024年（孔子诞辰2575周年）世界儒学研究、传播及发展趋势。本书团队成员集思广益，群策群力，用时一年多，圆满完成了撰写工作。

本书整体设计思路由王学典教授完成，并贯穿整个撰写过程；王震教授负责具体实施和组织，并撰写绪论部分。为配合2024年国际儒学大会的召开，及时呈现海内外儒学发展新态势，王震教授全力组织力量，保质保量完成了撰写工作，在大会举办前提交成果精简版，并在大会上作为重要成果发布。会后，研究团队全面吸收各方反馈意见，完成定稿。具体章节的撰写和分工如下：郭萍撰写第一章、第八章，朱新林撰写第二章，邹晓东撰写第三章、第六章，蔡杰撰写第四章，李琳撰写第五章、第七章。最后由徐庆文负责全书的统稿工作。

需要说明的是，本书在完成过程中，国际儒学联合会郝平常务副会长亲切关怀，提出期望；贾德永副理事长、马箭飞秘书长悉心指导，全力支持；董平教授、陈卫平教授、黄玉顺教授出谋划策，倾情指导。在此，研究团队一并谨致谢忱！最后，感谢北京语言大学出版社为本书付梓付出的辛勤劳动。